KB194382

갈등관리의 이해

우리사회 갈등 어떻게 해결하나

갈등관리의 이해

원창희 지음

한국문화사

저자와의
협의하에
인지생략

갈등관리의 이해

초판1쇄   2012년 2월 29일
초판2쇄   2015년 4월 10일

지 은 이   원 창 희
펴 낸 이   김 진 수

펴 낸 곳   **한국문화사**
등   록   1991년 11월 9일 제2-1276호
주   소   서울특별시 성동구 광나루로 130 서울숲IT캐슬 1310호
전   화   (02)464-7708 / 3409-4488
전   송   (02)499-0846
이 메 일   hkm7708@hanmail.net
홈페이지   www.hankookmunhwasa.co.kr

책값은 뒤표지에 있습니다.

잘못된 책은 바꾸어 드립니다.
이 책의 내용은 저작권법에 따라 보호받고 있습니다.

ISBN 978-89-5726-942-8   03330

갈등으로 고통을 받는 모든 이들을 위해

숙련된 갈등관리는
인간이 가질 수 있는 가장 고도의 기술이다.

-Stuart Hampshire, *Justice is Conflict*,
Princeton University Press, 2000 중에서-

　우리가 살아가면서 꼭 필요한 행위는 먹고 자고 입는 의식주에서부터 일하고 사람을 만나고 운동이나 취미활동을 하는 다양한 형태로 나타나지만 이 모든 행위는 매슬로우가 말하듯이 인간의 욕구와 관련을 가진다. 인간이 무인도에서 혼자 살아도 자신의 욕구를 충족시킬 물질이 부족하여 내적 갈등이 발생하는데 사회를 이루어 살면서 인간 상호간에 욕구의 충돌로 긴장과 대립상태에 놓이게 되어 개인 간, 집단 간 갈등이 불가피하게 발생한다는 것을 쉽게 관찰할 수 있다.

　갈등이 우리에게 주는 영향은 아주 사소한 것에서부터 막대한 비용과 부담에 이르기까지 다양하다. 약간의 의견차이, 욕구좌절로 불만과 스트레스, 극도의 적대감 같은 심리적 영향을 받기도 하고 금전적 손실, 물질적 피해, 신체의 상해 등 물질적 비용을 부담하기도 한다. 여기서 중요한 점은 갈등을 해결하는 방법에 따라서 개인이 부담하는 심리적, 물질적 비용이 크게 차이가 난다는 것이다. 그뿐만 아니라 사회적으로 볼 때 갈등의 미숙한 해결은 막대한 사회적 비용을 유발하고 나아가 저급한 문화수준을 형성하기 때문에 갈등해결은 사회발전의 바로미터라고 할 수 있다.

　우리나라의 가정교육이나 학교교육은 청소년들을 지나치게 입시경쟁으로 몰아넣고 질서의식이나 협력과 공존의식을 학습할 기회를 가지지 못하고 있다. 문제는 이러한 교육의 결과가 정치, 사회, 경제의 모든 분야에서 경쟁적이고 이기적인 욕구의 충돌이 쉽게 발생하고 이를 해결할 방법과 제도가 미숙하여 개인적, 사회적, 국가적 부담이 막대하다는 점이다. 또한 눈부신 경제발전에도 불구하고 사회문화적 질서와 공존의식이 성숙

하지 못하면 진정한 선진국으로의 발전은 어렵다는 점을 지적하지 않을 수 없다. 따라서 이 책은 생활에서 나타나는 갈등을 효과적으로 해결하고 예방하는 방법을 제시하여 스스로 갈등관리의 역량과 리더십을 함양할 수 있도록 도움을 주고자 한다.

기존의 많은 갈등관련 저서들이 외국의 도서를 번역하거나 이론의 설명과 몇 가지의 사례 소개에 그치는 구조로 짜여져 있는데 반해 이 책에서는 일상생활에서 나타나는 많은 실제사례를 소개하고 이를 해결하는 방법을 모색하는 실천적 접근방법을 택하고 있다. 여기서 갈등해결을 설명하는 모델이나 이론을 활용할 필요가 있는 경우 절의 중간이나 마지막 부분에서 이를 정리하여 체계화된 지식을 얻을 수 있도록 구조화되어 있다. 시각적 효과를 활용하기 위해 때때로 그림이나 표를 사용하고 학습의 이해도를 확인하기 위해 생각해볼 점을 절의 말미에 제공하고 있다.

이 책은 총 6장, 21절로 구성되어 있는데 그 핵심내용을 간단히 소개해 본다. 제1장에서는 갈등이 어디에서 시작되며 어떤 형태로 나타나는지 설명하고자 한다. 개인 내적 갈등과 개인 간의 갈등 그리고 집단 간의 갈등으로 분류하여 살펴볼 수 있으며 모든 갈등이 궁극적으로는 인간의 다양한 욕구에서 발생하고 있음으로 알 수 있다. 자신의 욕구가 타인의 욕구와 동시에 충족될 수 없고 충돌할 때 갈등이 나타나기 때문이다.

제2장은 갈등이 어떻게 진행되는지 보여주고 있다. 갈등이 발생해서 최고 수준으로 올랐다가 해결이 되면서 갈등이 소멸되는 경로를 밝게 된다. 갈등이 가져올 결과는 갈등이 언제 어떻게 해결되어 소멸되느냐에 따라 크게 달라지며 최악의 경우에는 공멸하거나 큰 사회적 비용을 유발할 수 있다. 갈등이 법적 분쟁으로 비화되면 어떻게 처리되는지도 여러 분야로 조사하여 정리하였다. 최종적으로 법원에서 민사소송으로 해결하

지만 위원회 형태로 판정이나 조정·중재를 거치도록 하는 규정이 분야별로 대부분 있다.

갈등을 효과적으로 해결하는 방법에 대해서는 제3장에서 논의할 것이다. 갈등이 건설적이냐 파괴적이냐에 따라 갈등해결 접근방법이 달라질 수 있다. 우리나라에서 갈등이 주로 어떻게 해결되는지 알아보고 갈등을 해결하는 다양한 방법을 소개한다. 각각의 갈등을 효과적으로 해결할 수 있는 가장 적절한 방법을 제시하고 갈등해결에 필요한 스킬을 이해하고 익힐 수 있는 기법을 설명할 것이다.

갈등을 해결하는 것이 중요하지만 예방하는 것은 갈등이 가져올 비용이나 정신적 부담을 줄이는데 크게 기여할 것이다. 이러한 의미에서 제4장에서는 갈등예방의 필요성을 논의하고 사례비교를 통해 예방의 중요성과 방법에 대한 교훈을 얻을 것이다. 갈등을 예방하고자 할 때 필요한 실천적인 자세와 스킬도 제시되고 있다.

제5장에서는 분야별로 갈등을 효과적으로 해결함으로써 건전한 사회를 만들어가고자 하는 열망을 담고 있다. 많은 현실적인 사례를 통해 가족 간의 갈등을 어떻게 해결하고 예방할 수 있는지의 해법을 제안한다. 비슷한 방법으로 친구 간의 갈등을 효과적으로 해결할 방법을 제안할 것이다. 회사 내 상하 간, 부서 간 갈등 같은 조직 내 갈등에 대해 사례분석의 방법으로 그 해결방안을 제시하고 최근 사회에서 발생한 집단 간 갈등을 살펴보고 적절한 해결방안은 어떤 것이어야 하는지 제안해본다.

마지막으로 제6장은 우리사회에서 발생하는 다양한 갈등을 효과적으로 관리할 수 있는 역량을 개발할 수 있는 방법을 제시할 것이다. 갈등관리역량을 갖춘 리더십을 의미하는 갈등관리 리더십이 우리사회에서 어떤 역할을 하는지 논의하며 갈등관리리더십을 어떻게 개발할 수 있는지도 제시한다. 또한 학교나 회사에서 갈등관리를 효과적으로 제도화할 수 있는 갈등관리체계를 어떻게 구축할지에 대해서도 논의할 것이다.

이 책은 사회의 각 분야에서 발생하고 있는 갈등을 효과적으로 해결하고 예방할 수 있는 방법과 갈등관리의 역량과 리더십을 개발할 수 있는 방안을 제시하고 있다. 따라서 이 책을 통해 습득된 갈등관리의 역량은 우리나라에서 발생하게 될 유사한 갈등을 효과적으로 대처할 수 있도록 기여할 것으로 기대된다. 상대방의 의견을 존중하고 의견의 차이를 조율하며 상호관심사를 충족시켜 만족하는 결과를 도출하는 관행과 문화는 건전한 사회로의 발전을 전망하도록 하고 진정한 선진국으로의 도약을 가능하게 할 것이다.

모든 장과 잘에서는 우리사회 실생활에서 발생하는 갈등을 사례를 통해 살펴보고 매우 쉽게 해결방법을 설명하고 있으며 그에 맞는 갈등해결의 이론과 모델도 이어서 설명함으로써 현실적 감각과 이론을 동시에 습득할 수 있을 것으로 기대된다. 만약 이 책을 중고등학교와 대학교의 교양과정의 학습교재로 활용하려면 스스로 학습할 수 있도록 제공하고 있는 절별 Q&A가 유익하고 또 실습에 필요한 학습자료들은 저자에게 요구하면 별도로 제공될 수 있다. 직장인과 일반인들도 쉬운 사례를 통해 갈등해결과 예방의 지혜를 얻을 수 있기를 기대한다. 특히 조직 내에서 발생하는 갈등을 관리할 수 있는 체계를 개발하고 구성원들의 역량을 개발하는데 활용한다면 조직효율성에 크게 기여할 것이다.

이 책을 출간할 수 있도록 적극적으로 도와주신 한국문화사의 김진수 사장님을 비롯해서 김태균 편집부장님과 윤치훈 영업부과장님께 깊은 감사의 말씀을 전한다. 또한 국회 환경노동위원회의 천병호 수석전문위원의 큰 격려에 감사하며 조사관들의 성원에 고마움을 표한다. 책의 내용을 자문하고 도움을 준 미국 FMCS Jan Sunoo 조정관님, 사법연수원의 이영진 교수님 및 현대제철의 권희범 노무사님께도 감사를 드린다. 또한 기꺼이 서평을 써주신 중앙노동위원회 정종수 위원장님, 아주대 박호환 교수님, 한국방송통신대 이선우 교수님, 사법연수원 이영진 판사님, 평화를 만드는 여성회 박수선 소장님의 성원에 깊은 사의를 표한다. 책의 집필에 용기를 준 고용노동부, 중앙노동위원회, 한국기술교육대학교, 아주대학교, 대진대학교, 동아일보, 한국경제신문, 서울경제신문, 한겨레신문, 매일노동뉴스, 한국조정중재협회, 경실련 갈등해소센터, 한국갈등해결센터, 갈등조정연구회의 관심과 격려에 감사의 마음을 전달한다.

　쉬운 설명을 위해 많은 사례를 발굴하고 소개하는 과정에서 개인이나 기관의 권리를 침해하지 않았기를 바라며 혹 그러한 사항이 있다면 너그러운 관용을 베풀기를 요망한다. 사례와 이론을 결합하는 과정에서 발생할 수 있는 부적절성이 있다면 독자들이 지적해주기를 요청한다. 책의 내용과 표기상의 오탈자 등 오류가 있다면 이는 전적으로 저자의 실책임을 밝혀둔다. 아무쪼록 이 작은 책이 우리 사회에서 평화롭고 건전한 사회문화가 형성될 수 있는 거름이 될 수 있다면 더 바랄 나위가 없겠다.

2012년 2월

원창희 씀

■ 차 례

■ 사례 차례

제1장 갈등은 어디에서 시작되는가

1-1. 갈등이란 무엇인가

갈등이 무엇인지 모르는 사람은 거의 아무도 없을 것이다. 그런데 갈등이 무엇인지 왜 새삼 물어보는지 의아하게 생각할 수도 있다. 세상에는 아주 사소한 갈등에서부터 매우 심각하고 위중한 갈등에 이르기까지 무수히 많은 갈등이 존재한다. 또 갈등은 수시로 생성되었다가 소멸되곤 한다. 갈등이 많은 경우에 있어서 해결되지 못하고 잠복하기도 하고 더러는 잘 해결되어 해소되기도 한다. 어떤 경우에는 갈등이 심각하게 분쟁으로 비화되어 큰 고통과 비용을 유발하기도 한다. 갈등이 해결되든 아니되든 별 상관없고 불편하지 않으면 굳이 자세히 들여다보아야 할 이유가 없다. 그러나 심적 고통과 물적 부담을 요구하는 갈등이라면 그냥 지나칠 수 없으며 효과적으로 해결함으로써 평온상태를 회복하는 편이 낫다. 개인적으로나 사회적으로나 심각한 갈등일수록 이를 해소시킬 욕구가 강하기 마련이다. 갈등을 효과적으로 해결하려면 갈등의 본질에서부터 결과까지 면밀히 관찰하고 규명할 필요가 있을 것이다.

갈등이 나타나는 양상을 몇 가지 살펴보자. 몇 년 동안 소식이 없던 고등학교 동창생이 부친상을 당했다는 연락이 해왔을 때 부조금을 들고 상갓집에 문상을 가나 마나 하는 내면의 갈등을 흔히 경험해본다. 또 차가 한대 밖에 없는데 남편은 주말 점심때 동창모임에 가야해서 차를 가져가려하는데 부인은 예식장에 꼭 차를 가져가야 할 상황이라며 서로 차를 사용하겠다는 경험이 있다면 그건 바로 갈등상황이다. 일요일밤 텔레비전에서 방영하는 사극을 남편이 보고 싶어 하는데 부인은 멜로드라마를 보겠다고 우기는 가족 간의 사소한 갈등도 한 번씩은 경험한다. 선박건조 수주를 받지 못해 경영상 이유로 근로자를 해고한 한진중공업에 맞서 부당해고라며 철회를 요구하고 해고자 복귀를 주장하며 파업하는 노동조합 사이에 심각한 갈등이 있는 것을 볼 수 있다. 뿐만 아니라 부당해고를 철회하라며 고공시위를 하는 김진숙 민노총지도위원과 희망버스로 시위를 격려 방문하는 시민단체, 그리고 막대한 영업손실을 초래하는 희망버스 진입을 막는 영도주민들 간의 복잡한 노사갈등과 시민갈등이 발생했던 것을 알고 있다. 또 최근 제주도 서귀포에 해군기지 건설을 반대하며 시위하던 장면이 뉴스에 소개되었던 적이 있다. 강정마을주민과 외부 시민단체는 해군기지 건설을 반대하고 해군과 정부는 계획대로 해군기지를 건설하겠다는 입장이었다. 이는 시위대와 건설현장을 보호하고 시위를 진압하려는 경찰병력 간에 충돌이 발생한 심각한 사회적 갈등임이 분명하다.

이렇게 몇 가지 예에서만 보더라도 갈등은 사소한 자신의 심리적 긴장상태에서부터 사회적으로 거대한 투쟁상태에 이르기까지 실로 천차만별이고 다양하게 존재하고 있어서 갈등마다 독특한 특성들이 있다. 그래서 특정 갈등을 해소하기 위해서는 그 갈등의 원인과 실체를 규명하고 매듭의 고리가 어디에서부터 풀려져야 하는지 잘 살펴보아야 한다.

따라서 갈등이 무엇인지 정의하는 것은 갈등의 실체가 가지는 공통적인 특성을 추출하고 규명함으로써 갈등해결에 그 기반을 만드는 의미를 가지고 있다.

갈등의 현상을 관찰해보면 공통적인 특성을 감지할 수 있다. 갈등이 심리적이든 사실적이든 두 가지의 상반된 주장이 공존하지 못하고 서로 충돌한다는 점이다. 앞의 개인의 내면적 갈등(또는 내적 갈등)의 예에서 문상가려는 주장과 가지 않으려는 주장이 내면에서 충돌하고 있는 것을 알 수 있다. 부부간의 갈등의 예에서는 자가용 차량과 텔레비전 채널을 두고 부인과 남편이 서로 독점하려는 상반된 주장이 공존하지 못하고 충돌하고 있다. 또한 한진중공업의 경우 부당해고를 철회하라는 노동조합의 주장과 경영상 해고가 불가피해서 해고철회는 수용할 수 없다는 회사의 주장이 서로 충돌하고 있다. 서귀포 강정마을의 경우 해군기지 건설을 강행하려는 정부측 주장과 이를 저지하려는 강정마을 주민의 주장이 서로 충돌하고 있다.

흥미롭게도 갈등의 어원을 보면 이러한 뜻이 포함되어 있다. 라틴어로 갈등은 콘피게레(configere)인데 이것은 함께라는 의미의 콘(con)과 충돌이나 다툼을 의미하는 피게레(figere)가 합쳐진 합성어로 서로 충돌한다는 뜻을 가지고 있다. 갈등의 한자표기는 갈등(葛藤)인데 여기서 갈(葛)은 칡을 말하고 등(藤)은 등나무를 말하기 때문에 갈등의 한자적 의미로는 칡과 등나무가 얽히듯 까다롭게 뒤엉켜 있는 상태를 나타내고 있다. 그래서 어원적으로 볼 때 서양에서는 갈등이 전투나 투쟁으로 서로 충돌하는 현상을 의미하는데 반해 동양에서는 갈등이 일이나 인간관계가 까다롭게 뒤얽혀 풀기 어려운 상태를 의미한다.

학자들도 갈등을 보는 시각에 따라 조금씩 차이를 보이고 있다. 개인의 내면적 심리상태를 강조하면서 상호 불일치나 서로 대립되는 소원 또는 욕구에 대한 당사자의 인식을 갈등으로 보는 학자(Boulding)가 있는가 하면 행위적 상태를 강조하여 같은 목표를 추구하는 두 사람이 서로 투쟁하는 것을 갈등으로 보는 학자(Frost & Wilmot)도 있다. 경제적 관점에서 희소한 자원으로 양립할 수 없는 목표를 추구함으로써 발생하는 투쟁상태를 갈등으로 봄으로써 갈등이 자원의 제약에서 발생함을 강조하기도 한다(Kovac). 또 어떤 경우에는 개인이나 집단 사이에 목표나 이해관계가 달라 서로 적대시하거나 투쟁하는 상태를 갈등으로 봄으로써 오히려 자원의 희소성은 생략하고 심리와 행위적 측면을 강조하기도 한다. 따라서 외부적 갈등의 경우 목표가 같든 다르든, 자원이 희소하든 아니하든, 분명한 것은 두 당사자 사이에 원하는 바가 서로 달라서 투쟁상태에 있는 것이 바로 갈등이라고 볼 수 있다.

　현실에서 갈등은 때때로 매우 복잡한 구조로 되어 있어서 갈등을 잘 식별하기 힘든 경우도 있다. 마치 의사가 환자의 여러 가지 증상이 있더라도 정확한 병명과 원인 분석 그리고 치료방법을 선택하는 바와 같이 갈등을 다룰 때에도 갈등의 핵심과 원인 및 해결방안을 모색해야 할 것이다. 여기 수도권매립지의 매립연장과 관련한 갈등사례를 통해 갈등의 주체와 고리가 무엇인지 연습해 볼 수 있다.

사례 1-1-1 **수도권매립지의 매립연장 갈등**

　어느 도시든 주민들이 배출한 쓰레기를 소각하거나 매립해야 도시를 깨끗하게 유지할 수 있다. 산업화가 진전되면서 1978년부터 서울의 생활 쓰레기와 산업폐기물을 난지도에 매립하기 시작하였다. 원래 난지도의 난(蘭)과 지(芝)는 그윽한 향기가 난다는 난초와 지초를 가리키는 말이다.

김정호의 대동여지도 중 경조오부도(京兆五部圖)에는 꽃이 피어있는 섬이라는 뜻의 '중초도(中草島)'로 기록하고 있다. 또한 조선 후기의 지리서 택리지는 난지도를 사람이 살기에 좋은 풍수조건을 가진 땅으로 기록하고 있다. 이렇듯 조선시대에도 난지도는 아름답고 살기 좋은 곳이었으며 이후 쓰레기를 매립하기 전에는 땅콩과 수수가 재배되던 한강 어귀의 낮은 평지였다. 그러다가 난지도가 서울의 쓰레기를 처리하는 운명이 되면서 옛모습은 완전 사라지게 되었다. 쓰레기가 산을 이루어 쓰레기매립장이 수용한계에 도달함에 따라 서울시는 새로운 쓰레기매립장을 물색하지 않을 수 없었다.

서울시와 환경부가 공동으로 투자하여 김포시 양촌면 일부와 인천시 서구 백석동 58번지에 속한 해안간척지 627만 6,837평에 수도권매립지를 건설하였다. 매립지로 결정된 해안간척지는 원래 동아건설이 김포 해안을 매립해 조성하였으나 1987년 11월 서울시가 평당 7천1백여원, 총 450억원에 반강제적으로 헐값에 매입한 부지이다. 물론 그 대가로 동아건설은 쓰레기 매립을 위한 시설, 서울-김포간의 쓰레기 수송도로 건설, 적환장(중계 처리장) 등 쓰레기 관련시설 공사를 수주하였다. 다만 동아건설이 이들 공사를 수의계약해 줄 것을 매매조건으로 제시하여 서울시가 이를 받아 들여 계약을 체결했기 때문에 수주가 성사된 것은 아니다. 그러나 관급 공사의 잦은 수의계약이 특혜시비를 불러일으키는 등 말썽이 되자 서울시는 1989년 11월 계약내용을 무시하고 동아건설의 수의계약 요구를 거절하기에 이르렀다. 이후 동아건설은 수도권매립지 시설공사 등에 참여하였으나 부실시공 등으로 국정감사에서 많은 지적을 받기도 하였다.

동아건설에 대한 간척지 보상비 450억원 중 150억원은 환경부가 부담하고 나머지 300억원과 이자 73억원 등 272억원을 서울시가 부담하였다. 이에 따라 두 기관이 매립면허권을 공동으로 소유하고 매립완료 후에 토지는 지분에 따라 분할하기로 합의하였다. 서울시가 쓰레기매립 목적으로 2016년 12월 31일까지 매립면허를 취득하여 현재 약 52%를 사용한 상태여서 나머지 48%를 사용한다면 향후 30년 이상 추가 사용이 가능한 것으로 추산된다. 현재 1일 평균 반입 쓰레기는 15,197톤(생활쓰레기 2,457톤, 건설폐기물 6,244톤, 하수슬러지 1,635톤, 음폐수 및 기타쓰레기 4,861톤)이며 이중 서울시 쓰레기는 약 7,093톤(47%)이고 경기도와 인천시 쓰레기가 각각 5,623톤(37%)과 2,591톤(16%)이다.

매립면허권을 서울시가 소유하고 있지만 매립소재지가 인천에 있고 매립면허관청이 바로 인천시이므로 서로의 권한행사로 충돌하는 구조적인 갈등이 존재하고 있다. 서울시는 쓰레기의 안정적 처리를 주 목적으로 보고 매립면허권(71.3%)을 재산권으로 인식하여 2017년부터 매립을 연장하려고 하고 있다. 이에 반해 인천시는 매립기간 자동 연장은 반대하며 연장을 위해서는 환경개선 및 지역개발 지원금으로서 1조5천억원 규모의 지원이 필요하다고 주장하고 있다. 이는 서울·경기지역 쓰레기의 인천지역 반입으로 먼지 등 환경피해가 발생하고 지역발전을 저해한다는 등 인천시민의 불만이 고조하고 있음을 반영한 요구이다.

또한 매립지내 경인아래뱃길 편입부지에 대한 보상금 처리를 둘러싸고 갈등이 확산되고 있다. 인천시는 서울시가 지급하는 1,025억원의 보상금을 세입처리하는 것을 반대하며 매립지 내 재투자해야 한다고 주장하고 있다. 원래 총보상금은 1,412억원으로 서울시가 1,025억원, 환경부가 387억원을 부담하기로 되어 있는데 2010년 12월 현재 60%는 이미 수령한 상태이다. 이 수도권매립지 연장이 합의되지 못하면 2014년 인천 아시안게임경기장 조성 등 주요 사업이 매립기한 연장과 연계하여 지연될 우려가 있다.

(출처: 환경부 2011 국회업무보고와 언론매체의 내용을 재정리함)

[생각해볼 점] ────────────────────────

본문 중 수도권매립지 갈등사례를 읽고 다음의 질문에 응답하라.

1-1-1. 수도권매립지의 매립연장과 관련한 갈등의 주체는 누구인가?

1-1-2. 수도권매립지의 매립연장과 관련해서 이해관계가 얽혀 있는 당사자들은 어떤 기관 또는 사람들인가?

1-1-3. 수도권매립지의 매립연장과 관련한 갈등에서 충돌되는 상반된 주장은 무엇인가?

1-1-4. 상반된 주장의 주된 이유는 무엇인가?

1-2. 갈등에는 어떤 종류가 있는가

아마 갈등은 인간의 역사만큼이나 오래된 현상일 것이다. 성경의 창세기에 나오는 인류의 시조인 아담과 이브가 하느님이 먹지 못하도록 금지한 선악과 열매를 뱀의 유혹에 따라 따 먹고는 원죄를 짓고 에덴의 동산에서 쫓겨난 장면에서 선과 악의 갈등이 최초로 나타나고 있다. 아담과 이브 사이에 태어난 두 아들이 농부가 된 형 카인과 목자가 된 동생 아벨이다. 제사 때에 카인은 첫 추수한 곡식을 바치고 아벨은 자신이 기른 양떼에 처음 태어난 새끼양을 바쳤지만 하나님은 아벨이 바친 제물은 받았으나 카인이 바친 제물은 거부하였다. 이를 시기한 카인이 동생을 들판에 데리고 가서 죽였다. 이 인간 최초의 살인은 인간의 질투라는 욕망이 작용한 갈등의 결과이다.

다음에서 그리스신화를 한번 보면 이미 권력갈등의 양상이 그리스신화에서부터 나타나고 있음을 알 수 있다.

사례 1-2-1 **그리스신화에 나타난 권력갈등**

그리스신화에서는 최초의 천지창조가 신에 의해 이루어진 것이 아니고 천지는 자연그대로 제자리를 차지하고 있었다. 최초로 '무한의 공간인' 카오스(Kaos)가 이루어지고, 그 다음 '가슴이 넓은' 대지(大地) 가이아(Gaia)와 '영혼을 부드럽게 하는' 사랑 에로스(Eros)가 나타났다. 가이아는 우선 별이 빛나는 우라노스(하늘)와 폰토스(바다)를 낳은 다음, 우라노스와 교접하여 티탄이라고 하는 5명의 남신과 티타니스라고 하는 6명의 여신을 낳고, 마지막으로 크로노스를 낳았다. 티탄족 가운데 나이가 가장 적은

크로노스는 아버지의 생식기를 자르고 세계의 지배권을 차지한다. 그에게
는 6명의 자식이 있었는데, 그 중 한 자식에게 왕좌를 빼앗길 것이라는
예언을 듣고 자식을 낳기만 하면 삼켜버렸다. 마지막 아들인 제우스(하늘
낮·빛의 뜻)를 낳았을 때, 아내인 레아는 돌을 산의(産衣)에 싸서 아기라
고 속여 남편에게 삼키게 하였다. 이렇게 해서 목숨을 구한 제우스는 예언
대로 왕위를 차지한다. 제우스는 성장한 뒤 아버지 크로노스가 삼켜 버린
형들을 토해내게 한 후 형제력(兄弟力)을 키워서 세계를 통치한다. 형제
끼리 제비를 뽑아 제우스는 하늘을, 포세이돈은 바다를, 하데스는 명부(冥
府:지옥)를 각각 지배한다.[1] 크로노스가 세계의 지배권을 차지하기 위해
아버지 가이아의 생식기를 자르는가 하면 왕좌를 빼앗긴다는 예언을 듣고
자식을 낳으면 삼키는 권력갈등의 양상이 나타나고 있다.

(출처: 네이버백과 "그리스신화"를 발췌하여 재구성함)

우리나라 건국신화인 단군신화에서 천제의 환인(桓因)의 아들인 환웅
(桓雄)이 무리 3,000명을 이끌고 신시(神市)에 내려와 나라를 다스릴 때
곰과 호랑이가 사람이 되고자 소원을 빌자 쑥과 마늘을 주어 100일 동안
먹도록 하였으나 곰만 참고 견디어 여자로 변하여 웅녀가 되어 환웅과
결혼하여 단군왕금까지 낳았지만 호랑이는 참지 못하여 사람이 못되었다.
곰과 호랑이는 인간변신과 수태의 욕망으로 서로 경쟁적 갈등을 내포하
고 있음을 알 수 있다.

우리나라에 구전되어 내려오는 백정설화(白丁說話)나 변신설화(變
身說話)에서는 갈등이 더 선명하게 묘사되어 있다.[2]

---

1) 네이버백과의 그리스신화 [—神話, Greek mythology] 참조.
2) 한국학중앙연구원, 『한국민족문화대백과』 참조. 이중에서 백정설화는 백정들의 폐
   쇄적인 사회에서 전해 내려온 설화라는 특수성이 있다.

백정설화에서 나타난 갈등

  3,000년전 천국에 인마(人馬)라는 힘센 소가 하느님의 시중을 들면서 늘 사람되기를 염원하였다. 이를 안 하나님이 30일 동안 쑥만 먹고 자지 않고 서 있으면 사람이 된다고 해서 인마는 그대로 지키겠노라고 산속으로 들어갔다. 하나님이 이를 시험하려고 뿔이 센 마귀와 발톱이 뾰족한 두 마귀를 보냈는데 인마는 집에 두고온 아내소와 자식들이 생각나고 고통을 참기 어려워 방해하는 마귀를 화가나 죽여 버렸다. 이를 안 하나님이 사람에게 명하여 벌로 소를 10년간 부리라고 했다. 10년이 지나도 하나님한테서 아무 소식이 없자 인마소는 화가 나서 뒷발로 사람을 차 죽였다. 사람을 죽인 죄로 하나님은 코뚜레를 꿰어 죽도록 사람에게 충성을 하게 했다. 살생한 소는 참회의 눈물을 흘리며 주인한테 충성을 다하고 죽어서 하늘나라에 올라갔다.

(출처: 한국민족문화대백과, 한국학중앙연구원)

변신설화에서 나타난 갈등

  자식이 없는 노부부가 아들 낳기를 소원하다가 큰 뱀을 낳았다. 자라서 이웃집 세 낭자에게 청혼을 하였다. 두 자매는 거절하고 막내딸이 선뜻 응낙했는데, 첫날밤 큰 뱀은 미남자로 변해 있었다. 어느 날 뱀 신랑은 그의 허물을 아내에게 맡기며 잘 보관하라고 이르고 여행을 떠났다. 질투심 많은 두 자매가 허물을 불태워 뱀 신랑은 돌아오지 않았다. 많은 시련을 겪은 후 결국 막내딸은 뱀 신랑을 만나 행복하게 잘 살았다. 애정과 질투, 갈등과 대립 등이 매우 극적으로 전개되어 있으며, 행복으로 결말을 맺고 있다.

(출처: 한국민족문화대백과, 한국학중앙연구원)

백정설화에서 소가 마귀나 사람을 죽여 하나님에게 반항을 하는 장면이나 변신설화에서 청혼을 거절한 두 자매가 막내딸을 질투하여 뱀허물을 불태워 신랑을 돌아오지 못하게 하는 장면은 인간의 욕망과 갈등을 우회적으로 또는 직접적으로 표현하고 있다.

앞에서 본 성경의 창세기, 그리스신화, 단군신화, 민간의 구전설화에서 보았듯이 인간의 창조에서부터 갈등하고 투쟁하는 모습을 관찰할 수 있다. 인간이 생존에 필요한 물질과 지배력과 사랑을 차지하기 위해 서로 투쟁할 수밖에 없다는 현실은 인간의 태고부터 존재하고 있었다는 점을 부인할 수 없다. 그래서 동서양을 막론하고 인간의 기나긴 역사는 인간의 욕망에서 발현한 갈등이 생성, 발달, 소멸하는 과정에서 전개되어 왔다고 볼 수 있다.

역사적으로나 지역적으로나 사회적으로나 인간이 존재하는 곳에서는 항상 갈등이 발생하므로 그 형태는 무궁무진하다 할 것이다. 다만 갈등의 특성을 이해하기 쉽게 효과적으로 분류하여 종류를 식별한다면 향후에 갈등을 관리하는데 도움이 될 것으로 보인다. 지금까지 갈등의 형태를 분류함에 있어서 가장 보편적인 방법은 갈등의 주체에 따라 분류하는 것이다. 즉, 갈등의 주체가 누구냐에 따라 개인적 갈등(또는 개인 내 갈등, 내적 갈등), 개인 간 갈등, 집단 간 갈등 등 세 가지로 갈등을 대분류하는 것이다.

개인적 갈등은 개인의 내부에서 욕구의 좌절이나 충돌 등에 의해 발생하는 내면적 갈등을 말한다. 다음의 갈등사례에서 개인적 갈등이 어떤 유형으로 나타나는지 보자.

가. 몇 년 동안 소식이 없던 고등학교 동창생으로부터 부친상을 당했다는 연락이 왔을 때 부조금을 들고 상갓집에 문상을 가나 마나 하는 고민을 하고 있다. (목표갈등)

나. 중학교 3학년 딸아이가 감기에 걸려 초저녁부터 기침을 하고 있어서 한편으로는 몸 회복을 위해 일찍 잠을 자라고 말을 해야 하나 아니면 이틀 후 기말고사를 앞두고 있는 상황이라 좋은 성적을 위해서 열심히 공부하라고 해야 하나 망설이고 있다. (목표갈등)

다. K여사는 강남의 부인들이 다 입는다는 밍크옷을 결혼 후 20년 만에 사야겠다며 11월말 연말 정기 할인행사를 하는 백화점에 쇼핑을 갔는데 꼭 마음에 드는 밍크외투가 있어 몇 번이나 입어보고 정말 사고 싶은데 30% 할인한 가격표가 200만원이나 되어 있어서 도저히 살 수 없어 좌절하고 말았다. (좌절갈등)

라. L씨는 대학원에서 경영학석사학위를 하고 연구원으로 직장에 취업하여 연구개발업무에 5년 동안 일해 왔는데 올해 회사가 재정상태가 안 좋아서 감원하려는 차에 시설과 직원이 갑자기 이직하면서 공석이 된 자리에 배치되었지만 도무지 적성이 맞지 않고 시설관련 전문성이 없어 업무에 대한 갈등이 생기고 있다. (역할갈등)

이 4가지의 갈등사례는 개인이 내면에서 발생하는 갈등에 대한 이야기이지만 그 형태와 유형이 다르다. '가'와 '나'는 내면적으로 두 가지의 욕구 또는 충동이 상충함으로써 발생하는 목표갈등이다. 즉, 목표갈등은 두 가지의 다른 목표가 내면에서 공존하지 못하고 갈등이 일어난 상태이다. 다만 차이가 있다면 '가'는 상갓집에 문상을 가려는 접근과 가지 않으려는 회피가 상충하고 있어서 접근-회피갈등의 양상을 보이는데 반해 '나'는 아이 감기 때문에 일찍 잠을 재우려는 접근과 열심히 공부하라고 재촉하려는 접근이 상충하고 있어서 접근-접근갈등의 양상을 보인다는 것이다. 물론 여기에 예로 제시되어 있지 않지만 회피-회피갈등의 유형도 있다.

'다'의 경우는 밍크옷을 사 입고 싶다는 욕구가 내부에서 강렬하게 일어나고 있으나 금전적 여유가 되지 못하여 욕구가 좌절됨으로써 내적 갈등이 발생하고 있는 것이다. 다음 절에서 자세히 언급하겠지만 매슬로우에 의하면 인간의 욕구는 생리적 욕구에서부터 자아실현의 욕구까지 다양한 수준에서 존재하고 있는데 그 욕구가 충족되지 못할 때 욕구좌절갈등이라는 내적 갈등이 발생하게 된다. '라'의 경우는 직장에서 원래 연구직으로서 전문성을 인정받고 업무를 수행해 오다가 시설과 업무를 수행하게 되어 자신의 적성과 전문성에 부합하지 못하여 조직에서의 역할을 인정받지 못하는 역할갈등에 해당한다.

이상에서 살펴본 개인적 갈등의 유형을 정리하면 다음과 같이 세 가지로 분류되고 그 중 목표갈등은 다시 세 가지로 세분화된다.

개인적 갈등
 - 목표갈등
   > 접근-접근 갈등
   > 접근-회피 갈등
   > 회피-회피 갈등
 - 욕구좌절갈등
 - 역할갈등

다음 개인 간 갈등(interpersonal conflict)은 개인 사이에 발생하는 갈등으로서 가족 간, 친구 간, 동료 간, 상하 간, 거래담당자 간, 대중 간 등의 갈등으로 나타난다. 그러나 외형상의 이 유형분류는 종류가 너무 많을 뿐 아니라 큰 의미가 없고 갈등의 지향점에 따라 분류하는 것이 적절할 것으로 보인다. 그래서 보다 분석적으로 정의한다면 개인 간 갈등은 목표달성의 방해를 받음으로써 발생하는 상호 의존적인 두 사람간의 투쟁을 말한다.3) 여기서 목표에는 물질목표 (substantive goal), 과정목표 (process goal), 관계목표 (relationship goal), 체면목표 (face goal) 등 네 가지가 있다. 개인 간 갈등이 다음의 사례에서 어떤 목표를 지향하는지 알아보자.

가. 기차역 매표창구에서 줄을 서지 않고 서로 먼저 표를 사려고 다투고 있다. (물질목표)

나. 전철을 타면서 빈자리에 서로 먼저 앉으려고 빈자리로 달려가고 있다. (물질목표)

다. 영화 '아바타'의 초대장 티켓 두 장이 고객 사은품으로 집으로 배송되어 왔는데 그 영화는 가족 4명이 모두 보고 싶어 하는 영화라서 서로 자기가 보겠다고 주장한다. (물질목표)

라. 딸 하나와 세 아들을 두고 있는 연로한 아버지는 너무나 보수적이어서 재산 상속을 결정하는 자리에 세 아들만 오라고 불렀다. 이 사실을 안 딸이 아버지와 관계가 별로 좋지 않아 바로 아래 남동생에게 상속이 아들 딸 상관없이 동등하지 않냐며 불만을 털어놓았다. (과정목표)

마. 사장은 생산과 영업부서에 업무를 전무와 담당이사와는 의논을 하지 않은 채 생산과장과 영업과장을 불러 지시하는 일이 많아 전무와 담당이사는 규정에 있는 경영회의를 개최하지도 않고 자신들을 따돌리는 처사에 대해 불만이 고조되고 있다. (과정목표)

바. 드라마 '계백'에서 왕후 은고가 자신의 아들 효가 왕이 되지 못할까 두려워 신라의 김춘추와 내통했고 그 사실이 드러날까 봐 충신 성

---

3) McCorke and Reese, p.7.

충을 죽였다. (관계목표)

사. 6살 난 아들이 엄마에게 "엄마, 이제 내년엔 7살이 되니까 두 발 자전거를 탈 거야. 세 발 자전거는 재미없어."라고 말했지만 엄마는 "아직 두 발 자전거는 위험하단다. 한 해만 더 기다려라."라고 말했다. (관계목표)

아. K시의 시장이 상가건축허가 대가로 금품을 수수한 혐의로 검찰에 고발된 상태에서 전통시장개장 축하기념식에 가서 축사를 하던 중 일부시민들이 야유와 욕설을 하는 통에 서둘러 마치고 나오며 기자들에게 금품수수한 적 없으며 곧 밝혀질 것이라고 해명을 하였다. (체면목표)

자. 귀금속회사의 경비요원이 독감으로 교대할 동료 경비원이 출근하지 않고 휴가중인 팀장과는 연락도 되지 않아 상부로부터 허가받지 못한 채 하루 더 초과근무를 한 후 초과수당을 요청했으나 회사에서는 충성심을 인정하기는커녕 오히려 사전허락없이 초과근무했다고 징계한다는 통보를 해와서 고충이 발생하였다. (체면목표)

'가', '나', '다'는 두 사람이 같은 구체적인 물질적 목표, 즉, 기차 승차표, 전철 빈자리, 아바타 영화관람권이라는 목표를 서로 차지하려고 다투는 갈등관계에 있음을 알 수 있으며 이를 물질목표갈등 또는 물질갈등이라 한다.[4] '라'와 '마'는 상속결정회의로의 초청제외에 대한 반발과 경영의사결정에서 제외된 점에 대한 반발에서 보듯 의사결정과정상의 갈등이 나타나고 있어 과정목표갈등 또는 과정갈등이라 한다. '바'와 '사'는 왕후 은고의 친아들 효가 태자로서의 위상 확보와 아이가 7살 되면 보다 독립

---

4) 개인 간 갈등이 모두 4가지의 목표갈등을 가지고 있고 이 중 물질목표의 갈등이 대표적인 갈등으로 통칭 목표갈등으로 지칭하고 있다.

적으로 자전거 탈 수 있는 아들로서의 위상 확보라는 인간관계의 목표갈등이므로 이를 관계갈등이라 한다. '아'와 '자'는 시장으로서 이미지가 실추되는 모멸감을 느끼거나 회사를 위해 무리하며 초과근무한 충성심은 알아주지 않고 초과근무수당이나 노리는 파렴치로 보는 회사의 징계처사에 이미지가 훼손되는 심적고통을 느끼는 체면상의 갈등이므로 이를 체면갈등이라 한다.

    개인 간 갈등
    - 물질갈등
    - 과정갈등
    - 관계갈등
    - 체면갈등

    마지막으로 집단 간 갈등은 집단과 집단 사이에서 발생하는 갈등으로서 조직 내 부서 간이나 상하 간에서 또는 노사 간에 발생하기도 하고 서로 다른 종교, 인종, 주민, 지역, 조직, 국가 간의 사회적 수준에서 발생하기도 한다. 집단 간 갈등이 사회 각계각층에서 무수히 많은 형태로 발생하고 존재하는데 몇 가지 사례를 통해 그 유형을 가늠해볼 수 있다.

    가. 지난주 심장병환자가 몇 사람 더 입원하자 내과 심장팀에서 긴급 혈액순환약인 6번 카데타를 추가 주문했으나 자재과 쪽에서는 카데타의 재고량이 현재 6개인데 재고수준 규정에 따라 5개를 넘기 때문에 재고가 내려가는 다음 주에 주문하겠다고 주문을 보류하자 심장병의사들과 자재팀 사이에 언성을 높이는 시비가 일어났다. (부서 간 갈등)
    나. 개발팀장은 오후 늦게 임원실에 다녀오고 나면 항상 팀원들에게

퇴근시간 30분 전에 야근해야 할 일거리를 지시하곤 해서 개인적인 약속을 지키지 못한 경우가 많아 팀원들은 팀장과 회사업무지시에 대한 불만이 많지만 불이익을 당할까 말을 못하고 있다. (상하 간 갈등)

다. 선박건조 수주를 받지 못해 경영상 이유로 근로자를 해고한 한진중공업에 맞서 부당해고라며 철회를 요구하고 해고자 복귀를 주장하며 파업하는 노동조합 사이에 심각한 갈등이 발생하였다. 그뿐만 아니라 부당해고를 철회하라며 고공시위를 하는 김진숙 민노총지도위원과 희망버스로 시위를 격려 방문하는 시민단체, 그리고 막대한 영업손실을 초래하는 희망버스 진입을 막는 영도주민들 간의 복잡한 갈등이 발생하였다. (노사갈등 + 주민과 희망연대 간 집단갈등)

라. 제주도 강정마을주민과 외부 시민단체는 서귀포에 해군기지 건설을 반대하며 시위하자 정부는 건설현장을 보호하기 위해 경찰을 동원하여 시위대가 건설현장을 진입하지 못하도록 차단하면서 물리적 충돌까지 발생하였다. (주민 및 시민단체와 정부간 대정부갈등)

마. 드라마 '광개토태왕'에서 국상 개연수가 대신들을 자기편으로 끌어들여 국상파를 만들어 담덕 태자가 후연으로 가 있는 사이에 고국양왕을 폐위시키려 모반을 일으키려 하자 담덕 태자는 고무대장군, 신군 등 왕실파를 이끌고 이를 진압하려는 갈등장면을 본다. (정파 간 권력갈등)

'가'의 사례는 한 병원 내에서 심장팀과 자재팀이 카데타 주문여부를 둘러싼 조직 내 부서갈등이고 '나'는 개발팀장을 비롯한 회사측과 개발팀원간의 업무지시방법에 대한 조직 내 상하갈등이므로 둘 다 조직 내 집단간 갈등의 유형이다. '다'의 경우에는 한진중공업의 노동조합과 사용자간의 노사갈등이 원래 있었는데 이에 파생하여 희망연대와 지역주민간의 시위집회 개최여부를 둘러싼 집단 간 갈등이 또 다른 측면에서 발생하게 되었다. '라'는 해군기지를 서귀포 강정마을에 건설하겠다고 결정하고 건설공사를 추진하는 정부에 대해 강정마을주민들과 시민단체들이 항의하며 건설공사를 못하도록 시위하며 충돌한 주민·시민단체와 정부 간 갈등, 즉, 대정부갈등이다. 마지막으로 '마'는 역사에 흔히 볼 수 있는 정파 간 또는 권력집단 간 권력갈등으로서 왕실파와 국상파간의 집단적 갈등이다. 이 외에도 많은 집단 간 갈등의 유형들이 있지만 이상에서 본 집단 간 갈등이 흔히 관찰되는 유형이므로 이들을 중심으로 집단 간 갈등을 분류해본다면 다음과 같다.

    집단 간 갈등
    > 조직 내 갈등
     - 부서 간 갈등
     - 상하 간 갈등
     - 노사 간 갈등
    > 조직 간 갈등
     - 종교 간 갈등
     - 인종 간 갈등
     - 지역 간 갈등
     - 정파 간 갈등
     - 국가 간 갈등

1-2-1. 인간의 내부에서 발생하는 개인적 갈등은 반드시 심리적 현상을 내포하고 있다는 주장은 맞는 말인가.

1-2-2. 개인 간 갈등에서 한 사람이 원하는 목표가 다른 사람에 의해 방해받아도 무시하고 계속 추구하게 되면 개인 간 갈등이라 할 수 없다는 주장은 타당한가.

1-2-3. 윗사람 존중문화에 익숙한 어른들과 인간의 평등문화를 요구하는 젊은이들 사이의 갈등은 조직적이지 못하기 때문에 집단 간 갈등이라고 볼 수 없다는 주장은 타당한가.

1-3. 갈등은 어디에서 오는가

우리는 앞 절에서 갈등이 생활 속에 발견되는 많은 사례를 알아보았다. 이러한 갈등은 어디에서 오는가? 갈등은 무수히 생성되는데 그 발생하는 근원은 무엇인가? 개인의 마음속에서 두 가지의 다른 주장이 충돌하여 갈등이 발생한다면 자신의 마음으로부터 갈등이 생성된다. 스스로 이렇게 해야 할지 저렇게 해야 할지 결정을 못 내리고 고민하는 모습이다. 심한 경우에는 두 욕구의 충돌에 의해 사고와 정서가 손상되어 내부 정신분열의 증세까지 보일 수 있다.

부부간의 차량사용이나 텔레비전 채널 선택을 둘러싼 의견이 충돌했다면 무엇이 갈등의 근원일까? 반대를 주장하는 상대방의 존재가 근원인가? 상대방과 반대되는 주장을 하는 나의 존재가 근원인가? 차량이나 텔레비전이 부족한 가정의 형편, 즉 물질과 자원의 부족이 갈등의 근원인가? 그렇지 않다면 현재 보유하고 있는 한 대의 차량을 사용하려는 욕구나, 거실에 있는 한대의 텔레비전을 보고자 하는 개인의 욕구가 갈등의 근원인가? 어떠한 욕구도 갈등의 근원이 되는가? 두 사람의 욕구가 정상적이지만 하나의 물체를 통해 한 시점에 동시에 충족될 수 없음으로 인해 갈등이 발생하고 있다. 그렇다면 두 사람의 목표가 동일하여 동시에 달성할 수 없는 충돌현상이 나타나고 있어 목표의 상충이 갈등의 원인인가?

엄격한 의미에서 위에 열거한 모든 것이 다 갈등의 근원이 될 수가 있다. 인간의 존재 자체가 갈등의 근원이 된다고 생각하는 경우에는 살인이나 배제 등의 극단적인 처방이 나오기도 하지만 인간존재를 존중하는 현대사회에서 이를 갈등근원으로 지목하는 것은 부당하다. 다만 극단적인 방법이 아니라도 "너 때문이야"라며 갈등의 원인으로 지목하는 경우를 흔히 목격하기도 한다. 자원이 부족하면 갈등이 일어나지 않고 지낼 수도 있지만 자원이 부족함으로써 갈등이 흔히 발생하고 있다면 자원부족이 갈등의 근원이 될 수가 있다. 또 사람의 욕구가 채워진다면 갈등이 발생할 리가 없지만 항상 채워지지 않을 때 갈등이 발생하게 되므로 당연히 갈등의 근원이 된다. 그래서 인간의 욕구가 충돌하고 동시에 만족할 수 없는 상태, 즉 목표의 충돌로 갈등이 나타나게 된다. 이때 목표의 충돌은 갈등의 원천이라기보다 갈등으로 나타나는 현상을 보여주고 있다. 앞 절에서 개인 간 갈등이 목표의 충돌 또는 방해로 발생할 때 이에 따라 4가지의 갈등 유형으로 분류한 바 있다. 그래서 인간의 욕구와 자원의 부족이 갈등의 원천으로 간주할 수 있다.

흥미로운 것은 인간의 존재, 인간의 욕구, 자원의 부족, 욕구의 충돌 중 어느 하나라도 해소가 되면 갈등은 소멸될 수가 있다는 점이다. 인간을 제거할 것인가, 욕구를 말살할 것인가, 자원을 보충할 것인가, 욕구충돌을 해소할 것인가? 인간을 제거하거나 차를 이용하고자 하는 욕구를 없애게 한다는 것은 인간적인 면에서 바람직해 보이지 않으며 당장 차를 한 대 더 산다는 것은 실천이 어려울 뿐 아니라 비용 측면에서 무리한 해법이므로 욕구충돌을 해소할 수 있는 방법을 모색하는 것이 현명할 것으로 보인다.

한진중공업의 갈등 상황은 어디에서 오는가?

사례 1-3-1 　한진중공업의 정리해고 갈등

한진중공업 사태는 2010년 12월 5일 경영 악화를 이유로 사측이 생산직 사원 400명 정리해고안을 발표하면서 시작되었다. 노조는 이에 맞서 해고 철회를 주장하며 12월 20일 총파업에 돌입했다. 사측이 제시한 1차 희망퇴직 기한에 230명이 희망퇴직을 신청했고, 170명은 정리해고 되었다. 2011년 6월 말, 노사가 전격적으로 협상에 임하면서 타결 전망도 나왔지만, 결국 해고자 170명 가운데 76명만 희망퇴직으로 전환되었다. 나머지 94명은 여전히 정리해고 상태로 남게 되면서 한진중공업 사태는 미궁 속으로 빠져들었다.

이러는 가운데 2011년 1월 6일부터는 민주노총 김진숙 부산본부 지도위원이 한진중공업 내의 85호 크레인에서 고공농성에 들어갔다. 6월 11일에는 16대로 구성된 '희망버스'가 부산 영도에 위치한 한진중공업에 도착하여, 촛불행진 및 한진중공업 내 진입을 시도하였고, 그 결과 용역 직원 20여 명(사측 주장)과 노조원 수십 명이 부상을 입었다. 희망버스가 계속되자 대한민국 어버이연합 등 보수단체 회원 300여 명으로 구성된 '참희망버스'와 부산광역시는 7월 30일, 영도대교, 자갈치 시장 등지에서 '희망버스' 시위대를 저지하면서, 시위대와 마찰을 빚기도 하였으며, 그 결과로 한 명이 부상을 입었다. 희망버스는 10월 8일까지 5차례나 이어졌으며 이에 부산국제영화제 기간이라 부산시장과 부산시의회 의장은 반대성명을 내기도 하였다.

한편, 한진중공업 조남호 회장은 해외 출장을 마치고 돌아온 2011년 8월 10일, 부산시청에서 대국민성명을 발표하면서 외부세력 개입 자제 등을 호소했다. 해결 기미가 보인 것은 지난 10월 8일 국회 환경노동위원회의 권고안을 조남호 회장이 받아들이면서였다.

권고안은 1년 이내에 정리해고자 재고용과 2천만원 생활비 지원 등을 담았다. 권고안이 나온 지 한 달여 만에 노사 간 합의안이 마련됐고 조합원들이 만장일치로 가결함으로써 한진중공업 사태는 끝이 났다. 동시에 김진숙 민주노총 지도위원은 장장 11개월 동안 계속된 크레인 농성을 비로소 종료하게 되었다. 이 과정에서 노조원, 비노조원 가릴 것 없이 254명이 사태와 관련해 불구속 입건됐고, 160여 명이 경찰의 수사를 받거나 수배되었다.

문제는 조업 정상화가 현재로선 불투명하다. 한진중공업 영도조선소의 현재 선박 수주 물량은 제로(0)로 선박건조 도크는 텅텅 비어 있다. 한진중공업 사측은 2011년 8월부터 부분 휴업을 단행한데 이어 11월 중순부터 일감이 일부 남아 있는 특수선 부문을 제외하고는 상선 부문의 휴업을 노조에 통보한 상태다. 사측은 11월 15일을 전후해 생산직 근로자 260여명에게 유급휴직을 통보한 뒤 이를 400여명까지 확대할 계획이다. 비록 선박 신규 수주 얘기가 오가고는 있지만 이를 수주한다고 해도 현장에 투입되기까지는 최소 8~10개월이 걸리게 된다. 조업 정상화가 되기 위해서는 최대 1년여의 시간이 필요하다.

(출처: 위키백과의 "한진중공업 파업 사태," YTN, 모닝뉴스 등의 뉴스에서 발췌하여 종합적으로 재구성함)

여기서 보듯이 한진중공업이 경영상 이유로 170명을 해고하자 노동조합에서는 부당해고라며 파업을 돌입하고 김진숙 등 일부는 고공농성을 벌이며 큰 갈등상황을 노출하였다. 회사는 국내 영도조선소의 도크가 작아서 선박을 건조하기 어렵고 선박 수주실적이 전혀 없어 인원을 감축할 수밖에 없다는 주장을 함에 대해 근로자와 시민단체 또는 정치권에서는 선박수주가 전혀 없다는 것은 거짓이고 이사들에게 배당금까지 배분했다는 것만 볼 때도 경영상 이유가 될 수 없다는 주장으로 맞서고 있다. 이렇게 정리해고를 하게 된 경영상 이유가 적절하냐에 대한 상반된 견해가 존재하고 있어서 진실게임이 되고 있어서 정보적인 갈등이 발생하고 있다. 간단하게 말하면 경영상 이유인 수주실적과 지불능력 부족이라는 정보가 사실이냐 아니냐라는 의견차이로 갈등이 지속되고 있어서 이는 사실관계에 대한 정보차이로부터 갈등이 발생하고 있다.

한진중공업뿐 아니라 다른 회사에서 발생하는 해고사건은 대부분 해고를 둘러싼 노사 간의 대립을 보게 된다. 경영상 이유로 해고사유가 발생했다 하더라도 회사는 해고가 불가피하며 다른 선택을 할 수 없다는 입장인데 반해 근로자들은 격렬히 저항하며 해고 이외의 다른 방법을 취할 것을 주장한다. 예를 들어 해고 대신 임금삭감이라든가 생산성 향상이라든가 또는 휴직제도나 교육훈련제도를 이용하여 인건비의 부담을 완화하는 방법을 모색해보는 것이다. 결국 수주부족과 매출감소라는 경영환경변화에 대한 대처방법에 대한 회사와 근로자의 의견대립에서 갈등이 발생하고 있다. 이 갈등은 경영위기 극복이라는 목표는 같으나 이를 해결하기 위한 의사소통상, 방법상, 전략상 차이 때문에 발생하고 있다. 또한 수주실적이나 지불능력이 충분했다면 발생하지 않았을 상황이므로 자원의 부족도 갈등의 원천이 될 수 있다. 그래서 한진중공업의 해고 관련 갈등은 정보차이에 의한 갈등, 의사소통과정에서의 갈등, 자원의 부족으로 생기는 갈등을 모두 포함하고 있다고 볼 수 있으므로 갈등의 원천은 노사 간의 정보차이, 의사소통문제, 자원부족을 모두 포함하고 있는 것으로 보인다.

제주도 서귀포 해군기지 건설을 강행하는 해군 및 정부와 이를 반대하는 강정마을주민과 시민단체 사이의 갈등은 무엇 때문에 발생하는 것인가?

사례 1-3-2 제주도 해군기지 건설 갈등

프랑스의 리베라시옹 신문이 12일(현지시간) 세계 7대 자연경관으로 선정된 제주도의 강정마을에서 빚어지고 있는 해군기지 건설을 둘러싼 논란을 기획기사로 보도했다.

리베라시옹은 이날 "한국 '평화의 섬'의 저항"이라는 제목의 국제면 전면 기사를 통해 평소 어민의 섬, 관광의 섬이던 제주도가 대규모 해군기지 건설 문제로 내부 갈등을 겪고 있다고 보도했다.

신문은 한국이 2015년 완공을 목표로 아시아 최대 규모의 해군기지 건설에 착수했지만 이 사업은 이미 해상루트와 에너지 자원 확보를 위한 헤게모니 싸움이 벌어지는 이 지역에 새로운 긴장을 가져올 위험이 있다고 지적했다.

리베라시옹은 한국 국방부가 인터뷰 대신 보내온 자료에는 이 기지가 '민·군 합동 시설'로 소개돼 있다면서 국방부는 '평화의 섬' 제주도가 "전쟁이 아니라 평화를 지키고 국권을 수호하기 위해 만들어진 이 해군기지"와 충분히 공존할 수 있음을 주장하고 있다고 말했다.

한국의 한 외교관은 "중국의 상업적·군사적 침범에 대응해야 한다"면서 신혼부부들과 관광객들이 선호하는 제주도가 세계 7대 자연경관으로 선정돼도 어쩔 수 없다는 입장을 밝혔다.

그러나 기지 건설에 반대하는 한 주민은 한국 정부가 반대하는 주민들이 많음에도 이러한 의견을 무시한 채 건설을 강행하고 있다면서 현지 주민 수천 명이 서로 반목하는 것을 우려한다고 말했다.

그는 항공모함이 정박하면 비행장이 필요해지는 방향으로 상황이 악화될 것이라고 우려한 뒤, 제주 4·3 항쟁을 상기시키면서 "우리는 기지 건설을 막기 위해 모든 수단을 동원할 것"이라고 주장했다.

리베라시옹은 한국이 강정 해군기지 건설과 관련해 군사동맹을 준수해야 하는 미국과 최대 교역국인 중국과의 사이에서 난처한 처지에 놓였다고 분석하면서 이는 미 해군이 '일시적으로라도' 이 기지를 이용할 수 있기 때문이라고 말했다.

신문은 "제주도에서 149㎞ 떨어진 이어도에 한국이 중국보다 먼저 도달할 수 있어야 한다"는 한 고위관리의 말을 전하면서 유전층이 있는 것으로 알려진 이어도는 항상 한국과 중국 사이에 긴장의 무대였다고 말했다.

한국 해군의 한 당국자는 한국 언론에 "일본과 중국에 대항해 해양자원을 확보하기 위한 소리없는 전쟁을 치르고 있다"고 말했으나 리베라시옹은 "지금 이 소리없는 전쟁이 시끄러운 소리를 내고 있다"고 전했다.

(출처: 연합뉴스, "평화의 섬 제주도서 해군기지 건설 논란"〈佛紙〉, 2011.11.13)

정부는 중국의 군사적 위협으로부터 해양자원 보존뿐 아니라 이어도와 7광구의 보호 등 군사적 목적상 제주도 강정마을에 해군기지를 건설하려는 입장인 반면 강정마을주민과 외부 환경단체, 시민단체 회원들은 세계 자연유산과 생태계 보호를 위해 반대하는 입장이다. 간단히 말하자면 강정마을의 용도에 있어서 생태계 보호와 군사적 활용이라는 두 가지의 다른 가치가 충돌하고 있는 상태이다. 따라서 이런 경우 서로 다른 두 가치가 공존할 수 없고 충돌하여 이를 신봉하는 두 집단 간에 갈등이 발생한다. 만약 강정주민들이 해군기지 건설에 필요한 토지수용의 대가가 불충분해서 더 많은 보상을 요구할 목적으로 투쟁하고 있다면 결국 자원의 부족과 쟁탈로 귀결되므로 자원부족이 갈등의 원천이 될 수 있다.

인간에게서 갈등의 가장 원초는 무엇일까? 갈등의 가장 근저에는 인간의 욕구가 자리하고 있다는 매슬로우의 통찰력에 깊은 공감을 한다. 매슬로우에 의하면 생리적 욕구, 안전욕구, 소속 및 애정욕구, 존경욕구, 자아실현욕구 등 5단계의 인간욕구가 순차적으로 발전되어 간다는 것이다.[5] 이 인간의 욕구가 충족되지 못하면 욕구를 스스로 포기하거나 무기력에 빠지기도 하지만 타인과 충돌할 때 갈등이 발생하게 된다. 그래서 개인내부에서는 자신의 여러 가지 욕구가 내면에서 충돌하면 개인적 갈등이 생기지만 자신의 욕구가 타인의 욕구와 충돌하면 개인 간 사회적 갈등이 발생한다. 따라서 내면적이든 개인 간이든 갈등의 근원에는 인간의 욕구가 자리잡고 있다. 복잡하게 얽혀 있는 어떤 갈등도 거슬러 올라가면 결국에는 어떤 형태로든 인간의 욕구가 충족되기 위해서 존재하고 있다. 예를 들어 한진중공업 갈등에서도 정보갈등, 의사소통갈등 및 자원부족갈등은

---

5) 매슬로우의 욕구 5단계설은 그의 1943년 논문, A Theory of Human Motivation에서 발표되었다가 발전된 이론이 1954년 그의 저서 Motivation and Personality에 수록되어 있다. Wikipedia의 Maslow's hierarchy of needs와 장동운, 『갈등관리와 협상기술』, 무역경영사, 2009, pp.21-23 참조.

생리적 욕구, 안전욕구 및 존경욕구와 복합적인 관련이 있다. 왜냐하면 수주실적의 확보나 정리해고의 거부 같은 요구들은 먹고 살 수 있는 욕구, 직업안정의 욕구에 직결되어 있으므로 생리적 욕구와 안전욕구에서 발생한 2차적 욕구라 볼 수 있기 때문이다. 정보와 의사소통의 부족으로 인한 갈등은 존경욕구가 있기 때문에 발생하기도 한다. 이러한 속성 때문에 갈등해결에서 인간욕구의 충족이 가장 핵심적이라 할 수 있다.

갈등이 발생하는 근원에 인간욕구가 자리하고 있지만 갈등의 표면적 원천은 여러 가지로 다양하게 식별되고 있다. 많은 학자들이 각기 다른 갈등의 구조와 분석틀을 제시하고 있어서 통일적으로 갈등의 원천을 결정할 수는 없다. 다만 공통적으로 제시되거나 독립적으로 파악되는 원천을 열거해보면 다음과 같은 요소들이다.

> 자원: 자원이 부족해서 갈등이 발생
> 권력: 권력을 차지하기 위해서 갈등이 발생
> 의사소통: 의사소통이 잘되지 않아서 갈등이 발생
> 역할: 기대한 역할이 주어지지 않아서 갈등이 발생
> 체면: 자신의 체면이 손상되어서 갈등이 발생
> 가치: 서로가 믿는 가치가 충돌해서 갈등이 발생
> 정보: 정보가 부족하거나 왜곡되어서 갈등이 발생
> 정서: 불쾌한 언사에 정서가 손상되어 갈등이 발생
> 변화: 조직이나 환경변화에 적응하지 못해 갈등이 발생

이 갈등의 원천들은 갈등의 유형별로 하나 또는 두개 이상이 관련되어 있는데 이를 요약해보면 다음과 같은 연관성을 가질 수 있다.

갈등의 유형		갈등의 원천
개인적 갈등	목표갈등	자원, 권력, 체면, 가치, 정보, 정서
	욕구좌절갈등	욕구 5단계*
	역할갈등	역할
개인 간 갈등	물질갈등	자원, 권력
	과정갈등	의사소통, 정보
	관계갈등	권력, 역할
	체면갈등	체면
집단 간 갈등	조직내갈등	자원, 권력, 의사소통, 역할, 체면, 가치, 정보, 정서, 변화
	조직간갈등	자원, 권력, 의사소통, 역할, 체면, 가치, 정보, 정서, 변화

* 욕구좌절갈등의 원천은 인간의 욕구 5단계 모두를 포함하고 있음

　　여기서 재미있는 현상은 갈등의 원천들은 갈등을 유발시키는 원인이 되기는 하지만 보다 근원적으로 인간의 욕구에 그 뿌리가 닿아 있다는 점이다. 이들 원천이 매슬로우의 욕구 5단계와 어떻게 연결되는가를 다음 그림에서 볼 수 있다. 먼저 자원이 부족함으로써 서로 목표하는 바가 충돌하여 갈등이 발생하는 것은 두 사람의 가슴속에서 자리하고 있는 생리적 욕구나 안전 욕구가 작용하기 때문일 것이다. 개인 간 또는 정치집단 간 권력 투쟁은 생리적 욕구, 안전욕구, 존경욕구가 복합적으로 작용하는 것으로 보인다. 오해나 정보 차이, 의사결정문제 등 의사소통에서 발생하는 갈등은 타인으로부터 인정과 존경을 받고 싶은 욕구와 연결되고 있다. 이 존경욕구는 의사소통 외에도 스스로의 체면을 세우려다 발생하는 갈등의 원인이 되기도 한다. 회사 직급상, 부모와 자식 간, 사랑하는 연인사이의 역할에서 발생하는 갈등은 소속 및 애정 욕구가 존재하기 때문이다.

화를 내거나 무시하는 등 정서적으로 충돌되어 발생하는 갈등은 애정 욕구와 존경 욕구가 모두 다 작동함으로써 나타나는 현상으로 보인다. 가치나 종교나 신념이 달라서 발생하는 갈등은 자신의 종교관이나 가치관에 따라 자아실현의 욕구가 강하기 때문에 타인에게 쉽게 양보할 수 없고 자기주장을 펼쳐나가려는 데서 나타난다. 마지막으로 구조조정이나 작업 혁신과 같은 기존 질서에서 변화를 도입함으로써 발생하는 갈등은 직업과 근무에서 안정을 원하는 안전 욕구가 발동하기 때문일 것이다.

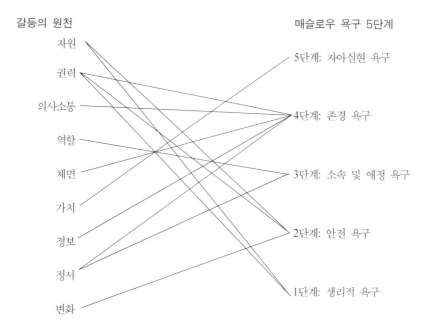

〔그림 1-3-1〕 갈등의 원천과 매슬로우의 욕구 5단계 간 연관성

요컨대 갈등이 발생하는 가장 원천적인 곳은 앞에서 보았듯이 인간의 욕구이다. 매슬로우의 욕구 5단계가 직접적으로 작동하여 인간 내에서든

인간 간에서든 충돌하여 갈등이 발생할 수 있지만 오히려 갈등의 원천으로 쉽게 관찰되는 가뭄에 식수 쟁탈 (자원부족), 정치적 권력투쟁 (권력), 독단적 결정 (의사소통), 역할 무시 (역할), 체면손상 (체면), 가치관 차이 (가치), 정보은폐 (정보), 인격모독 (정서), 정리해고 (변화) 등은 인간의 기본욕구에서 유발된 갈등의 원천으로 볼 수 있다.

[생각해볼 점]

1-3-1. 갈등의 가장 원초적 근원은 어디에 있는가?

1-3-2. 매슬로우가 주장하는 욕구 5단계는 어떻게 구성되는가?

1-3-3. 갈등의 원천으로 보기 어려운 항목은 어느 것인가?
 ① 정보 ② 가치 ③ 경쟁 ④ 체면 ⑤ 역할

1-3-4. 인간의 존경욕구 때문에 발생하는 갈등의 원천에 해당하지 않는 것은?
 ① 자원부족 ② 의사소통 ③ 체면 ④ 정보 ⑤ 정서

1-3-5. 부부간 차량사용 갈등을 해결하는 바람직한 단기적 방법은?
 ① 배우자 살해
 ② 배우자 차량사용 욕구 묵살
 ③ 차량동승과 일부 대중교통 이용
 ④ 차량 추가 구입
 ⑤ 가위바위보로 사용자 결정

제2장 갈등은 어떻게 진행되는가

2-1. 갈등이 전개되는 경로

갈등이 어떻게 발생했다가 어떻게 소멸할까? 모든 갈등은 동일한 경로를 거치는 것일까? 그 갈등의 진행경로를 바꿀 수는 있을 것인가? 이 세 가지의 질문은 매우 흥미로운 것이며 이 절에서 그 해답을 찾아보고자 한다.

우리는 환절기에 가끔 감기에 걸리곤 한다. 병원에 가지 않고 약을 먹지 않은 상태에서 감기의 진행경과를 예상해보자. 감기의 증상이 나타나기 전에 그 전조 현상을 느끼게 되는데 몸이 으스스 떨리거나 목이 까실하게 느껴지는 그런 경험을 하게 된다. 하루가 지나면서 목이 붓고 머리가 아프고 몸이 나른해지며 또 하루 이틀이 지나면 기침이 나오고 가래가 올라오기 시작한다. 이런 증상이 며칠 가다가 1주일이나 열흘이 지나면 가래가 잦아들고 기침이 간헐적으로 나오면서 병세가 호전될 것이다. 약 2주일이 경과하면 면역성이 생기고 병균이 퇴치되어 소멸되면서 몸은 정상적인 상태로 회복된다. 이러한 감기의 발생, 진행 및 소멸의 사이클 현상이 우리 신체에서 나타나듯이 비슷한 패턴으로 갈등의 사이클 현상이 우리의 심리상태에서 나타난다고 볼 수 있다. 갈등의 정도는 갈등이 발생하기 시작할 때 제로에서 증가하여 갈등이 최고조에 달할 때 최대의 수치를 보이다가 갈등이 해결되면서부터 줄어들어 해소되면 그 정도도 제로

가 된다.

앞의 1-2절에서 갈등 유형별 사례 중 몇 가지 사례에서 갈등의 예상경
로가 어떻게 될 것인지 살펴보기로 하자. 개인적 갈등의 '라'는 역할갈등
이며 그 배경과 경로를 예상해보자.

사례 2-1-1 **L연구원의 업무적응 갈등**

L씨는 대학원에서 경영학석사학위를 하고 연구원으로 직장에 취업하여
연구개발업무에 5년 동안 일해 왔는데 올해 회사가 재정상태가 안 좋아서
감원하려는 차에 시설과 직원이 갑자기 이직하면서 공석이 된 자리에 배치
되었지만 도무지 적성이 맞지 않고 시설관련 전문성이 없어 업무에 대한
갈등이 생기고 있다. 처음에는 새로운 업무를 배우면서 일을 겨우겨우 해
내긴 하였지만 일을 잘 할 자신이 없고 전혀 다른 일에 적응하지 못하여
스트레스가 쌓이기 시작하였다. 2개월 쯤 지났을 땐 스트레스와 과로로 위
궤양이 발생했으며 병원의사 말로 약을 복용하면서 좀 쉬어야 한다는 진단
을 받고서는 생각을 바꾸어 자신의 연구전문성은 나중으로 미루어두고 시
설과 업무에 적응해서 편하게 지내려 마음을 먹고 업무의 요령도 생겨 즐
거운 마음으로 일하고자 하였다. 그러자 업무 부적응으로 인해 발생했던
갈등이 사라지고 평온한 마음으로 시설과 직원으로서 일하게 되었다.

이 예에서 갈등의 경로를 보면 시설과 직원으로 발령 난다는 소문을
들었을 때 착잡한 마음이 들었고 발령이 나서 자리까지 옮기고 일을 시작
하자 업무 부적합에서 오는 스트레스와 우려로 내적 갈등이 점차 고조하
고 있으며 불만과 스트레스가 최고조에 달하고 위궤양까지 발생하면서
갈등 정도가 최고에 달하게 된다. 그러다가 시설과 업무에 자신을 적응시

켜나가면서 갈등을 줄이고 편안하게 일을 함으로써 갈등은 소멸된다. 그러나 갈등이 최고조에 달하고난 다음 다른 갈등의 경로를 예상할 수도 있다. 업무적응이 안되니 시설과 직원을 충원하고 자신을 원래의 연구개발업무로 보내도록 요청하여 그대로 조치되어진다면 갈등이 해소될 수 있다. 또는 회사 사정으로 시설과 일을 못하겠다면 연구직은 더 이상 필요가 없으니 알아서 하라는 회사측 말을 듣고는 다른 회사의 연구직으로 자리를 옮김으로써 갈등을 해소할 수도 있다. 이렇듯 갈등이 발생하여 주체가 인지한 후에 그 진행경로는 여러 가지 방향으로 다양하게 형성될 수 있음을 알 수 있다.

다음으로 개인 간 갈등의 '라'는 과정갈등의 예인데 그 갈등경로를 추론해 보자.

사례 2-1-2 부녀 간 상속회의 참여 갈등

딸 하나와 세 아들을 두고 있는 연로한 아버지는 너무나 보수적이어서 재산 상속을 결정하는 자리에 세 아들만 오라고 불렀다. 이 사실을 안 딸이 아버지와 관계가 별로 좋지 않아 바로 아래 남동생에게 상속이 아들 딸 상관없이 동등하지 않냐며 불만을 털어놓았다. 남동생이 누나의 불만을 듣고 아버지에게 알려주었으나 아버지는 개의치 않고 아들만 불러서는 아들 나이 순서대로 2/4. 1/4, 1/4의 지분으로 세 아들에게만 상속을 결정한다고 선언하였다. 이 결정을 전해들은 딸은 극도의 소외감과 불만이 고조되어 몸저 누웠다. 남편은 몸이 상하니 상속은 포기하고 잊고 마음 편히 살자고 했지만 딸은 모종의 복수를 결심하였다. 남동생에게 동일한 지분의 상속을 주지 않으면 법원에 상속지분청구소송을 제기하겠다고 아버지에게 전하라고 말했다. 다음날 딸은 부정적인 답변을 듣고는 결국 지방법원에 소송을 제기하였고 이후 고등법원, 대법원까지 가서 결국 승소하여 1/4지분을 확보하였다. 그러나 그 동안 거의 1/4지분의 상속에 버금가는 정도의 소송비용과 변호사비용이 발생하고 친정아버지와 오빠들과는 원수지간이 되었다.

상속회의 참석 제외를 당하면서 발생한 갈등이 소송을 제기하여 갈등이 고조되었는데 대법원의 판결이 날 때까지 갈등이 감소하지 않고 판결로서 상속 관련 갈등은 소멸된다. 그러나 이로 인한 새로운 형태의 부녀간, 형제자매간 관계갈등이 발생하여 가족구성원 모두 커다란 심리적 압박으로 작용하여 오래도록 괴로움을 주었다. 물론 갈등이 해소되어 가는 과정이 소송으로 가지 않고 아버지가 딸을 만나 서운함을 달래고 큰 오빠의 상속 중에서 1/3을 물려주겠다고 하고 딸도 약간 불만스럽기는 하지만 수용하고 잘 해결되었다면 이로서 갈등은 해소되는 좀더 만족스러운 해결책을 생각해볼 수 있다. 갈등이 생성했다가 소멸하는 것은 공통적이지만 갈등의 진행과정이 대처하는 방법에 따라 다양하게 나타날 수 있음을 볼 수 있다.

이제 집단적 갈등의 '가'는 부서 간 갈등인데 이 또한 갈등의 발생에서는 동일하게 시작되나 해결되어가는 경로는 다양할 수 있다. 가장 간단한 경로를 상정해보자.

사례 2-1-3 **심장팀의사와 자재과의 카데타 주문 갈등**

지난주 심장병환자가 몇 사람 더 입원하자 내과 심장팀에서 긴급 혈전치료기구인 6번 카데타를 추가 주문했으나 자재과 쪽에서는 카데타의 재고량이 현재 6개인데 재고수준 규정에 따라 5개를 넘기 때문에 재고가 내려가는 다음 주에 주문하겠다고 주문을 보류하자 심장병의사들과 자재팀 사이에 언성을 높이는 시비가 일어났다. 심장병의사들은 병원장에게 항의하며 당장 카데타를 구매해달라고 요청하였으나 원장은 규정이 현재 그러니 나중에 고치도록 하고 이번만은 다음 주까지 좀 참고 기다려 달라는 답을 듣고 왔으나 기분이 모두 좋지는 않았다. 결국 다음 주가 되어 재고가 2개로 내려가자 자재과에서는 카데타를 주문하였기 때문에 이로 인한 갈등은 해소되었다. 물론 규정을 개정하기 위한 이사회 안건상정에는 자재구매의 재고기준 개정안을 포함하기로 하였다.

이 집단 간 갈등은 흔히 조직의 부서 간에 잘 발생하는데 여기 사례에서는 심장병의사들이 단기적으로는 인내하여 규정에 따르도록 양보하고 중장기적으로는 규정을 개정해서 유사한 문제가 발생하지 않도록 약속을 받아내는 것으로 해결됨으로써 갈등이 해결되고 그 다음 주 카데타가 주문되어 반입되면서 갈등은 완전 해소되었다. 이러한 경로 대신 자재과 구매가 불가능하다면 심장과의 예산에서 우선 구매하고 그 금액을 자재과에 그 다음 주에 청구한다거나 자재과가 병원장에게 특별 구매품의를 하여 구매한다거나 하는 등 다양한 형태로 갈등이 해소되어 가는 경로가 있을 수 있다.

이상의 세 가지 갈등사례에서 진행경로를 알아보았는데 그렇다면 처음에 제기하였던 세 가지의 질문은 해답을 얻게 되었는가. 갈등이 어떻게 발생했다가 어떻게 소멸할까? 모든 갈등은 동일한 경로를 거치는 것일까? 그 갈등의 진행경로를 바꿀 수는 있을 것인가?

첫째, 갈등이 어떻게 발생했다가 어떻게 소멸할까? 자신 내부의 욕구 충돌이나 다른 사람과의 욕구 충돌로 갈등이 발생하였다가 일정한 해결 방법을 거치면서 갈등이 감소되다가 나중에는 완전히 소멸된다. 어떤 경우에는 완전 해소되지 않고 남아 있는 경우도 있고 다른 형태로 갈등이

변형되어 나타나기도 한다. 이론적으로는 몇 가지 설명하는 모델이 있는데 우선 갈등은 의견불일치, 대결, 격화, 진정, 갈등해소의 과정을 거쳐 진행한다.[6] 갈등당사자가 서로 주장하는 바가 상반되어 의견의 불일치를 보이면서 갈등이 생성되고 서로 양보 없이 자기주장을 계속 유지하면서 대결국면을 보이는 동안 갈등은 증가하게 될 것이다. 서로 유리하게 이끌어 가려고 모종의 수단을 동원하거나 감정을 자극하는 언어나 행동을 취하게 되면 대결이 더 심화되어 갈등의 격화 단계에 이르게 된다. 서로 일부 양보하거나 해결방법을 통해 갈등이 해결될 수 있으면 갈등의 진정국면으로 접어들게 되고 완전히 갈등이 해결된다면 갈등은 해소된다.

갈등의 발생, 증가, 극대, 감소, 해소라는 패턴은 유사하지만 다른 모형으로는 Brahm 모형이 있는데 이는 다음과 같이 갈등의 단계를 7단계로 구분하여 제시된다.[7]

1. 잠재적 갈등(Latent conflict)
2. 갈등의 출현(Emergence)
3. 갈등의 증가(Escalation)
4. 교착상태(Stalemate)
5. 갈등의 감소(De-Escalation)
6. 갈등의 해결(Settlement/Resolution)
7. 갈등후 평화구축(Post-Conflict Peacebuilding and Reconciliation)

갈등의 전 단계와 후 단계인 1단계와 7단계를 제외하면 5단계로 표시될 수도 있다. 잠재적 갈등이 현실화되어 출현함으로써 갈등의 정도가

---

6) 장동운(2009), pp.56-61.
7) 이 모형에서 잠재적 갈등과 갈등후 평화구축을 제외하고 5단계로 설정된다고 한다. Eric Brahm(2003) 참조.

점점 증가하여 교착상태에 이르러서는 최고조에 달했다가 점차 감소국면으로 접어들고 종국에는 갈등이 해결된다. 갈등이 소멸된 후 갈등후 평화가 구축되면 비로소 완성된다는 것이다. 이 단계별 갈등상태를 시간에 따라 갈등의 정도가 어떻게 변화되는가를 그래프로 표시해보면 [그림 2-1-1]과 같다. 갈등의 정도는 시간의 함수관계에 있다는 가정이다. 갈등이 출현하면서 갈등의 정도가 증가하다가 교착상태에서 갈등이 피크를 이루고 다시 갈등이 감소되다가 해결되면서 갈등의 정도가 최저로 내려가게 된다. 첫 번째 모형과 달리 여기서는 갈등 후 평화구축이나 화해가 있어야 갈등이 완전 소멸되는 것으로 설계되어 있다.

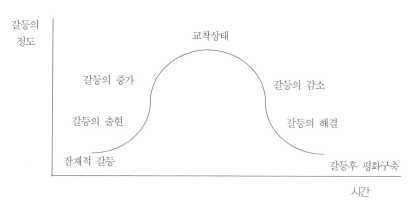

출처: Eric Brahm (2003)

〔그림 2-1-1〕 갈등의 과정 1

둘째, 모든 갈등은 동일한 경로를 거치는 것일까? 당연히 동일한 경로를 거치지 않는다. 갈등 당사자들이 어떤 마음과 어떤 해결방법을 추구하느냐에 따라 다양하게 경로가 나타나게 될 것이다. [그림 2-1-2]와 같이 갈등이 S점에서 발생하여 증가하다가 P점에 최고조를 이루게 된 다음 점차 감소하여 소멸되는 경로들을 볼 수 있다. 원래 A곡선에 따라 갈등이 해결되어 소멸되는 경로를 표시한다면 A-곡선은 갈등해결에 더 많은 시간이 걸리고 미소한 약간의 갈등이 잔존해 있을 수 있음을 보여주고 있으며 A+곡선은 더 빨리 갈등을 해소해 내는 경로를 보여주고 있다. 흥미로운 것은 WW와 LL과 같은 선이 존재한다는 것이다. WW선은 갈등당사자가 서로 윈윈(win-win)하는 해결책을 모색하여 신속히 그리고 모두 만족하는 형태로 갈등이 해결됨을 보여주는 것이다. 반대로 LL선은 갈등당사자가 모두 패패(lose-lose)하는 결과를 보여주는 곡선인데 갈등해결에 시간이 많이 걸리면서 결국 갈등이 완전 해소되지 못하면서 종결되는 현상을 보여준다. 앞의 아버지와 딸의 상속갈등 사건이 대법원에서 판결로 끝났을 때 소송자체는 승자와 패자가 결정나서 형식적으로는 승패(win-lose)게임인 것으로 보이지만 각종 비용과 정신적 황폐화 등을 고려할 때 모두가 패자가 되는 패패의 결과를 가져왔다고 볼 수도 있다. 때에 따라서는 시간이 오래 걸리지 않고 짧은 기간에 패패의 결과를 가져오기도 할 것이다.

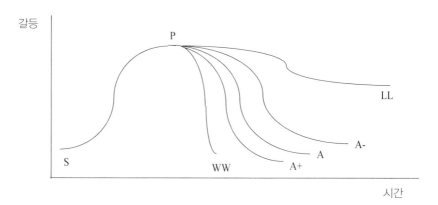

〔그림 2-1-2〕 갈등의 다양한 진행경로

셋째, 그 갈등의 진행경로를 바꿀 수는 있을 것인가? 둘째 질문에서 갈등 경로가 다양하게 형성될 수 있음을 생각한다면 당연히 진행경로를 바꿀 수 있다. Robbins & Judge의 갈등과정 모형에서는 5단계로 진행되고 있다: (1) 잠재적 반대 또는 불일치(potential opposition or incompatibility) (2) 인식과 개인화(Cognition and personalization) (3) 의도(intentions) (4) 행동(Behavior) (5) 결과(Outcome).[8] 이 모형을 도식화해보면 [그림 2-1-3]으로 표현된다. 1단계에서 의사소통, 구조, 개인적 변수 등에 의해 잠재적인 반대나 불일치가 발생하면 2단계에서 당사자들이 인식하고 느끼게 되면서 갈등의 존재를 확인하게 된다. 3단계에서 당사자들이 갈등처리의도 또는 갈등대처방법을 선택하게 되는데 경쟁형, 협력형, 타협형, 회피형, 수용형의 5가지 전략이 그것이다. 이 전략의 선택에 따라 행동에서 당사자가 상호작용하여 집단성과의 향상이나 하락의 결과에 이르므로 갈등당사자가 어떤 의도나 전략을 가지느냐에 따라 갈등의 경로와 결과는 달라진다. 예를 들면 [그림 2-1-2]에서 경쟁형의 법원소송으로 A-나 LL경로를 갈 것인가 협력형의 상호 이익을 찾는 방법으로 WW경로를 갈 것인가는 선택의 문제가 된다. 이 부분에 대해서는 제3장에서 자세히 설명할 것이다.

---

8) Robins and Judge (2010)의 Chapter 13 Conflict and Negotiation에서 자세한 내용을 참조할 수 있다.

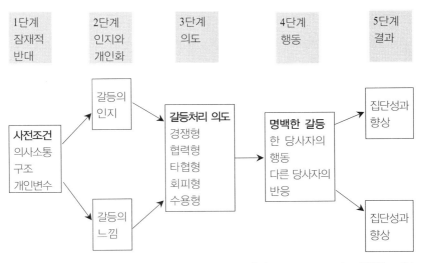

출처: Robins and Judge (2010), p.214

〔그림 2-1-3〕 갈등의 과정 2

[생각해볼 점] ────────────────────────────────────

2-1-1. 갈등은 발생하면 반드시 소멸하는가?

2-1-2. 갈등의 경로 중 가장 바람직한 것은 어떤 것인가?

2-1-3. 갈등의 경로를 바꿀 수 있는 요소로서 당사자의 의도 또는 대처
방법이외에 다른 요소가 있는가?

2-2. 갈등이 가져올 결과

갈등이 가져온 결과는 무엇일까? 갈등은 누구에게나 발생하는 것이고 그 결과도 항상 경험하기 때문에 쉽게 기억해낼 수 있다. 다만 대부분의 갈등은 경미하고 그 결과도 큰 스트레스나 심각한 손실을 입히는 것이 아니어서 별로 신경을 쓰지 않고 지나가곤 한다. 그러나 때때로 심각한 갈등을 경험하기도 하여 갈등의 해결에 큰 관심을 가지기도 한다. 갈등이 지역과 종족과 국가수준으로 올라갈수록 그 결과도 재산과 생명에 위협이 될 수 있음을 뉴스나 역사나 드라마 등을 통해 어렵지 않게 알 수 있다. 또한 갈등의 대처방안에 따라 그 결과도 크게 달라질 수 있음을 유의할 필요가 있다. 다음의 재미있는 갈등사례에서 갈등의 결과를 가늠해보자.[9]

사례 2-2-1 **산중의 이상한 주검**

조선시대 효종(孝宗) 때에 이상한 사건이 하나 발생하였다. 어느 봄날 길정섭이라는 나무꾼이 깊은 산속에서 나무를 베어 지게로 지고 마을로 내려오는 길에 맞은 편 높은 바위 쪽 나무에 한 사람이 목이 매여 죽어 있는 것을 발견하게 되었다. 그는 지게를 내려놓고 바위 뒤편으로 돌아가서 바위 위로 올라간 순간 편편한 바위가 나타났고 놀랍게도 세 사람이 드러누워 죽어 있는 것을 알았다. 한사람은 나무위에 밧줄로 목이 매여 죽어 있고 세 사람은 누워 있거나 엎드려 죽어 있는 것이다. 그런데 이상하게도 먹다만 술병이 넘어져 있고 더 이상한 것은 엽전이 가득한 돈보따리가 곁에 고스란히 남아 있다. 가난한 길정섭이 돈보따리를 보고서는 욕심이

---

9) 여기에서 소개하는 '산중의 이상한 죽음 이야기'는 원창희 (2009b), 『이야기로 배우는 대안적 분쟁해결: 협상·조정·중재』, 제2장에서 발췌하였다.

생겨 그것만 챙겨서 도망가려고 잠시 생각하다가 가난한 농사꾼으로 살지만 남의 돈을 훔치는 짓은 하지 않고 평생을 청렴하게 살아왔을 뿐 아니라 어떤 사건인지 모르지만 나중에 발각되었을 때 도둑으로 잡혀 집안을 망칠 수도 있다는 생각에 관가에 신고하였다.

당시 임금인 효종은 인조(仁祖)의 둘째 아들로 왕자시절 이름은 봉림대군(鳳林大君)이었다. 인조가 정묘호란 때 청나라에 굴복하여 왕으로서 치욕을 당하였고 두 아들이 청나라로 인질로 잡혀 갔다 귀국한 바 있다. 두 왕자가 조선으로 돌아올 때 청나라 임금이 어떤 선물을 줄지 물어보자 첫째 아들인 소현세자(昭顯世子)는 청나라 임금이 애지중지하는 벼루를 달라고 청한데 반해 봉림대군은 함께 인질로 잡혀간 백성들을 함께 귀국시켜 달라고 청하여 허락을 받았다. 소현세자는 청나라에 굴욕을 당하여 원한 맺힌 인조가 격노하여 던진 그 벼루에 맞아 죽었고 봉림대군은 둘째로서 왕에 오를 정도로 영민하였다.

효종은 사건을 보고받고 한참을 깊이 생각에 젖어 있다가 판정을 내렸다. "그들은 모두 도둑이다. 얼른 보기엔 누군가 도둑들을 죽인 거 같지만 실상은 그렇지 않을 것이다. 처음 세 놈이 패를 지어 도둑질을 하고 있었는데 한 놈이 나중에 그 패에 가담하였다. 세 놈은 도둑질을 하고 한 놈은 망을 보았겠지. 돈을 훔친 뒤 세 놈은 기회를 보아 한 놈을 죽이고 돈을 셋이서 나누어 가지려고 하였다. 새로 패에 가담한 한 놈도 같은 생각을 하고 있었다. 네 놈이 고을에서 돈을 훔친 뒤 산으로 달아나면서 각자 훔친 돈을 어떻게 할 것인가 생각하고 있었지. 산기슭에 도달했을 때 세 놈은 일을 의논하기 위해 한 놈에게 주막에 가서 술을 사오라고 시켰다. 한 놈이 주막으로 간 사이에 놈이 돌아오면 죽이기로 계책을 정하였다. 술을 사러 간 한 놈은 술을 사러가는 동안 세 명을 일거에 죽일 수 있는 기막힌 생각이 떠올랐다. 술에다가 독약을 타는 것이다. 그래서 돌아오는 사이 독약을 구하여 술에다 타고는 짐짓 태연한 척 세 사람 앞에 나타났네. 그 놈이 도착하자마자 세 놈이 한 놈을 나무에 매달아 죽여버렸다. 그를 죽인 세 놈은 기분 좋게 술 마시며 돈을 나눌 의논을 하기 시작하는데 술에 든 독기

운이 몸에 퍼지며 바닥에 쓰러져 죽어갔다고 보네. 지나치게 욕심내어 상
대편을 죽이면서까지 자기 이익을 챙기려는 사람들은 결국 공멸하는 결과
를 낳게 되었네. 그러니 죽은 네 놈은 장례를 잘 치러서 양지바른 곳에
묻어주고 돈은 원래 주인을 찾아 돌려 주거라.

(출처: 원창희 (2009b), 제2장에서 발췌하였다)

산중에 죽은 4명의 도둑이야기에서 갈등의 결과는 모두가 죽게 된 공
멸 (共滅), 즉 패패 (lose-lose)의 모습이다. 나의 이익만 챙기고 상대방의
이익은 전혀 생각하지 않는 극단적인 경쟁형 전략을 취함으로써 양측 도
둑들이 돈을 차지하기는커녕 모두 죽음에 이른 것이다. 상대방을 죽임으
로써 내가 이기려는 지나친 욕심이 화를 불러일으키는 근원이 된 것이다.
그렇다면 이 결과는 바꿀 수 있는 것인가. 극단적인 경쟁형 전략 대신에
나의 이익을 추구하면서도 상대방의 이익도 고려하여 충족되도록 배려하
는 협력적인 전략을 사용하여 서로 적절한 금전을 분배하였다면 절대로
죽음의 결과를 맞지 않고 적절한 보상을 받는 결과를 보았을 것이다.

〔그림 2-2-1〕 산중의 이상한 주검

앞장에서 여러 가지 갈등의 유형별 사례를 소개한 적이 있는데 이들 사례의 결과를 살펴보기로 하자. 갈등의 경중에 따라서 그리고 갈등의 대처방법에 따라서 그 결과도 어떻게 달라지는지 알아보도록 하자.

먼저 1-1절의 개인적 갈등 중 '가'의 문상 사례 결과는 사소하다. 몇 년 동안 소식이 없던 학교 동창생이 부친상을 당했다는 연락이 왔을 때 부조금을 들고 상갓집에 문상을 가나 마나 하는 고민을 한다. 한두 번 고민하다가 얼마의 부조금을 들고 문상함으로써 갈등은 해소되는데 부조금과 교통비가 비용으로 발생하지만 친구 간의 문상예의로 좋은 관계를 형성하게 되는 이득도 있다. 반대로 문상을 가지 않으면 갈등이 해소되고 친구와 우의에 약간 결례가 있지만 다른 비용이 발생하지 않은 절약도 있다. 이 결과는 심각하게 생각되지 않고 흔히 경험을 한다.

개인 간 갈등에서 '가'의 사례도 무시해도 좋을 정도의 사소한 갈등결과를 가진다. 즉, 기차역 매표창구에서 줄을 서지 않고 서로 먼저 표를 사려고 다투는 상황은 약간의 긴장과 경쟁심을 유발하지만 다툼에서 밀린다해도 승차표를 한두 사람 뒤에 사는 것으로 갈등이 해소될 수 있다.

그러나 같은 개인 간 갈등 중 드라마 '계백'에서 왕후 은고와 충신 성충 사이의 갈등은 대단히 심각한 결과를 보인다.

사례 2-2-2 '계백'에서 은고와 성충의 갈등

왕후 은고는 자신의 아들 효가 확고히 왕이 되도록 하고자 당나라로부터 태자책봉을 받아내어야 하는데 신라의 도움으로 해결하고자 백제의 군사정보를 김춘추에게 넘겨 거래하는 내통을 한다. 그러나 그 사실이 충신 성충에게 발각되자 은고가 성충에게 내통사실을 발설하지 못하도록 요청하

지만 성충은 거절하고 왕에게 자백한 후 죗값을 받아야 한다는 충언을 함으로써 위험한 갈등이 표출된다. 은고가 성충을 회유하는 데 실패하자 결국 성충을 몰래 암살한다.

이 개인적 갈등의 결과는 한 당사자의 죽음으로 끝난 것이다. 그뿐만 아니라 이 갈등은 의자왕에게 은고의 처벌을 요청하다 거절되는 충신 흥수와 계백장군도 왕 곁을 떠나가고 백제가 멸망하는 원인중의 하나가 되는 계기가 되었다.

집단 간 갈등의 경우에도 결과의 경중이 다양하게 나타난다. 먼저 집단 간 갈등사례 '다'인 한진중공업의 해고사건으로 발생한 집단적 갈등의 결과는 무엇인가? 선박건조 수주를 받지 못해 경영상 이유로 근로자를 해고한 한진중공업에 맞서 부당해고라며 철회를 요구하고 해고자 복귀를 주장하며 파업하는 노동조합 사이에 심각한 갈등이 발생하였다. 여기서 부당해고를 철회하라며 고공시위를 하는 김진숙 민노총지도위원과 희망버스로 시위를 격려 방문하는 시민단체, 그리고 막대한 영업손실을 초래하는 희망버스 진입을 막는 영도주민들 간의 복잡한 갈등이 부가적으로 발생하였지만 문제를 단순화시키기 위해 이 간접 갈등은 고려에서 제외하고 노사갈등의 결과만을 생각해보자. 2010년 12월에 170명에 대해 경영상 해고를 실시한 후 파업과 고공시위를 벌이자 회사는 직장폐쇄를 단행함으로써 노사는 10개월간 타협을 못한 채 대치해 왔다. 회사는 생산을 하지 못하고 모든 근로자들은 임금을 받지 못함에 따라 양측의 손실은 엄청난 규모이다. 2011년 10월 국회 환경노동위원회의 국정감사에서 여야합의에 의한 권고안을 노사 양측이 받아들여 11월에 최종 타결되긴 하였으나 정상적인 가동을 하기엔 상당한 시간이 걸릴 것으로 보인다.[10]

---

10) 노사양측이 받아들인 국회의 권고안은 1년 안에 해고자를 복직시키고 생계에 필요한 위로금으로 1인당 2,000만원을 지급하는 방안이다.

집단적 갈등으로부터 회사의 성과에 어떤 영향을 미칠 것인가를 집단 갈등사례 '나'를 통해 알아보자. 개발팀장은 오후 늦게 임원실에 다녀오고 나면 항상 팀원에게 퇴근시간 30분 전에 야근해야 할 일거리를 지시하곤 해서 개인적인 약속을 지키지 못한 경우가 많아 팀원은 팀장과 회사업무지시에 대한 불만이 많지만 불이익을 당할까 말을 못하고 있다. 아무 조치 없이 그냥 방치해두면 팀원의 불만과 갈등이 없어지지 않고 계속 지속되어 낮에 업무를 하고 있지 않다가 밤에 하는 걸로 미루어 업무 효율성을 저해하거나 견디지 못하여 이직하는 팀원도 발생함으로써 조직성과에 악영향을 미칠 수 있다. 이와 반대로 팀원이 팀장에게 고충을 이야기하고 함께 업무지시와 업무시간에 대한 개선방안을 마련해보고 팀장이 경영진에게 이러한 사항을 보고한다. 사장은 이 사안을 경영회의를 통해 심의하여 회사 전체 경영방법과 업무수행을 사원 중심으로 개편하기로 결정함으로써 사원의 업무만족도가 크게 높아져 조직성과를 올리는 결과가 나타나게 된다. 이렇게 같은 갈등사항에서 갈등당사자가 어떻게 대처하느냐에 따라 조직성과에 미치는 영향이 크게 다를 수 있다.

우리가 앞에서 살펴본 여러 가지 사례에서 두 가지의 시사하는 점을 정리해볼 수 있다.

시사점 1. 갈등의 규모와 수준과 강도에 따라 갈등의 결과는 달라질 수 있다.

    개인적 갈등에서 개인 간 갈등 그리고 집단 간 갈등으로 규모가 확대해나갈수록 갈등의 결과가 확대되고 갈등당사자의 사회적 신분과 영향력이 클수록, 즉 갈등의 수준이 높을수록 갈등결과도 커지고 있으며 같은 갈등유형 내에서 갈등의 강도가 커질수록 갈등의 결과도 심각해진다.

드라마 '계백'의 은고와 성충의 갈등은 개인 간 갈등이라도 갈등의 수준이 높고 갈등의 강도가 강해서 갈등결과가 크고 심각하며 파급효과도 매우 커서 집단 간 갈등보다 훨씬 크고 영향력도 막대하다. 일반적으로는 다른 조건이 같을 때 갈등에 참여하는 사람이 많을수록(규모), 영향력이 클수록(수준), 심각할수록(강도) 갈등의 결과도 더 커지게 된다는 주장은 현실에 부합할 것으로 보인다.

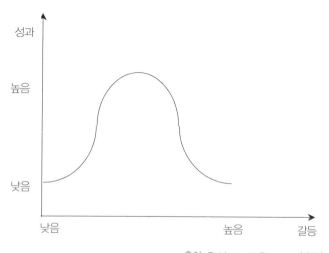

출처: Rahim and Bonoma (1974)

〔그림 2-2-2〕 갈등과 조직성과

그러면 갈등을 해결하여 항상 갈등이 없도록 하는 것이 최선인가? 갈등은 조직성과에 항상 부정적인가? 갈등과 조직성과 사이에는 역관계(逆關係)만 있는 것이 아니고 정관계(正關係)도 있다는 것을 조직행동론에서 정설로 되어 있다. [그림 2-2-2]에서 보는 바와 같이 갈등이 일정한 정도에 이를 때까지는 오히려 조직성과가 상승하다가 정점을 지나서 다시 하락하는 역U자형 함수관계를 보이고 있다.[11] 갈등의 강도가 높아질수록 조직의 성과가 처음에는 상승하다가 갈등강도가 일정한 한도를 넘어가면 조직의 성과가 비로소 하락하기 시작한다. 그래서 업무적으로 발생하는 갈등은 적절하게 조직에서 존재하는 것이 효율성에 도움이 된다는 것이다. 예를 들어서 사원 간, 부서 간 업무성과를 위한 경쟁력은 오히려 조직의 성과제고에 필요하다는 것이다.

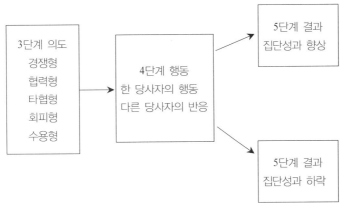

출처: Robins and Judge (2010), p.214

〔그림 2-2-3〕갈등처리 의도와 집단성과

Robbins & Judge의 갈등과정 모형에서 잘 나타나 있는데 3단계에서 갈등처리 의도로서 5가지 유형 중 어느 것을 선택하느냐에 따라 4단계에서 당사자들의 행동이 달라지고 그 행동의 결과로서 5단계에서 조직성과가 향상할 수도 있고 하락할 수도 있다. 따라서 갈등대처 방법의 선택에 따라 조직성과가 달라진다는 것은 분명해 보인다. 그러나 집단적 갈등이

---

11) Rahim and Bonoma (1974)에 의해 개발된 함수관계이며 많은 조직행동론 교과서에 인용되고 있다. Talya Bauer and Berrin Erdogan (2010), Chapter 9 참조.

아닌 개인 간 갈등에서도 갈등대처방법에 따라 그 결과는 달라질 수 있으므로 굳이 조직성과에만 국한할 필요가 없을 것이다.

> **시사점 2. 갈등의 대처방법에 따라 갈등의 결과는 달라질 수 있다.**
> 상대방의 이익을 전혀 고려하지 않고 자신의 이익만을 위해 갈등을 해결하려고 하는 경쟁적 전략은 서로 공멸할 가능성을 높이며 반대로 상대방의 이익을 보장해주면서 자신의 이익을 도모하는 협력적 전략은 서로 적절한 결과를 얻을 수 있도록 한다. 당사자들의 대처행동에 따라 그 결과가 달라질 수 있다는 점이다.

[생각해볼 점]

2-2-1. 악의적인 마음으로 갈등을 처리하려고 하면 그 결과는 어떻게 될 것으로 예상되는가?

2-2-2. 개인 간 갈등이 집단 간 갈등보다 결과가 클 수도 있는가?

2-2-3. 항상 갈등이 없어야 조직의 효율성이 높은가?

2-3. 분쟁으로 비화된 후 과정은

많은 사소한 갈등은 자체적으로 소멸되거나 약간의 해결 노력으로 해소될 수가 있다. 그러나 갈등이 해결되지도 않고 폭력이나 권력이나 법률에 의존하여 자기가 원하는 바를 얻으려고 한다면 어떤 상황이 벌어질 것인가. 말하자면 갈등이 심각해서 당사자 모두 양보를 하지 않거나 금전적 문제로 큰 다툼이 발생하여 법원 판결로 해결하려고 한다면 갈등이 분쟁으로 변화되어 시간적으로나, 심리적으로나, 금전적으로 훨씬 더 많은 것을 요구하게 된다. 몇 가지 사례를 통해 개인 간의 갈등이 법적 분쟁으로 전개되어 나가는 것을 알아보도록 하자.

사례 2-3-1 두 부부의사의 이혼

어느 작은 S도시의 Y병원에서는 공석이 된 두 명의 의사를 채용하고자 하였다. 몇 개월의 채용과정을 통해 K소아과의사와 L산부인과의사를 고용하게 되었다. 두 의사는 부부의사로서 그 분야에 꽤 이름이 있는 의사들인데 함께 조용하고 고향근처 도시에서 살며 직장생활을 하겠다는 생각에 마침 Y병원이 그런 채용공고가 있어서 지원하였던 것이다. 그 병원의 의사들과 직원들은 그들이 훌륭한 의사들이라 내심 반겼다. 당시만 해도 그들이 부부라는 점이 전혀 문제될 것이 없어보였다.

두 부부의사는 모두 자신의 직무를 잘 수행했으며 동료와 환자들에게 존경을 받았다. 두 사람 사이에 남매자녀가 있는데 모두 초등학교에 다니고 있다. 그런데 불행하게도 그들의 결혼생활은 이 병원에서 근무하면서 점점 악화되었다. 부모가 모두 의사라 병원업무에 집중하다보니 격무에 시달려 아이들의 식사, 등교, 학업, 학원 등의 활동에 제대로 챙겨주지 못하고 성적도 Y병원에 오고 나서부터 최근 2년 동안 점점 떨어지기 시작했다. 자녀문제로 서로 상대방 탓을 하며 몇 차례 다툼이 있었을 뿐 아니라 같은 병원에서 근무하면서 각종 구설수에 올라 이 또한 부부싸움의 원인이 되곤 했다. 두 사람 사이에 언쟁이 자주 발생하였고 의견충돌이 심각할 때가 많아 두 사람은 이혼을 결정할 지경에 이르렀다. 신혼 때 좋아보였던 상대방이 이제는 성격 차이가 심하고 서로 자존심도 강하여 대화하기도 힘들고 함께 산다는 것이 매우 고통스러워 이혼하자는 데 합의하였다.

그러나 아이들을 누가 양육하며 재산분할은 어떻게 할 것인가에 대해서도 의견차이가 심해서 전혀 합의가 이루어지지 않았다. 아이양육권은 서로 갖겠다고 하고 있으며 재산에 대해서는 남편 K의사는 결혼 전부터 지금까지 재산에 기여한대로 70%를 갖겠다고 한 반면 아내 L의사는 공평하게 반반씩 나누어야 한다고 주장하였다. 그래서 부인 L의사가 자녀 양육권과 재산분할의 이혼소송을 제기하였다. 설상가상으로 병원에서 두 사람이 사이가 나쁘고 이혼하는 상황에 두 사람 중 한 사람은 병원에서 나가기를 원하지만 서로 병원에 남아 있겠다며 상대방이 떠나라고 요구하고 있지만 누가 나갈지도 전혀 합의되지 않아서 이 또한 이혼법정에서 함께 해결하기로 하였다.

(출처: 원창희(2005), 제7장을 발췌함)

위의 사례는 부부갈등이라는 개인 간 갈등이 분쟁으로 비화된 예이다. 의사소통과 성격차이로 발생한 갈등이 스스로 해결하지 못하고 이혼법정으로 가서 자녀양육권, 재산분할, 직장퇴사문제를 해결하도록 함으로써 분쟁으로 전환된 것을 알 수 있다. 결국 이혼소송에 이르게 된 것은 부부생활에서 나타나는 갈등을 효과적으로 관리하지 못했기 때문이다. 다음에서는 회사에서 발생한 해고사건에 대한 사례이다.

K씨는 C대학교에서 근무하면서 나름대로 자부심을 가지고 열심히 일해 왔다. 그러나 K씨가 2001년 초에 승진되리라고 생각했다가 승진에서 누락되자 이에 대해 크게 불만을 품게 되었다. 그래서 그는 승진인사의 부당함을 제기하고 총장의 비리와 문제점을 외부로 알리며 반발하였다. 이 때문에 총장을 명예훼손하고 학교의 위신을 손상시켰다는 이유로 2001년 5월에 학교로부터 근로자퇴직급여를 한 푼도 수령할 수 없는 징계파면을 당했다. 이에 K씨는 노동위원회에 부당해고의 구제신청을 하였는바 초심에서 부당해고 판정을 받았고 같은 해 10월에 재심에서도 초심의 결과와 마찬가지로 사용자의 인사권행사가 정당성을 일탈한 징계권 남용이라는 부당해고 판정을 받은바 있다. 노동위원회의 판정에서는 교직원으로서 신분과 품위를 망각하고 직장규율 및 질서를 문란케 한 것은 징계사유에는 해당된다고 하겠지만 파면한 것은 징계권의 남용으로 보았다. 그러나 학교 측도 이 판정에 불복하여 서울행정법원에 소송을 제기하였지만 대법원까지 가면서 결국 2004년 7월에 해고처분 무효확인 판결을 받았기 때문에 같은 해 10월에 K씨를 복직시킬 수밖에 없었다.

해고가 부당한 것으로 확정됨에 따라 학교 측은 2005년 2월에 앞에서 언급한 총장에 대한 명예훼손과 학교의 위신손상을 이유로 K씨를 직위해제하였다. 이에 K씨는 대학교 총장의 직권남용과 직무유기로 인하여 인사상 불이익을 입었다고 주장하며 총장에 대한 인신공격적인 표현이 담긴 질의서를 총장에게 송부하고, 대학교 신문 기자에게 배포하거나 감사원에 감사를 청구하면서 제출하였다. 그러나 학교 측에서는 K씨가 대학의 위신을 손상하고, 총장의 명예를 훼손하였으며, 총장이나 해당 부서장의 승인 없이 인사관련자료와 회계장부를 임의로 복사하여 외부에 공개했다며 이는 K씨가 복무규정 및 인사규정을 위반한 행위로써 징계사유에 해당하므로 정직 2월의 징계처분을 내리게 되었다.

그러자 K씨는 다시 2005년 5월 서울중앙지방법원에 직위해제 및 정직무효 확인 등을 위해 소송을 제기하였지만 그 해 9월에 원고패소 판결을 받은 바 있다. 판결에서는 대학의 위신손상, 총장의 명예훼손, 해당 부서장의 승인 없는 인사관련자료와 회계장부의 임의복사 및 외부공개 등의 사유로 학교 측에 손을 들어주었다. 이에 불복하여 K씨는 2005년 10월에 서울고등법원에 항소하였으나 2006년 5월에 항소가 기각되었다. 다시 K씨는 2006년 6월에 대법원에 상고하였으나 2007년 12월에 상고가 기각되는 판정을 받았으며 2008년 12월에 대법원에 재심신청을 하였으나 2009년 5월에 재심청구가 기각되었다.

여기서 대법원의 상고기각 사유로 간단하게 정리하면 다음과 같다.[12]

'1. 직위해제 처분 무효확인에 관한 상고이유에 대하여

이 사건 직위해제 처분은 이 사건 정직 처분으로 인하여 효력을 상실하였지만 직위해제에 따른 봉급감소로 인한 불이익과 관련하여서는 직위해제 무효가 유일한 수단이 아니므로 직위해제 처분 무효확인을 구하는 상고이유는 받아들일 수 없다.

2. 징계사유의 존부에 관한 상고이유에 대하여

원고가 대학교 총장의 직권남용과 직무유기로 인하여 인사상 불이익을 입었다는 확인되지 않은 사실 및 총장에 대한 인신공격적인 표현이 담긴 질의서를 총장에게 송부하고, 이를 대학교 신문 기자에게 배포하거나 감사원에 감사를 청구하면서 제출하여 대학교의 위신을 손상하고 총장의 명예를 훼손하였으며, 총장이나 해당 부서장의 승인 없이 인사관련자료와 회계장부를 임의로 복사하여 외부에 공개하여 복무규정 및 인사규정을 위반한 행위는 징계사유에 해당하므로 상고의 이유가 없다.

3. 징계양정의 당부에 관한 상고이유에 대하여

피고가 원고에 대하여 인사규정 및 복무규정 위반 사실을 징계사유로 삼아 정직 2월의 징계처분을 한 것은 적정하고, 그것이 사회통념상 현저하게 타당성을 잃어 징계권자에게 맡겨진 재량권을 남용한 것이라고 볼 수 없다고 판단한 조치는 정당하므로 상고이유로 수용할 수 없다.

---

12) 대법원 판결 원본이 아니며 각색된 것임을 밝혀둔다.

4. 손해배상청구에 관한 상고이유에 대하여

원고에 대한 해임 처분이 확정판결에 의해 무효로 되었다고 하더라도 징계사유는 인정되고 다만 그 징계양정이 지나치다는 것이 그 이유이었으므로, 피고 법인이 아무런 징계사유도 없이 오로지 원고를 몰아내려는 의도 하에 원고를 해임하는 처분을 하였다거나, 해고권의 남용으로서 볼 수 없으므로 상고의 이유가 없다.'

2001년 초 K씨의 승진누락으로 발생한 K씨와 학교 간의 갈등이 적절하게 해결되지 못하고 총장 명예훼손과 학교 위신손상으로 학교가 K씨를 파면징계 처분을 내리면서 갈등이 증폭되다가 결국 4월에 지방노동위원회에 부당해고 구제신청을 함으로써 분쟁으로 발전하였다. 그 후 10월에 중앙노동위원회의 재심판정을 거쳐 2004년 7월에 대법원에서 해고무효 확인 판결을 받아서 K씨의 승리로 결론이 났다. 학교는 2005년 2월에 총장에 대한 명예훼손과 학교의 위신손상을 이유로 K씨를 직위해제하면서 2라운드의 갈등이 점화되었다. 2005년 5월 K씨는 서울중앙지방법원에 직위해제 및 정직무효확인의 소송을 제기하였지만 원고패소를 당했고 고등법원 항소, 대법원 상고, 대법원 재심청구를 했으나 2009년 5월에 재심청구가 기각됨으로써 종결되었다.

이렇게 2001년 초의 승진으로 촉발된 K씨의 승진갈등은 분쟁으로 비화되어 법정에서 8년이라는 긴 세월동안 소송다툼으로 이어졌다. K씨와 학교는 8년간의 소송다툼에서 시간적으로나 정신적, 물질적으로나 엄청난 비용을 지불할 수밖에 없었다. 금전적으로 소송가액만 따져보면 2005년에서 2009년까지 원고소가로 기록되어 있는 금액이 서울중앙지방법원에 2,000만원, 서울고등법원 4,200만원, 대법원 상고와 재심청구 모두 각각 4,200만원으로서 모두 1억4,600만원에 해당하여 패소자인 K씨가 소송비용의 상당부분을 부담해야 한다. 중앙노동위원회에서 내려진 K씨의 부당해고 인정 판정에 대한 행정소송부터 2005년 5월 대법원 상고기각에 이르기까지 학교측이 패소로 부담한 소송가액도 서울행정법원 2,000만원, 서울고등법원 4,200만원, 대법원 4,200만원으로 총 1억 400만원 중에서 상당부분에 해당

한다. 물론 소송가액 이외의 변호사선임비, 교통비, 통신비 등 상당한 추가 비용이 발생했음은 말할 것도 없다.

(출처: 대법원2007.12.28.선고2006다33999판결【직위해제및정직무효확인등】)

앞의 두 가지 예에서 갈등이 소송으로 변화되어 진행되는 과정을 알아보았다. 두 부부의사는 Y병원에서 근무하면서부터 성격 차이와 이해부족으로 자녀육아와 직장생활 관련 갈등을 가지게 되었는데 자율적으로 이를 해결하지 못하고 결국 이혼에 이르게 되었고 자녀양육권, 재산분할, 직장퇴사문제를 해결하기 위해 이혼소송을 제기하였다. 이 사례는 이혼소송에서 자세한 경과를 제시하지 않았지만 부부갈등에서 이혼소송 분쟁으로 전환되는 흔히 볼 수 있는 사건이다.

두번째 사례는 직장에서 승진누락에 대한 불만이 명예훼손과 조직이미지손상의 형태로 행동이 표출되면서 갈등이 수면위로 나타나고 학교의 대응이 파면이라는 극단적인 형태를 취하면서 갈등이 증폭되었다. 갈등이 서로 수용하기 힘든 대응방식으로 치달으면서 결국 법정 분쟁으로 전환되었다. 학교의 파면에 대해서는 K씨가 노동위원회에 부당해고 구제신청을 하여 인정을 받았고 이에 불복한 학교측이 서울행정법원에 행정소송을 제기했지만 해고처분 무효확인을 받았으며 대법원까지 원심이 그대로 유지되었다. 직위해제와 정직에 대해서는 K씨가 지방법원에 직위해제처분 무효확인의 소를 제기했지만 원고패소 판결을 받고 고등법원에 항소, 대법원에 상고, 대법원 재심을 제기했지만 모두 기각되는 판결을 받았다. 그래서 노동분쟁은 지방노동위원회→중앙노동위원회→행정법원→고등법원→대법원으로 진행되고 민사소송은 지방법원→고등법원→대법원으로 진행된다.

분쟁이 발생하여 소송절차를 따르는 사건은 민사사건, 행정사건, 가사

사건으로 구분되고 그 해당 법률은 각각 민사소송법, 행정소송법, 가사소송법이다. 민사소송은 지방법원, 고등법원, 대법원의 3심으로 되어 있고 재판에 하자가 있을 경우에는 재심이 있다. 제소전 화해절차로서 당사자가 화해신청을 하면 화해로 해결할 수 있는데 성립되면 재판에 해당하는 것이고 불성립시에는 소제기신청을 할 수 있다. 행정소송은 국가의 행정처분에 대해 제기하는 항고소송과 행정처분에 의한 법률관계의 당사자소송 등이 있지만 항고소송이 주를 이루며 행정법원에서 관할하고 있다. 정부의 각종 분쟁조정위원회에서 내린 판정에 불복하면 행정소송을 제기할 수 있다. 마지막으로 가사소송은 가정의 평화와 친족간 미풍양속 유지를 위해 가사에 관한 소송, 비송(非訟)사건을 가정법원에서 관할하는 소송형태이다.[13] 이 중 나류 및 다류 가사소송사건과 마류 가사비송사건에 대하여 가정법원에 소를 제기하거나 심판을 청구하려는 사람은 먼저 조정을 신청하여야 하는 조정전치주의를 채택하고 있다(가사소송법 제50조).

분쟁을 조정하거나 행정처분을 내리는 정부의 각종 위원회를 소개하면 <표 2-1>과 같다. 이 표는 분쟁분야별 분쟁해결기구를 보여주고 있으며 분쟁해결 절차를 소개하고 법원의 소송과는 어떤 관계가 있는지 간략히 설명하고 해당 분쟁해결기구와 절차의 근거법률이 무엇인지 적시하고 있다. 국가인권위원회법에 따라 설립되어 운영되고 있는 국가인권위원회는 인권침해사건의 조정절차를 두고 있으며 조정이 성립되지 않으면 진정절

---

13) 가사소송사건은 (가류) 혼인무효, 이혼무효, 친생자확인, 입양무효, 파양무효 등, (나류) 사실상혼인, 혼인취소, 이혼취소, 친생부인, 입양취소, 파양취소 등, (다류) 약혼해제·사실관계부당파기의 손해배상, 혼인·이혼 무효·취소의 손해배상, 입양 파양 무효·취소의 손해배상청구 등을 포함하고 가사비송사건은 (라류) 금치산 한정치산사건, 친권사건, 상속사건, 유언사건 등, (마류) 재산분할사건, 양육비청구사건 등을 포함한다. 『가사소송법』제2조 제1항 참조.

차를 거치게 되는데 이와는 별도로 법원에 소송을 제기할 수 있다. 국민권익위원회는 행정심판을 제공하고 있으나 민원인이 행정소송을 직접 제기할 수도 있다. 가사소송법에 의해 가정법원에 소송이 제기되면 나류, 다류의 소송사건과 마류의 비송사건은 가사조정위원회의 조정을 거쳐야 한다. 노동위원회의 심판사건에 불복하면 행정법원에 행정소송을 제기할 수 있고 고등법원에 항소와 대법원의 상고절차가 이어진다. 특허심판원에서 특허심판에 불복하면 고등법원격인 특허법원에 소송을 제기하고 여기서도 불복하고 대법원에 상고할 수 있다. 환경, 소비자, 의료, 사학, 금융, 건축 등의 분쟁에서는 조정을 실시하여 성립되면 재판상 화해에 갈음하는 효력이 있지만 불성립시 제재 수단이 없고 소송을 제기하는 수밖에 없다. 이외에도 전자상거래분쟁, 개인정보분쟁, 저작권분쟁, 프로그램분쟁, 인터넷주소분쟁, 해양오염분쟁, 중개업분쟁, 공동주택관리분쟁 등에 대해서도 분쟁조정위원회가 유사하게 활동하고 있다.

〈표 2-2-1〉 분야별 분쟁해결절차와 소송관계

분쟁분야	분쟁해결기구	분쟁해결 절차	소송관계	관련법률
인권	국가인권위원회	조정절차→진정절차	별도 소송제기	국가인권위원회법
고충민원	국민권익위원회	고충민원, 부패공익신고, 행정심판 (중앙행정심판위원회)	행정소송	부패방지 및 국민권익위원회법
언론	언론중재위원회	조정, 중재, 시정권고	정정보도 청구 소송	언론중재 및 피해구제법
가사	가사조정위원회	조정 (조정전치주의)	가정법원	가사소송법
노동	중앙노동위원회	초심 (지방노동위원회)→재심 (중앙노동위원회)	불복시 행정소송	노동위원회법
환경	중앙환경분쟁조정	1억원 초과 분쟁	별도 소송제기	환경분쟁

	위원회	(중앙위원회) 1억원 이하 분쟁 (지방위원회)		조정법
소비자	소비자분쟁조정 위원회	조정결정	별도 소송제기	소비자기본법
의료	의료분쟁조정 중재원 (2012.4 개원)	조정 (의료분쟁조정위원회)	별도 소송제기	의료사고피해 구제 및 의료분 쟁조정법
사학	사학분쟁조정 위원회	선임해임 심의, 정상화 심의	별도 소송제기	사립학교법
금융	금융분쟁조정 위원회	조정결정 (은행, 증권, 보험)	별도 소송제기	금융위원회설 치법
특허	특허심판원	특허심판 (심사전치주의)	불복시 특허법 원→대법원 소송 제기	특허법
건축	건축분쟁조정 위원회	조정	별도 소송제기	건설산업 기본법

기타 위원회: 전자상거래분쟁조정위원회, 개인정보분쟁조정위원회, 저작권심
의조정위원회, 프로그램심의조정위원회, 인터넷주소분쟁조정위원회, 해양오
염분쟁조정위원회, 중개업분쟁조정위원회, 공동주택관리분쟁조정위원회 등

위에서 갈등이 분쟁으로 발전되어 법원의 소송으로 바로 가는 경우도
있고 분쟁조정위원회의 조정이나 중재로 해결하는 경우도 있다는 것을
보았다. 그러면 우리가 정리하고 넘어가야 할 대목이 있다. 갈등과 분쟁은
어떻게 구분하며 언제부터 분쟁으로 분류할 수 있는지의 질문이다. 분쟁
(dispute)은 한 당사자가 다른 당사자에게 어떤 요구를 하지만 완전히 또
는 부분적으로 거절되는 청구권(claim)으로 정의되기도 하고[14] 해결을
요구하는 갈등의 일부분이며 고충처리신청, 조직에 대한 소송제기, 서면
불만제출에 의해 촉진된다.[15] 갈등을 광의로 해석되면 분쟁을 포함하지

---

14) Miller and Sarat의 정의를 인용한 Patterson and Seabolt (2001), p.4 참조함.

만 협의로 해석하면 양 당사자가 동일한 목표를 추구하면서 투쟁상태에 있지만 무력으로 강제하거나 법률적 청구를 하지 않는 상태인 데 반해 분쟁은 무력이나 권력으로 권리를 강제하거나 법률로 권리를 청구하는 상태라 할 수 있다.

앞의 부부의사 간 갈등이 언제 분쟁이 되는가. 부부가 가정이나 직장에서 의사소통과 성격차이로 의견의 합의를 보지 못하고 계속 다툼을 하고 있는 상태는 갈등이지만 스스로 해결하지 못하고 이혼소송을 제기한다면 자기의 권리를 청구하기 위한 단계로 바뀌기 때문에 분쟁으로 전환된 것이다. 이후 이혼법정으로 가서 자녀양육권, 재산분할, 직장퇴사문제를 해결하고 때로는 대법원으로 가서 최종 판결을 받고 사후처리가 종결될 때까지 분쟁상태에 있다고 볼 수 있다.

K씨와 대학 간의 승진으로 촉발된 해고와 직위해제를 둘러싼 갈등과 분쟁은 어떠한가. 갈등은 K씨가 직장에서 승진누락에 대한 불만에서 출발하고 있다. 어쩌면 그 이전에 쌓여 있는 다른 갈등이 승진누락으로 증폭되었을 수도 있지만 K씨가 불만을 표출하는 방법으로서 총장을 인신공격하고 명예훼손하는 행동을 취함으로써 갈등이 고조되었다. 이에 학교는 K씨를 파면징계처분을 내림으로써 한층 더 갈등이 격화되는 양상으로 변했다. 이제 부당해고를 당했다고 생각하는 K씨가 노동위원회에 구제신청을 하면서 분쟁으로 전환됨을 볼 수 있다. 왜냐하면 K씨가 부당해고 구제권리를 법적으로 청구하지만 대학이 이를 수용하지 않고 거절함으로써 분쟁상태에 있기 때문이다. 이렇게 부당해고 분쟁은 대법원판결이 나고 K씨가 복직될 때까지 계속되었다. 이어서 학교가 명예훼손과 조직이미지손상을 이유로 K씨에 대해 직위해제와 정직처분을 내림으로써 2라

---

15) 특히 작업장에서 발생하는 분쟁에 적용해서 설명하고 있는 Lipsky, Seeber and Fincher 2003, p.8를 참조함.

운드의 갈등을 만들어 내었다. 이에 K씨가 다시 서울지방법원에 직위해제 처분 무효확인의 소를 제기함으로써 새로운 분쟁이 시작되었으며 대법원의 재심청구가 기각될 때까지 분쟁은 계속되었다. 따라서 갈등이 당사자의 행동표출로 투쟁상태에 있을 때까지 계속되다가 권리를 행사하여 상대방에게 청구하지만 거절당할 때 분쟁이 시작된다는 것을 알 수 있다.

[생각해볼 점] ────────────────────────────

　2-3-1. 갈등을 협의의 개념으로 규정해볼 때 갈등과 분쟁을 구분하는 가장 핵심적인 요소는 무엇인가?

　2-3-2. 우리나라 제도상 갈등이 분쟁으로 전환되는 시점은 언제인가?

　2-3-3. 법원에 소송을 제기하기 전 반드시 조정을 거쳐야 할 분쟁은 어떤 것들이 있는가?

제3장 갈등을 어떻게 대처해야 하는가

3-1. 갈등은 해악인가

갈등은 해악인가? 갈등은 파괴에너지를 가지는가, 건설에너지를 가지는가? 갈등이 소모적인가 생산적인가? 또는 갈등이 파괴적인가 건설적인가? 아니면 갈등이 파괴적일 수도 있고 건설적일 수도 있는가? 몇 가지의 사례를 통해 이러한 질문의 해답을 모색해보자.

모든 다툼과 투쟁과 전쟁의 뿌리에는 갈등의 씨가 있기 때문이다. 왜냐하면 서로 갖기 위해, 서로 이기기 위해, 서로 자기의 욕구를 충족시키기 위해 상대방과 다투고, 투쟁하고, 전쟁을 일으키기 때문이다. 세계사에 가장 장기적이면서 유명한 전쟁 중의 하나인 십자군전쟁(十字軍戰爭, Crusade) 이야기를 간단히 살펴보자.[16]

> **사례 3-1-1** 십자군전쟁 이야기

11세기 후반 셀주크 투르크가 세력을 넓히면서 동로마제국의 영토였던

---

16) 여기서 소개된 십자군전쟁 이야기는 김능우(2001), 김태권(2005a, b)를 참고하여 재구성하였음.

팔레스타인과 시리아를 점령했다. 이로써 그곳을 방문하는 기독교 성지 순례자에 대한 위협이 증가하였고 또한 투르크족의 압박으로 괴로워하던 동로마 제국의 황제 알렉시오스 1세 콤네노스의 요청을 받아들여, 1095년에 교황 우르바누스 2세가 로마 가톨릭교도들에게 이슬람교에 대한 군사 행동을 호소하여 전쟁에 참가하는 자에게는 면죄된다고 선언하였다.

동서로마 분리이후 동로마는 로마가톨릭에 따르지 않고, 국왕이 교황을 겸하기 시작했다. 그 동로마의 황제 알렉시오스 1세 콤네노스가 서로마 교황 우르바누스 2세에게 도움을 청한다는 것은 서로마교황에겐 동로마로의 자신의 세력 확대에 크게 이바지할 것이라 생각을 하였다. 그리고 로마교황은 성지 예루살렘을 탈환한다는 명분 아래 기사들을 모으게 된다.

교황의 호소에 응한 서유럽의 기사들은 예루살렘을 최종 목표로 해서 무슬림의 지배하에 있는 도시를 공격해 학살, 약탈 등을 저지르면서 1096년부터 3년간에 걸친 1차 십자군전쟁이 시작되었다. 당시 이슬람교 세계의 통치자들은 일치단결하지 못하고 제각각 분열되어 있던 상태였기 때문에 십자군의 공략에 제대로 대응하지 못하였다. 1099년 십자군은 마침내 예루살렘 정복에 성공한다. 성 안으로 난입한 십자군은 많은 시민들을 학살하고, 재물을 약탈하는 만행을 저질렀다. 그 결과, 시리아에서부터 팔레스타인에 걸쳐 이르는 중동 지역에 예루살렘 왕국들 몇 개의 십자군 국가들이 세워졌다.

당분간 중동에서는 십자군 국가 등 기독교도와 군소의 도시 등 이슬람교도가 공존하는 상태가 계속되고 있었지만, 이슬람교 측이 에데사 백국을 점령하여 만회하였다. 이에 따라 유럽에서는 위기감이 조성되어 교황 에우제니오 3세의 호소로 십자군이 결성됨으로써 2차 십자군전쟁이 시작되었다. 당시의 명성 높은 설교가였던 클레르보의 베르나르도는 교황의 부탁을 받고 유럽 각지에서 십자군 참가를 권유하여, 프랑스의 루이 7세와 신성로마제국의 콘라드 2세를 중심으로 많은 참가자들이 모였지만 전체적으로 통제가 되지 못하고, 큰 전과를 이룩하지 못한 채 소아시아 등지에서 이슬람군에게 패배했다.

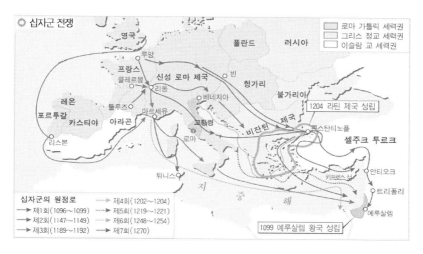

[그림 3-1-1] 십자군의 원정로

    한편 이슬람세계에서 셀주크 투르크의 통치가 150년 만에 막을 내리고 그 영토 내의 여러 지역에서는 군웅할거의 양상이 펼쳐졌다. 그 중 시리아 지역의 이슬람 세력은 이마드 아딘 장기(1127-1146)와 누레딘(누르 알 딘, 1118-1174), 그리고 살라딘(살라흐 앗 딘, 1138-1193)이라는 세 명의 강력한 지도자를 거치면서 분열을 극복하고 점차 세력을 규합하여 팔레스타인 연안의 기독교 국가와 맞서게 되었다.

    1187년에 이슬람교 세계의 영웅인 살라딘은 약 90년만에 예루살렘을 점령하고 탈환하였다. 교황 그레고리오 8세는 예루살렘 재탈환을 위한 십자군을 호소하여 잉글랜드의 리처드 1세, 프랑스의 필리프 2세, 신성로마제국의 프리드리히 1세가 참가하여 3차 십자군전쟁이 발발하였다. 프리드리히 1세는 1190년에 무거운 갑옷을 입은 채 강을 건너다 낙마해 익사했다. 그리고 리처드 1세와 필리프 2세는 1191년에 악콘을 탈환하였다. 그 후 필리프 2세는 귀국하였으며, 리처드 1세가 살라딘과 휴전 협정을 체결하면서 성지 예루살렘 탈환 작전은 실패로 끝났다.

(출처: 김능우(2001), 김태권(2005a, b)를 참고하여 재구성하였음)

십자군전쟁은 1270년 프랑스의 루이 9세가 재차 출병하여 8차 전쟁을 일으켰지만 도중에 사망함으로써 종결되었는데 200년간 계속된 장기적이고 치열했던 전쟁은 마감하였다. 이 전쟁의 원인과 결과에 대해서는 많은 연구와 논쟁이 있었지만 그 원인으로 공감되는 부분을 소개하면 다음과 같다.

동로마제국의 황제는 셀주크 투르크에게 빼앗긴 영토를 찾으려는 목적으로 교황에게 군대를 요청을 하였고 교황은 성지 예루살렘을 탈환한다는 목적이 있었지만 동로마제국으로 세력 확대라는 중요한 다른 목적이 있었다. 서유럽의 기사들은 인구증가로 영토가 부족해진 상황에 자신의 영지를 가지거나, 영지를 늘릴 수 있다는 계산 하에 전쟁에 참가하였다. 상인들 역시 종교보다 동양으로의 진출로 무역을 하고 싶은 욕망에 따라 십자군전쟁으로 세력을 확대했다. 전쟁이 그렇듯이 잃어버린 영토를 탈환하기 위해 이슬람도 빠르게 살라딘을 중심으로 세력규합을 시작해서 결국 예루살렘을 탈환하였다. 이후 유럽에서는 예루살렘 탈환을 위해 기사들을 계속 보내게 되지만 끝내 실패하고 만다. 여기서 보듯이 십자군전쟁의 시작과 전개에는 여러 가지의 갈등이 복합적으로 깔려 있음을 알 수 있다. 즉, 동로마제국과 셀주크 투르크 간의 영토갈등에서 시작으로 서로마 교황과 동로마 황제 간 세력갈등과 서유럽기사의 영지 확보 갈등, 상인들의 교역확대 갈등이 결합되어 십자군전쟁이 시작되었으며 이후 기독교와 이슬람국가 간의 성지 예루살렘 및 아랍국가 쟁탈전으로 계속되면서 종교, 인종 및 영토갈등이 지속적으로 작동하였다. 따라서 전쟁이 발생하는 데는 반드시 영토갈등이나 종교, 이념, 권력갈등이 작용하여 모티브가 된 것임을 알 수 있다.

수많은 사람의 목숨을 앗아간 전쟁의 씨앗이 되는 이런 갈등은 해악인가? 인간의 죽음으로 몰아가는 전쟁갈등은 정당화하기 어렵지만 살 수 있는 자연이 유한한 상황에서 생존을 위한 다툼은 동물의 세계와 같이 어쩌면 당연할지도 모른다. 생존본능에 의한 다툼과 전쟁은 현실이며 역사이다. 서로 영토와 식량을 두고 쟁탈하는 갈등에는 '좋다, 나쁘다'의 가치를 부여할 수 없다. 다만 서로 공존할 수 있음에도 불구하고 자신의, 자기 집단의 작은 욕망을 위해 전쟁을 일으키고 수많은 사람을 죽이는 것은 좋다고 할 수 없다.

갈등의 종류에는 많은 것들이 있지만 소모적인 갈등은 관계나 조직에 해를 끼칠 수 있다. 다음의 예에서 어떤 부분이 소모적인지 보자.

사례 3-1-2 **시누이와 올케의 갈등**

남편 L과 부인 H는 같은 대학에서 만나 오래 사귀다가 몇 년 전에 결혼을 하였다. 남편은 가난했지만 명문대학을 나와서 대기업에 취업하였고 부인은 무남독녀로 태어나 애지중지하며 키워져서 늘 공주같이 대접을 받고자 하는 성격이 있다. 친정이 잘 살아서 결혼하면서 전세금도 마련해주었고 부인은 결혼 후에도 패션전문가의 꿈을 가지고 미술대학원을 다니고 있다. 부인이 공부를 마치고 아기를 갖겠다며 아직 아이도 없다. 시댁에는 남편 아래 여동생이 있는데 콧대 높은 올케될 H를 못마땅해 하며 은근히 결혼을 만류하였는데 어머니도 며느리의 성격에 대해 우려를 했다. 그래도 오빠가 결혼을 하겠다며 어머니와 여동생을 설득하였다. 여동생 시누이는 오빠가 결혼한 후 이듬 해에 결혼을 해서 두 돌이 지난 사내아이가 있다. 시누이는 자기 남편이 아직 변변한 직장이 없어 친정 집에 같이 살고 있다.

남편의 직장과 부인이 다니는 학교의 위치가 지역적으로 많이 떨어져 있어서 신접살림을 차릴 집을 구할 때 좀 시댁식구들과 실랑이가 있었지만 전세금을 마련한 부인의 학교에서 가까운 곳으로 전셋집을 얻었다. 다른 부부들과 마찬가지로 명절이면 시댁에 가서 음식도 같이 하고 차례를 지내고 마치면 그 다음 날은 친정을 찾아가 인사하고 오곤 한다. 부인은 늘 시댁에 가면 시누이와의 신경전이 있어서 정말 가고 싶지 않은 심정이다.

어느 설날연휴에 이들 부부는 시댁에 가서 설 전날부터 차례상을 준비하느라 분주했다. 이번 설날에는 지방에서 차례를 지내러 몇몇 친척들이 올라와서 음식도 많이 장만하고 치다꺼리 하느라 부인은 많이 힘들어하고 있었다. 저녁식사를 마치고 친척들이 떠나자 식구들끼리 모여 다과를 먹으며 이야기를 나누고 있었다. 전날부터 차례상 준비와 친척 손님들 대접하느라 부인은 꽤 피곤해 있어서 쉬고 일찍 자고 싶다는 눈치를 남편에게 주었다. 그래서 두 부부가 쉴 방으로 가려고 일어서는데 시누이가 그들을 자기 방으로 불러서는 자기 아이의 사진첩을 꺼내며 얼마나 귀여운지 한번 보라고 했다. 부인은 많이 피곤해서 내일 보겠다고 말하며 돌아섰다. 그러자 시누이가 갑자기 얼굴이 일그러지며 폭발하듯이 사진첩을 바닥으로 던지며 오빠에게 말하였다.

"오빠 나좀 봐. 이야기할 게 있어."

이런 상황은 벌써 좋지 않을 조짐을 보여주고 있다. 두 사람이 따로 이야기를 하고난 30분 뒤에 남편이 굳은 얼굴로 돌아와서 그냥 집으로 가자고 했다. 그래서 부인은 분위기가 좋지 않다는 걸 알았으면서도 물어보지 않고 시어머니가 자고 가라고 만류하는데도 그 집을 나왔다. 부인은 차를 타자마자 남편에게 물었다.

"뭔 말을 서로 이야기했나요?"

그러자 남편은 한참 망설이다가 부인에게 말했다.

"어머님과 여동생이 나 더러 당신과 이혼을 하란다."

부인은 충격을 받았고 왜 시댁식구들이 자기를 안 좋아하는지 이해할 수가 없다고 했다. 남편은 자기도 이혼을 원하지는 않은데 가족들과 좀 잘 지내야 할 거 같다고 했다. 부인은 불만이 가득하여 시댁식구들이 자기의 욕구를 잘 배려해주면 좋겠다는 말을 했다. 그들은 친정집으로 가지도 않고 곧바로 자기네 집으로 향했다. 남편이 운전해 가면서 시누이에게 잘 좀 대하라고 하자 부인은 좀 피곤해서 그랬는데 그렇게 이해를 못하냐고 따졌다. 그들은 서로 더 화를 내고 서로의 단점을 꼬집어 말하기 시작하였다. 중간에 차를 세워 언성을 높여 실랑이를 하느라 벌써 자정이 훨씬 넘었다. 좀 진정을 시키고는 다시 운전을 했지만 집에 도착할 때까지 서로 침묵 속에 아무 말도 하지 않았다. 그 다음 명절에도 시댁에 가서 비슷한 논쟁이 발생하였다. 그래서 결국 그들은 시댁에 가지 않기로 결정하고는 서로 연락하지 않고 지내고 있다.

(출처: McCorkle and Reese (2010), p.16 사례를 토대로 새로운 사례를 구성함)

이 갈등사례는 우리 사회에서 흔히 볼 수 있는 이야기이다. 고부간의 갈등과 올케 시누이 간의 갈등으로 중간에 있는 남편이 고민하는 경험을 한 두 번씩은 하곤 한다. 이는 등장인물의 성격이나 한국사회의 시집살이 특성 등이 작용하고 의사소통에 의해 촉발된 관계갈등으로 볼 수 있다. 시댁은 남편으로 하여금 친가족을 선택하거나 자기 부인을 선택하거나 강요하고 있는 상황이다. 시누이의 내부에 잠재되어 있던 불만과 못 마땅함이 사진첩사건으로 폭발한 갈등은 바람직하지 못하지만 현실에서는 많이 존재하고 있다. 시누이가 이혼요구를 하면서 가족을 붕괴시킬 위험에 놓이게 하는 갈등은 아무에게도 도움이 안되는 해악인 것임에 틀림없다. 관계갈등에서는 마음속의 불만이나 갈등을 상대방에게 표출할 때가 중요한데 자존심을 상하게 하거나 마음의 상처를 주는 표현은 갈등을 악화시키고 파괴적인 관계를 자초하게 된다.

갈등이 해악인 것만은 아니다. 갈등의 시초가 되는 의견의 차이가 더 나은 관계와 성과를 만들어 낼 수 있는 토대가 될 경우도 많다.

홍보기획팀의 상하갈등

    P대리는 높은 경쟁률을 뚫고 입사한 지 5년이 된 이 회사의 엘리트 중견 사원이면서 홍보기획팀의 유일한 여성이다. P대리는 홍보기획팀에만 줄곧 근무한지라 이 업무에서는 완전 베테랑이다. 지난 달에 S라는 모 은행에서 금융컨설턴트로 일하다가 전격적으로 홍보기획팀장으로 부임해 왔다. 들리는 소문에 의하면 그가 그룹회장과 잘 아는 사이라며 팀장으로 온 건 소위 낙하산 인사로 알려져 있다. S팀장은 대외 관계에서는 상당한 영향력과 네크워크를 가지고 있고 금융전문가로서 실력이 있지만 회사의 조직문화나 홍보기획업무에는 밝지 못해 다들 우려하고 있었다.

    P대리는 그 동안 자신의 업무를 잘 해왔다고 믿고 있고 팀 내 세 명의 사원들을 잘 관리하고 있어서 그들과 좋은 관계에 있다. 그런데 지난 주부터 P대리는 업무처리나 팀원관리에 있어서 S팀장과 약간 이견이 있는 걸 알고는 긴장도 되고 스트레스를 받게 되어 밤에 잠을 잘 잘 수가 없었다. 그녀는 신경이 과민해지면서 피로감을 더 느끼고 일을 하는데 짜증을 내곤 했다. S팀장은 자리에 잘 있지도 않고 일이 돌아가도록 지원해 주지도 않으면서 한번 씩 나타나 보고도 잘 안하고 업무태도가 해이하다고 잔소리하곤 해서 다들 스트레스다.

    최근에 P대리는 S팀장에게 자리를 잘 비워서 결재도 힘들고 업무지원이 잘되지 않는다고 말은 했지만 그는 귀담아 듣지 않았다. 다른 사원들도 한두번 팀장에게 고충을 이야기했지만 소용이 없었다. S팀장은 홍보기획팀 업무는 제쳐 두고 회사의 기획프로젝트와 다른 팀 프로젝트에 매달려 아주 바쁜 거 같았다. 그 뿐 아니라 집에서도 아기가 어려서인지 일찍 퇴근하고 하는데 말도 없이 가는 경우도 더러 있었다.

    어제는 사장으로부터 회사홍보시안을 1주일 안에 만들어 보고하라는 지시를 받아서 팀장을 찾았으나 어디에 있는지 알 수가 없었다. 기한 안에 완성하지 못하면 어떤 불호령이 떨어질지 벌써부터 걱정이다. 그래서 S팀장이 함께 프로젝트를 하고 있는 개발팀의 입사동기 K대리에게 불만을 이야기하며 흥분하여 S팀장을 험담하였다. K대리는 이 말을 S팀장에 전해주자 그의 반응은 오히려 P대리를 나무래는 것이었다. S팀장은 P대리의 자기 식대로의 불만에 대해 듣고 싶어 하지 않았다. 그래서 S팀장은 그녀와 논쟁을 하고 싶지 않아서 그녀를 피해왔다.

P대리는 팀의 문제를 제기해도 아무 해결을 못하고 무기력하기 때문에 그 팀을 떠날 생각을 하고 있다. S팀장은 P대리가 과잉반응을 보이고 특히 아주 바쁜 때에 그에게 불필요한 요구를 하며 부서의 불만이 많은 거 같이 보이도록 행동한다고 생각했다. 이런 부서의 잡음과 불만에 대해서는 사장이 매우 예민하기 때문에 S팀장은 아주 싫었다. 팀장의 관리와 지원 부족이라는 문제가 긴장과 적개심으로 변하고 있다. 그들은 서로 기분 나빠하고 있고 일을 어떻게 해야할지 몰라 마음이 불편과 걱정으로 가득했다.

(출처: 네이버지식 iN 상사갈등 상담내용으로 재구성함)

이 사례는 P대리와 S팀장 간의 업무와 관련한 상하갈등이면서 집단내 갈등이다. 같은 조직 내에서 있으면서 조직을 운영하는 과정에서 발생한 갈등이므로 의견 차이를 잘 조율하여 조직을 효율적으로 관리하고 업무의 생산성을 높일 수 있는 방법을 충분히 모색할 수 있다. 따라서 업무수행상 발생하는 이러한 갈등은 개인이나 조직을 해하려는 의도가 있는 것이 아니고 조직발전이라는 공동의 목표를 가지고 있으므로 해악이 아니며 발전의 원동력이 될 수 있다. 첫째 사례의 전쟁갈등은 서로 죽임으로써 자기의 영토와 세력 욕망을 충족할 수 있고 둘째 사례의 시누이-올케 갈등은 서로 못마땅한 감정을 여과 없이 표현하여 상대편의 자존심을 손상시킴으로써 스스로의 쾌감을 느끼는 파괴적 갈등이다. 그러나 셋째 사례의 조직 내 업무상 갈등은 공동의 목표를 위해 효율적으로 해결된다면 건설적 갈등이 될 수 있다.

갈등이 건설적이냐 파괴적이냐 하는 개념은 1940년대에 발달되었으며 현재도 사용되고 있다. Deutsch의 건설적-파괴적 갈등 이론 (Theory of Constructive and Destructive Conflict)은 두가지 관점에서 설명될 수 있다.17) 첫째, 사람들의 목표가 어떻게 상호의존적 (interdependent)이냐에 따라 갈등이 건설적일 수도 있고 파괴적일 수도 있다. 목표가 긍정적 상호의존적 (positive interdependent)일 때, 즉, 한 사람의 목표가 달성되면 다른 사람의 목표도 달성될 때 갈등은 건설적이다. 목표가 건설적으로 연결되는 경우로는 다른 사람을 좋아하는 것, 자원의 공유, 공동 집단회원제, 공동가치, 문화, 공동의 적, 노동의 분화 등이 있다. 반대로 목표가 부정적 상호의존적 (negative interdependent)일 때, 즉, 한 사람의 목표가 달성된다는 것은 다른 사람의 목표가 달성되지 못한다는 것을 의미할 때 갈등은 파괴적이다.

둘째, 목표달성을 위한 행동이 효과적이냐 서투르냐에 따라 갈등이 건설적일 수도 있고 파괴적일 수도 있다. 시누이-올케 갈등에서 올케가 시집에서 가족의 일원으로서 잘 적응할 수 있도록 시댁식구들이 행동을 했다면 건설적 갈등이 될 수도 있었을 것이다. 아빠에게 이혼을 요구함으로써 오빠가 가족과 부인 중에 선택하도록 하는 부정적 상황을 만들었다. 시누이의 이혼요구의 행동은 새로운 갈등의 원인이기도 하지만 원초적 갈등을 표현하는 행동일 수가 있다.

갈등이 건설적이기도 하고 파괴적이기도 하는 혼합된 상황일 경우도 있다. 목표가 어느 정도는 긍정적 상호의존적이고 어느 정도는 부정적 상호의존적일 수가 있다. 또 목표달성 행동이 어느 정도 효과적이기도 하지만 서투르기도 하다. 예를 들어 영업사원에게 판매실적에 따라 성과급을 지불한다고 하자. 상황이 완전경쟁적인 것으로 보이지만 영업사원

---

17) Deutsch (2000)에서 주장된 이론이며 McCorke and Reese (2010), pp.20-21에서 요약 설명을 참조할 수 있다..

이 서로 잘 지내는 사이라면 보너스를 타기 위해 경쟁을 하지만 친구인 동료사원의 영역을 침범하지는 않을 것이다.

[생각해볼 점]

3-1-1. 갈등은 선(善)인 경우도 있는가?

3-1-2. 갈등이 파괴적인지는 어떻게 알아내는가?

3-1-3. 갈등이 파괴적이기도 하고 건설적이기도 하는 혼합된 상황도 있는가?

3-2. 갈등은 주로 어떻게 해결되고 있는가

갈등이 우리의 생활 속에서 다양하게 발생하고 있는데 어떤 식으로 해결하고 있는가? 우리나라에서 갈등은 실제로 어떻게 해결되는 경향이 있을까? 가족갈등, 회사내 개인 간 갈등, 지역주민의 집단 간 갈등에 대한 조사와 사례를 통해 이러한 질문에 대한 해답을 찾아보자. 먼저 가족갈등은 모든 사람들이 항상 느끼는 갈등인데 재미있는 두 가지의 통계를 보자.

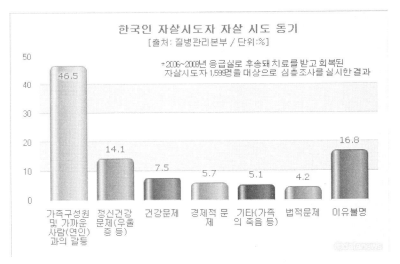

〔그림 3-2-1〕 한국인 자살시도자 자살시도 동기

질병관리본부의 2009년 9월 11일 발표에 의하면, 2006~2008년 응급실로 후송돼 치료 받고 회복된 자살시도자 1,599명의 자살시도 동기는 '가족구성원 또는 연인과의 갈등'이 46.5%를 차지하고 있다. 이 중 배우자와 갈등 22.9%, 연인과의 갈등 8.6%, 부모와의 갈등 6.5%, 자녀와의 갈등이 4.1%를 차지했다. 특이한 점은 우울증은 10.1%에 불과했다. 미국 질병통

제관리센터 (CDC) 조사를 비교해 보면 미국 자살자의 약 90%에서 정신질환 진단이 나오고, 70%는 우울증을 앓고 있다고 한다. 이 외에 건강문제 7.5%, 경제적 문제 5.7%로 조사됐다. 질병관리본부는 이 조사가 생존한 환자를 대상으로 했기 때문에 실제 자살 사망자의 동기와 다를 수 있다고 설명했다. 또한 통계청이 발표한 2008년 사망원인에 의하면 자살이 사망원인 전체의 4위이지만 20-30대의 경우에는 1위로 나타나 놀라움을 주고 있다. 이러한 통계는 우리나라에서 가족갈등이 얼마나 심각하고 해결되지 못하고 방치되어 가족구성원을 자살에 이르게 하는지 잘 보여주고 있다.

실제로 청소년들이 자살충동으로까지 이어지는 이유로는 '가족은 나와 가장 가까운 존재이다. 이런 가족과의 갈등이 해결되지 못하는 것은 신뢰가 깨졌다는 것을 의미한다. 가족이라는 의지할 곳을 잃어버린 어린 청소년들은 불안감과 우울함이 심해질 수 있고 극단적인 방법인 자살로 문제에서 벗어나고자 하는 충동을 느낄 수 있다'라고 설명하고 있다.[18]

우리의 가정에서 가족간에 생긴 갈등이 잘 해결되어 평화를 회복하게 되는가, 갈등이 악화되어 더 긴장상태로 변할 것인가, 갈등이 해결되지 않은 채 갈등을 안고 살아가고 있는가? 가족간의 갈등이 심해지는 이유로는 빠른 가족 해체, 맞벌이 부부증가, 하루 종일 학원에 다니는 자녀들, 경제적인 어려움 등인데 이러한 요소들은 바로 우리사회의 특성과 같다. 그래서 가족갈등이 잘 해결되어 평화상태로 되는 것보다 악화되거나 최소한 유지되어 갈등이 잠복된 상태로 살아가는 것이 일반적인 패턴일 것으로 보인다. 많은 가족상담소의 문의 상담사례를 살펴보면 많은 경우에서 성격문제, 경제문제, 자녀양육문제, 고부간 구조적문제 등에서 발생하

---

18) 동아일보, "가족갈등을 바르게 해결하는 방법," 2007. 6.15.

여 단기적으로 해결할 수 없는 갈등이다.[19) 대화로서 풀 수 없는 문제들이 있고 대화로서 풀 수 없는 문제들이라도 대화가 자칫 갈등을 오히려 악화시킬 수 있는 우려가 있어 갈등을 그대로 품고 살아가는 경우가 많을 것이다. 시어머니가 애지중지하던 아들을 며느리에게 빼앗겼다고 느끼는 감정에서 고부간의 갈등이 오래도록 간다는 것을 우리문화에서 흔히 체험할 수 있으며 엄격하고 권위적인 아버지와 아들과의 부자 갈등도 성장 때부터 성인이 되어서도 유지되고 있는 경우가 많다.

다음으로 직장에서의 갈등이 어떻게 해결되는지 알아보자. 다양한 직장갈등을 어떻게 해결하는가에 대한 정보는 정확히 알 수가 없으나 어느 회사의 내부조사의 결과를 소개해본다.[20) D사 직원 100명에게 갈등원인의 발생, 갈등인지, 갈등해소 방안, 갈등의 영향, 갈등해결 결과를 설문하여 조사한 내용이다. '매우 그렇다'와 '조금 그렇다'의 응답을 합친 순위를 보면 갈등이 일어나는 주요한 원인으로는 성격차이가 많은 비중을 차지하였으며, 의사소통 부족, 개인적 감정, 일처리방식이 다름의 순으로 나타났다. 회사내부의 갈등으로는 개인 간의 갈등이 약 3/4정도로 압도적으로 많고 나머지는 개인과 집단, 집단 간의 갈등으로 순으로 빈도를 보인다. 갈등의 대상으로는 상사와의 갈등이 50%, 동료와의 갈등이 49%로 많은 비중을 차지했다. 갈등해결 방법으로서는 대부분의 사람들(약 2/3)은 '서로 적당히 양보한다'고 하였다. 소수 의견이지만 '상대방의 의견을 따른다'와 '무시한다' 등의 의견이 그 다음으로 많다. 따라서 표본이 D회사로 극히 국한적이지만 회사 내에서 갈등은 상사와의 갈등이 제일 많은데 서로 적당히 양보하거나 상대방의 의견을 따름으로써 해결하는 것으

---

19) 예를 들어 한국사티어변형체계연구소의 상담사례를 살펴보면 매우 얽혀 있거나 구조적인 갈등이어서 단기에 해결하기 어렵고 많은 노력이 필요한 사례들이다.
20) 장수용(2007)의 조사결과 중에서 필요한 부분을 발제하였다.

로 보인다.

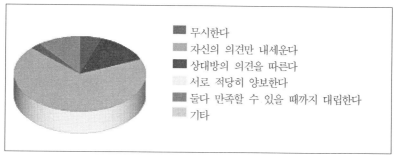

출처: 장수용(2007)

〔그림 3-2-2〕 D사의 갈등해소 방안

기업내 갈등해결을 회사차원에서 얼마나 노력하고 있을까? 단체교섭이나 노사협의회를 통한 집단적인 갈등을 해결하는 것을 제외하면 조직내 갈등이나 개인 간 갈등에 대한 해결이 별로 없는 형편이다. 한 조사에 의하면 갈등해결프로그램을 운영하고 있는 기업은 극히 일부이며 그나마 프로그램의 체계성이 부족하고 직접적 갈등해결보다 간접적 갈등해결과 예방의 측면이 더 강하다.[21] 예를 들어 B 기업의 갈등해결 사례와 방법을 보면 <표 3-2-1>에서 보는 바와 같이 신입사원에 대해서는 멘토링 제도를 실시하고 경력 신입사원에 대해서는 경력사원 입문교육을 통해 회사에의 적응력 제고와 고충해소를 도모하고 있다. 팀내 상하간 업무분장 갈등은 팀장간담회 및 팀원회의를 통해 조정하고 부서내 업무처리상 발생하는 개인적 갈등은 GWP (Good Work Place)라는 월별 조직활성화 프로그램에서 취미활동이나 봉사활동을 통해 대화로서 해소하고 있다. 집단 간 갈등으로서 노사갈등은 교섭이나 노사협의로 해결하므로 생략하고 비법

---

21) 원창희(2011b)의 <표 1> 기업별 갈등관리제도 인터뷰내용을 참조.

적, 개인적 갈등으로서 계층간, 상하간, 동료간 갈등이 대부분인데 교육, 멘토링, 조직활성화 프로그램 같이 체계성이 부족하고 간접적이고 예방적인 갈등관리프로그램 정도가 운영되고 있는 실정이다.

〈표 3-2-1〉 B 회사의 갈등해결 사례와 방법

분류	갈등 유형	갈등 사례	사용된 해결방법
집단 간 갈등	계층 간 갈등	신입사원의 입사후 스스로 기대했던 직장생활에 대한 괴리감 및 기존 사원 간 업무 및 사람에 대한 갈등 발생	신입사원(멘티)의 현업 부서 배치후 지도사원(멘토)이 지정되고 간담회, 강의, 회식, 고충상담을 통해 멘토가 지도하는 멘토링(mentoring) 제도를 운영함
	계층 간 갈등	기존 장기근속사원과 신규 채용된 상위직급의 경력사원 간 텃새, 조직갈등.	경력사원 입문교육, 동기프로그램으로 협동과 적응력 제고, 갈등 감소
집단-개인 간 갈등	회사-사원 간 갈등	합병이나 조직변화로부터 사원들의 경영불신이나 가치관에 혼란이 오면 내부적으로 갈등이 생김	경영이념 공감대형성, 자긍심고취 및 변화관리실천을 위해 전 직원을 대상으로 설명회를 개최
개인 간 갈등	상하 간 갈등	신규 팀 업무분장 시 직무단위로 동일 난이도 업무를 담당하면서도 상하 수직관계 요구로 갈등 발생.	팀장주관 간담회를 통해 신생팀의 방향성과 목표를 부여하고 팀원끼리 회의를 통해 불만표출과 의사소통, 업무 공유 원칙 합의
	동료 간 갈등	개인적인 성향의 차이와 의사소통 부재로 업무 수행상 갈등이 발생하여 업무 손실과 퇴사나 타부서로 전출	GWP(Good Work Place)라는 월별 조직활성화 프로그램으로 취미봉사활동을 통해 대화로 평소의 오해나 갈등요인을 해소하고 팀워크를 제고

출처: 원창희 (2011b)

마지막으로 사회의 집단적 갈등을 어떻게 해결하는지 알아보자. 가족 갈등이나 직장갈등에 비해 사회집단적 갈등은 규모도 크고 종류도 상대적으로 적고 언론을 통해 알려져 있어서 먼저 한 두가지 사례를 통해 볼 필요가 있다.

광교산 음식점 갈등

　　해발 582m의 광교산은 수원시, 용인시, 의왕시 등과 경계를 이루고 있는 산으로 수원시내를 흐르는 강인 수원천의 발원지이기도 하며 광교적설이라 하여 겨울철 눈이 내려 나무에 수북이 쌓여 있는 경치를 일컬을 정도로 경치가 아름다워 수원 8경 중 으뜸으로 손꼽히고 있다. 능선이 매우 완만하면서도 사방으로 수목이 우거져 평일 1만5천명, 주말 3만여명이 찾는 도민의 휴식처로 각광받고 있다.

　　수원으로 뻗은 광교산 자락은 개발제한구역(GB)과 상수원보호구역으로 지정돼 있어서 음식점이 들어 설 수 없지만 이 곳에서 수 십년간 주거해온 원주민들은 생계를 위해 보리밥 음식점을 30여개소나 운영하고 있다. 식당 허가를 받지 못한 업주들은 매년 수원시 장안구청에 벌금 명목으로 수 백만원에 이르는 이행강제금을 부과하고 있다. 한때 수원시민의 식수로 공급됐던 광교저수지의 수질은 이미 수 년 전부터 악화돼 와서 현재 이 저수지의 물은 일반 식수로 사용할 수 없는 2급수(비상급수)로 지정됐다.

　　수원 광교산 식당가의 10여 년간의 갈등은 민선 제도가 도입되면서 자치단체장이 바뀌는 과정에서 발생한 정책괴리인 것으로 보인다. 광교산 일대 정비 방안을 두고 민선 2기 수원시장인 故 심재덕 전 시장과 민선 3기인 김용서 시장의 견해가 달랐기 때문으로 풀이되고 있다. 원래 원주민 40여 가구는 1971년 6월 상수원보호구역으로 지정되기 전부터 소, 닭, 돼지 등 크고 작은 목장을 운영하면서 생계를 꾸려갔다. 주민들의 이야기로는 심 전시장이 수질오염을 우려해 환경오염 우려가 적은 음식점을 제안했고, 상수도보호구역 등의 규제는 자신의 재임기간 내 풀기로 구두상 약속했지만 2002년 김시장으로 바뀌면서 규제완화는 허사로 돌아갔다는 것이다. 1996

년 심 전시장이 광교산을 도민의 휴식처로 만들기 위해 등산로를 개방하고 경기대~상광교동 4km여 거리의 도로를 확포장하면서 음식점들이 하나 둘씩 들어서기 시작했다.

관할 기관인 수원시 장안구청은 이들 무허가 음식점에 대해 행정대집행 등 행정 조치를 취할 수 있지만 음식점들이 주거 공간을 특별한 개조없이 식당으로 사용하고 있어 이러지도 저러지도 못하고 있는 실정이다. 장안구청이 매년 이들 무허가 음식점을 단속하고 계도 조치를 이행하지 않은 음식점 업자에 대해 이행강제금을 부과할 방침이나 이 같은 되풀이 행정은 수 년 동안 계속되고 있지만 개선되는 것이 하나도 없다. 생존권과 행정력이 대립하면서 빚어진 현상이다. 이로 인해 이곳 주민들과 해당 공무원은 일종의 연례 행사 정도로 인식하고 있다.

지역주민들은 악순환을 되풀이 하는 광교주변에 산재해 있는 보리밥집을 양성화하기 위해서는 상수원보호구역의 해제가 관건이라 보고 있다. 경기도가 이 일대를 환경정비 구역으로 지정해 차집관거를 설치하고 전용하수처리장을 건설하는 방안이나 광교저수지를 비상급수에서 농업용수로 전환해 상수원보호구역을 재조정하는 방안이 있을 수 있다. 또는 일본 정부가 최고봉인 후지산을 찾는 관광객들과 산림 훼손을 막기 위해 별도의 부지에 식당가를 조성한 사례와 같이 원주민을 이주시켜 생업을 할 수 있는 방안도 대안이 될 수 있었다.

상·하광교동 주민들(150세대)은 지난해 2009년 12월 23일 '1971년부터 상광교동과 하광교동 일대에 지정된 상수도보호구역의 기능이 사실상 상실됐으니 규제를 풀어 달라'는 내용의 청원서를 수원시에 제출했으나 수원시는 그 해 12월31일 '광교저수지 일대의 상수원보호구역 해제는 불가능하다'고 통보했다. 수원시는 '광교저수지는 비상시 상수원으로 활용할 뿐 아니라 연간 사용량의 15%를 정수해 사용하고 있어 상수원보호구역 해제는 어렵지만 현행 법령 범위 내에서 대책을 강구할 계획'이라고 설명했다. 다시 주민은 이같은 회신이 규제 해제를 위한 의지가 없다고 판단, 국민권익위원회에 상수원보호구역에 따른 인권침해 등 부당성을 알리는 내용의 민원을 제기했다. 주민은 국민권익위 결정에 따라 상수원보호구역 해제를 위한 행정소송과 집회를 통한 시위를 잇달아 열 계획을 세우고 있어 수원 시와의 마찰이 예상되고 있다."

(출처: "광교산 음식점 갈등 해법 없나"(경기신문 2009.7.6-9), "광교산 무허가 음식점
법정대응…갈등 고조"(뉴스리더, 2011.3.29)에서 발췌)

광교산 음식점 갈등사례는 주민과 행정당국 간의 집단 간 갈등으로 우리 사회에서 흔히 볼 수 있는 갈등이다. 애초에 상수원보호구역으로 지정이 되었다면 음식점 영업행위를 못하도록 시장이 바뀌어도 일관성을 유지했어야 하는데 그러지 못한 행정괴리가 문제를 악화시키는데 역할을 하였다. 광교산 다른 산자락인 백운호수의 음식점은 단속하다가 유명세에 밀려 완화해주는 지역간 형평성 문제도 내재되어 있었다. 또한 시당국은 선거를 의식한 선심성 행정, 원주민의 생존을 위한 편법적 영업, 인근 주민의 등산, 휴식 욕구 등이 복합적으로 작용하고 있다. 무엇보다 문제를 해결하기 위한 주민과 행정당국 간의 적극적인 노력이 부족했던 것이 사실이다.

사례 3-2-2 동남권 신공항 유치 갈등

"영남권에 있는 대표적이 공항인 김해국제공항의 사용자수가 빠르게 늘고있고 곧 포화상태에 이른다는 지적에 따라 신공항의 필요성은 노무현 정부때부터 논의되어 왔다. 그러나 2007년 대선에서 이명박후보가 공약에 포함시키면서 관심이 많아졌다. 그는 2008년 5월 21일 대구광역시에 방문해 '대구 경북 지역이 이제 하늘이 열리고, 물길이 열리고, 이제는 경쟁력도 있는 도시로 변하게 될 것'이라며 대운하와 신공항에 대해 언급했다.

2008년 국토연구원의 제2차 타당성 연구조사가 착수되고, 국가균형발전위에서 추진한 30대 광역 선도 프로젝트에도 포함되면서 신공항 유치에 대한 기대가 커졌다. 처음에는 부산·경남과 대구·경북 두 지역 모두 관심이 적었으나 정부가 신공항의 필요성을 강조하면서 두 지역간 경쟁이 시작됐다. 용역결과 비용대비 편익비율은 부산 가덕도 0.7, 경북 밀양 0.73으로 두 후보지 모두 낙제점을 받았다. 그러나 정부는 동남권 신공항 사업을 철회하지 않고, 두 후보지를 계속 검토하였다. 2010년에는 입지평가위원회를 구성하였고, 2011년 3월 30일 입지평가위원회는 가덕도와 밀양 두 후보지 모두를 경제성 미흡·환경훼손으로 사업 부적격 판정을 내렸고 동남권 신공항 사업은 사실상 백지화되었다. 동남권 신공항 평가 결과는 100점 만점에 합격점이 50점이었으나, 가덕도는 총점 38.3점, 밀양은 총점 39.9점을 받았다.

　문제는 신공항 사업이 백지화되기까지 두 후보지간의 과열된 유치경쟁이 지역적으로나 국가적으로 큰 갈등과 경제적·정신적 손상을 주었다는 것이다. 신공항 유치가 곧 기업 유치로 직결될 것으로 보고 두 후보지 모두 지역경제 활성화를 위해 유치에 사활을 걸었다. 공항 유치경쟁은 지자체 공무원간의 치열한 행사 경쟁으로 나타나고 밀양 175개, 부산 600여개의 시민단체 참여로도 이어졌다. 그러나 정작 두 후보지의 주민들은 모두 생업포기와 보상불충분의 이유로 신공항건설 자체를 반대하고 있어서 당국과 시민단체의 과열된 유치경쟁과는 크게 대조적이었다.

　더 심각한 것은 지역구 국회의원들이 표심에 자극되어 덩달아 사분오열되면서 지역간 갈등을 부추기게 되었다는 것이다. 한나라당 부산·경남(PK), 대구·경북(TK) 국회의원들은 최적입지로 각각 가덕도와 밀양을 지지하며 대립구도를 형성하고 정부에 대해 압박하였다. 더 나아가 여권 내에서 조차 경제성 미달을 이유로 동남권 신공항 백지화론이 등장하자 내홍을 겪고 있던 TK와 PK 국회의원들은 백지화를 저지하기 위해 의기투합했다. 수도권 의원들이 동남권 신공항 사업의 백지화를 언급하자 영남 의원들은 신공항 사업의 명분과 효용을 강조하며 맞섰다. 심지어는 일부 영남

의원들은 동남권 신공항 사업이 백지화된다면 수도권 규제 완화도 불가하다는 엄포를 놓기도 하여 PK와 TK 국회의원의 갈등이 수도권 대 영남 국회의원들의 갈등으로 전이·확대되었다.

(출처: 위키백과의 '대한민국의 동남권 신공항 논란'(2011.10.18)과 한국선진화포럼의 '동남권 신공항 사업과 포퓰리즘'(2011.10.28)를 참고하여 재구성하였음)

동남권 신공항 유치 갈등사례는 지역이기주의가 여과 없이 드러난 사건이다. 신공항 건설이 그 지역에 가져다줄 경제적 이익이 막대하다는 것을 인식하고 밀양과 가덕도가 각각 속해 있는 대구·경북과 부산·경남의 지자체와 시민들이 유치경쟁에 뛰어들었다. 지역의 표로서 재선이 결정되는 지자체장과 국회의원들은 신공항 유치에 사활을 걸었다고 해도 과언이 아니었다. 갈등이 악화된 데에는 정부의 무리한 추진이었다. 2008년 국토연구원의 제2차 타당성 연구조사에서 두 후보지 모두 부적격으로 나왔음에도 불구하고 정부는 동남권 신공항 사업을 철회하지 않고 두 후보지를 계속 검토하다가 2011년 3월에 사업 부적격 판정을 내림으로써 국책사업의 혼란을 가중시키고 지역간 갈등을 증폭시킨 결과가 되었다.

광교산 음식점 갈등사례와 동남권 신공항 유치 갈등사례의 두 가지 사회갈등이 전체 사회갈등의 모습을 대변하는 것이 아니지만 공감할 수 있는 특성을 지적할 수 있다. 사회갈등해결에 있어서 정부가 확고한 정책의 기준과 문제해결의지가 미흡하면 효과적인 결과를 얻을 수 없다. 또한 지자체장이나 국회의원 등 선출직 공무원들이 포퓰리즘에 빠지게 되면 문제를 왜곡할 수 있다는 점이다. 지역의 주민들이 지역이기주의에 매몰되어 국가적 관점과 합리적인 논리를 외면하는 것도 사회갈등을 해결하는데 장해가 될 수 있다.

3-2-1. 가족갈등이 심각해지면 나타날 수 있는 극단적인 결과는 어떤
것들이 있는가?

3-2-2. 직장에서 발생하는 개인 간 갈등을 회사가 해결하는데 도움을
주는 것이 필요한가?

3-2-3. 사회갈등을 해결하는 기구나 방법이 발달하지 못한 이유는 무엇
인가?

3-3. 갈등을 해결하는 다양한 방법들은

우리나라에서는 갈등이 쉽게 발생하나 이 갈등을 효과적으로 해결하는 방법은 미흡하거나 미숙한 것으로 보인다. 갈등이 발생하면 사람은 어떻게 반응하는가? 갈등을 해결하는 방법은 어떤 것이 있는가? 이들 방법은 어떤 특성이 있으며 어떤 장단점이 있는가? 다양한 갈등상황에 적용할 해결방법은 모두 달라야 하는가? 이들 질문에 대해 적절한 해답을 찾아봄으로써 갈등해결의 접근방법을 모색하는 데 도움을 얻을 것이다.

갈등에 반응하기

두 사람 사이에 갈등이 발생하면 어떻게 서로 반응할까? 다음의 사례를 보고 제일 가능성이 높은 행동을 추측해보자.

사례 3-3-1 외과의사와 자재과장의 갈등반응유형

S병원에서 외과의 전문의로 일하는 K박사는 10년 동안 일하면서 골절과 외상에 대한 수많은 수술을 집도하면서 권위 있는 전문의사로 정평이 나 있다. 그 명성을 듣고 최근 환자들이 몰려들어 입원실이 부족할 지경이고 수술에 꼭 필요한 몰핀, 주사바늘, 수술가위 등 재료와 의료기구가 부족하여 자재과에 열흘 전에 주문해 놓았지만 입고가 아직 되지 않아 두 차례나 독촉을 한 상태이다. 자재과를 책임지고 있는 L과장은 난감해 하고 있다. 자재창고에 다른 약품과 의료기구들로 가득차서 공간이 충분하지 못할 뿐 아니라 각 부서별로 자재의 주문이 들어온 순서대로 처리하도록 규정되어 있기 때문에 K박사의 구매주문 보다 빠른 주문이 아직도 5가지가 있다.

L과장이 월요일 총무부회의를 마치고 왼쪽에서 병원로비로 걸어 나오는데 사람들이 붐벼서 식별하기 쉽지는 않은데 오른쪽 복도 끝에서 K박사가 오고 있는 것 같았다.

가. 상황1- 회피형

병원로비로 걸어 나오던 L과장은 멈칫하며 순간 어쩌나 하다가 오른쪽 복도로 가지 않고 K박사를 피해서 북쪽 다른 복도를 이용하여 돌아서 자재과로 갔다.

나. 상황2-경쟁형

K박사가 L과장을 보더니 언제부터 직접 만나 따져서 물어보려고 했는데 잘 되었다며 로비로 걸어나와 재빨리 L과장을 막아서서는 자재주문이 어떻게 되었느냐며 다그쳐 물었다. L과장은 병원의 내부규정대로 주문건수를 해결하고 있으나 그 전에 주문들어온 걸 처리하느라 아직 구매할 수 없다고 했다. K박사는 화를 내면서 수술환자가 대기하고 있는데 당장 주문서를 처리하라고 소리 지르며 안 될 경우 원장에게 보고하여 자재과장을 문책하도록 하겠다고 협박하였다. L과장은 병원의 규정을 무시하면서 수술용 의료자재를 먼저 구매해 줄 수가 없으니 원장에게 보고를 하든지 말든지 마음대로 하라고 반박했다.

다. 상황3-수용형

L과장은 K박사가 성격이 불같고 자기를 귀찮게 하는 사람을 수단과 방법을 가리지 않고 응징하는 조폭같은 위인이라고 생각하면서 이번 외과자재주문을 규정을 위반해서라도 내일 당장 처리해주겠으니 하루만 기다려 달라고 K박사를 달랬다.

라. 상황4-타협형

K박사가 난리법석을 떨며 L과장을 협박까지 하였지만 L과장도 호락호

락하게 수용하지 않고 규정을 어기면서까지 구매해줄 수 없다는 입장을 견지한다. 30분간 두 사람이 옥신각신 하다가 K박사는 다른 건 다 양보할 테니 몰핀만 내일까지 좀 구매해달라고 부탁하고 L과장은 규정을 어길 수는 없지만 몰핀만은 규정위반이지만 직권으로 구매해 주겠다고 마지못해 응답했다.

마. 상황5-협력형

K박사의 다급한 부탁을 받고 L과장은 환자들에게 불편을 주지 않고 수술받을 수 있도록 하는 것이 병원이미지와 발전에 매우 중요하다는 인식을 공감하였다. 그래서 L과장은 M총무부장과 상의한 결과 외과의 긴급상황을 원장에게 보고하여 재가를 받아서 처리해보자는 답변을 받았다. 그래서 K박사는 수술환자 대기 상태와 자재부족의 실태를 자세히 작성해서 근거자료로 첨부하여 그것을 토대로 비상자재주문의 문서를 작성하여 결재를 받게 되었다. 비록 이틀이 걸렸지만 외과 K박사와 자재과 L과장이 모두 만족하는 윈윈 결과를 얻을 수 있었다.”

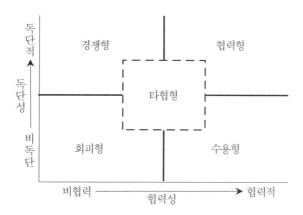

[그림 3-3-1] 토마스-킬만의 갈등반응 모형

위의 5가지 반응 중에 자신이 선택할 가능성이 가장 높은 반응은 어떤 유형일까? 상황1은 회피형 (avoiding) 모드로서 L과장이 갈등 자체를 피하려는 것이고 상황2는 경쟁형 (competing) 모드로서 상대방을 이겨서 자기의 이득을 최대한 취하려고 하는 반응이다.[22] 상황3은 수용형 (accomodating) 모드로서 상대방의 주장이나 요구를 받아들이는 반응이고 상황4는 타협형 (compromising) 모드로서 경쟁적인 두 사람이 적당히 서로 조금씩 양보하여 갈등을 해결하는 반응이다. 마지막으로 상황5는 협력형 (collaborating) 모드로서 서로 자신의 요구사항을 최대한으로 만족시키기 위해 서로 협력해서 창의적으로 해결방법을 모색하는 반응이다.

이렇게 사례를 반응 유형별로 분류하는 데는 당사자 행동의 두가지 차원이 있다. 즉, 자신의 관심을 충족시키는 정도인 독단성 (assertiveness)과 상대방의 관심을 충족시키는 정도인 협력성 (cooperativeness)이 그것이다. [그림 3-3-1]에서 보는 바와 같이 협력성은 수평축에, 독단성은 수직축에 표시하게 되면 5가지의 반응 모드가 생겨난다. 5가지 모드를 간략히 설명하면 다음과 같다.[23]

회피형 (avoiding) : 비독단적+비협력적인 반응으로서 갈등이 사라질 것으로 기대하면서 갈등을 피하려 행동.

경쟁형 (competing) : 독단적+비협력적인 반응으로서 상대방 목표달성을 희생으로 자신의 목표를 달성하려는 행동.

수용형 (accomodating) : 비독단적+협력적인 반응으로서 상대방을 즐겁게 해주려고 양보하는 행동.

타협형 (compromising) : 중간정도의 도단적+협력적인 반응으로서 파이

---

22) Thomas and Kilmann (1974), Bauer and Erdogan (2010), Chapter 9: Conflict and Negotiations, Robbins and Judge (2010), pp.215-216을 참조.

23) Robbins and Judge (2010), p.216을 참조.

를 중간에서 반 자르듯이 취하는 행동.

협력형 (collaborating) : 독단적+협력적인 반응으로서 모두의 목표를 달성시키도록 윈윈(win-win) 해법을 모색하는 행동.

협상으로 해결하기

이 갈등의 반응 모드는 갈등을 해결하려는 방법으로서 협상의 주요 유형과도 관련성이 있다. 분배적 협상(distributive negotiation)은 자기의 주장을 끝까지 밀고 나가다가 마지막에 타협하는 방식인데 이는 당사자들이 서로 경쟁형으로 시작해서 협상하다가 마지막에는 타협형으로 종결되는 방식이다. 물론 계속 경쟁적으로 협상하다가 파국으로 가서 타결되지 못할 경우도 있다. 한편 통합적 협상(integrative negotiation)은 서로의 요구사항이 충족될 수 있도록 노력하는 생산적인 방법으로서 윈윈협상(win-win negotiation)이라고도 한다. 분배적 협상은 당사자들의 입장을 내세우고 이를 중심으로 협상하는 방법이므로 입장에 기초한 협상(position-based negotiation)이라고도 하고, 통합적 협상은 문제를 각자의 관점에서 식별하고 각자의 이해관계를 토론하고 다양한 해결방안을 서로 모색하기 때문에 이해에 기초한 협상(interest-based negotiation)이라고도 한다.[24] 분배적 협상과 통합적 협상을 어떻게 하는지 다음의 사례를 보고 배워보자.

---

24) 이 두 가지의 협상접근방법에 대한 설명은 장동운(2009), pp.146-162, McCorke and Reese (2010), pp.127-154, Patterson and Seabolt (2001), pp.26-30, Robbins and Judge (2010), Ch. 13 등 많은 참고 문헌에서 찾아볼 수 있다.

사례 3-3-2 **분배적 협상에 의한 연봉협상**

지원자 : 전 연봉을 5,000만원부터 시작하면 좋겠습니다.

면접관 : 그건 우리 회사의 연봉수준을 많이 벗어나네요.

지원자 : 어떤 수준을 마음에 두고 있습니까?

면접관 : 우리 회사는 4,000만원대 초반 정도로 생각하고 있습니다.

지원자 : 그건 제 자격수준에는 충분하지 않네요. 전 4,900만원 아래로
　　　　는 절대로 생각할 수 없습니다.

면접관: 우리 회사는 지난번 지원자를 4,500만원부터 시작하는 걸로 계
　　　　약했습니다.

지원자: 그게 작년 아닌가요? 자격수준과 시장의 변화를 고려하면 적어
　　　　도 4,800만원은 되어야 합니다.

면접관: 그럼 우리 그 금액의 차이를 반 나누어서 4,650만원하면 어떻겠
　　　　어요?

지원자: 네 그러시지요. 수용하겠습니다.

〈표 3-3-1〉 전통적 협상에 의한 연봉협상

지원자	면접관
5,000만원	4,000만원 초반
4,900만원	4,500만원
4,650만원	4,650만원

사례 3-3-3 **통합적 협상에 의한 연봉협상**

지원자: 전 연봉을 5,000만원부터 시작하면 좋겠습니다.

면접관: 그건 우리 회사의 연봉수준을 많이 벗어나네요.

지원자: 어떤 수준을 마음에 두고 있습니까?

면접관: 우리 회사는 4,000만원대 초반 정도로 생각하고 있습니다.

지원자: 그건 제 자격수준에는 충분하지 않네요. 전 4,900만원 아래로는 절대로 생각할 수 없습니다.

면접관: 우리 회사 예산으로는 그 정도를 줄 수 없어요.

지원자: 다른 인센티브를 제공할 게 없나요?

면접관: 글쎄요. 우리는 4,500만원으로 시작하고 6개월 후에 첫 연봉인 상 평가할 것입니다.

지원자: 그건 가망성 있는 말이군요. 그러면 4,600만원으로 하고 일시불 500만원에 이사비용을 지불해주시면 어떤가요?

면접관: 우리는 훈련이나 여행자금의 명목으로 200만원을 제공할 수 있지만 현금이 아니라 비용보전의 형태가 될 것입니다. 또한 이사비용으로 200만원까지 보전해 드리겠습니다. 그리고 강이 바라보이는 사무실도 제공해 드리지요.

지원자: 회사가 확실히 예산제약이 있는 것을 알겠군요. 제게 일할 정도가 될 제안인 거 같긴 하네요.

〈표 3-3-2〉 통합적 협상에 의한 연봉협상

지원자	면접관
5,000만원	4,000만원 초반
4,900만원	4,500만원+6개월후 재조정
4,600만원+6개월후 재조정 +500만원 일시불 수당 +이사비용	4,600만원+6개월후 재조정 +200만원 훈련여행수당 +200만원 이사비용 +전망좋은 사무실

첫 번째 사례는 분배적 협상 또는 입장에 기초한 협상으로서 당사자가 처음에 주장한 입장을 밀고 당기고 해서 적정한 선에서 타협하는 방법을 보여주고 있다. 두 번째 사례는 통합적 협상 또는 이해에 기초한 협상으로

서 처음에 주장하는 바는 같다 해도 상대방 입장의 내적 관심이 되는 이해관계를 충족함으로써 양측이 만족하는 결과를 모색하는 방법을 보여주고 있다. 그래서 분배적 협상에서는 연봉액수의 줄다리기만 하고 있으나 통합적 협상에서는 연봉 뿐 아니라 각종 부가급여의 옵션들을 통합적으로 고려하여 합의를 도출하고 있다. 통합적 협상에서의 중요한 착안점은 협상쟁점별로 서로 이해관계의 강도가 다르다는 것이다. 지원자는 연봉을 조금 덜 받드라도 부가급여를 받아내면 어느 정도 보상이 되는 것으로 생각하는데 반해 면접관은 부가급여를 더 주더라도 현금성 급여는 줄이는 것이 중요하다고 생각하므로 결국 연봉은 덜 받고 부가급여는 더 받는 형태로 서로의 이해를 충족시켜 합의에 이르게 되었다.

어떻게 하면 통합적 협상 또는 이해에 기초한 협상을 잘 할 수 있는가? 우리는 협상문헌의 고전이라고 할 수 있는 Fisher, Ury & Patton (1991)의 윈윈협상기법을 이용해볼 필요가 있다.[25]

1. 입장에 대해 협상하지 마라 (Don't Bargain Over Positions)
   - 입장에 의한 교섭은 스스로 주장하는 그 입장에 고착되고 매몰되어 자신의 입장을 바꾸기 어려운 상태가 된다.
   - 입장에 집착할수록 주장하는바 뒤에 숨어 있는 관심에는 신경쓰지 않는다.
2. 사람과 문제를 서로 분리하라 (Separate the People from the Problem)
   - 협상을 하면서 자기도 모르게 사람과 문제를 동일하게 볼 수 있다.
   - 상대방을 인간적으로 대하고 문제를 그 가치에 입각해서 보는 것이 원칙화된 협상의 기본적인 접근 방법이다.

---

25) Fisher, Ury & Patton (1991)의 제1장과 제2장을 참조하였다. 번역본으로는 박영환의 번역서인 로저 피셔, 윌리엄 유리, 브루스 패튼(2006)를 참고할 수 있다.

3. 입장이 아니라 이해관계에 초점을 맞추라(Focus on Interests, Not Positions)
   - 모든 이해관계에는 대개 그것을 충족시킬 수 있는 여러 가지 가능한 입장이 존재한다.
   - 상반된 입장 뒤에는 상치된 이해관계 뿐만 아니라 공유와 양립이 가능한 이해관계도 존재한다.
4. 상호 이익을 위해 옵션을 개발하라(Invent Options for Mutual Gain)
   - 브레인스토밍을 이용하여 풍부한 옵션을 창안해내는 것이 중요하다.
   - 상호 이득이 되는 옵션들을 찾도록 노력한다.
5. 객관적 기준을 사용하기를 주장하라(Insist on Using Objective Criteria)
   - 원칙화된 협상은 우호적이고 능률적으로 현명한 합의를 낳는다.
   - 객관적 기준을 공동으로 개발하고 적용하도록 한다.

외부 도움으로 해결하기

만약 협상으로 갈등을 해결하지 못할 경우에는 어떻게 할 것인가? 바로 제3자에 의한 해결방법을 모색하는 것이다. 당사자가 서로 갈등을 해결하지 못하고 외부의 수단으로 해결하려고 할 때 세 가지의 접근방법이 있다. 힘에 기초한(3자) 개입(power-based intervention), 권리에 기초한 개입(rights-based intervention), 그리고 이해에 기초한 개입(interest-based intervention)가 그것이다.[26]

---

26) 이 접근방법의 분류는 McCorkle and Reese (2010), pp.197-200을 참조.

외부 힘으로 해결

힘에 기초한 개입은 힘을 가진 사람이 갈등해결에서 승리자가 되는 것이다. 그 힘에는 육체적인 완력이나 돈, 지식, 의사소통 스킬, 인적 연줄과 같은 자원이 포함되어 있다. 갈등의 당사자가 스스로 이길 힘이 없으면 경쟁적 체계에서 목표는 자신을 위해 대신 싸워줄 수 있는 사람을 찾는 것이다. 예를 들어 상대방보다 더 힘이 세거나, 영리하거나, 부자이거나, 연줄이 좋은 그런 사람이다.

법적으로 해결

권리에 기초한 개입은 바로 법원에서 해결하는 것을 의미한다. 사회가 발달할수록 개인의 권리를 보호하고 촉진시킴으로써 갈등을 해결하는 절차가 발달되어 있다. 재판에서 목표는 모든 사람들이 그들의 문제를 야만적 힘이 아니라 법적 판례에 의해 결정되도록 힘의 균형을 잡아주는 것이다. 권리에 기초한 개입은 법에 보장되어 있는 권리를 찾아내어 그 권리가 있는 쪽이 이기는 해결방법이다. 권리에 기초한 개입으로 갈등을 해결하려는 사람은 법원에 소송을 제기하는 데에 자신을 변호해줄 변호사를 신중하게 고용해야 한다. 이 방법에 의한 갈등해결은 갈등 당사자가 아닌 제3자가 결정해주는 체계이므로 당사자들이 통제할 수가 없는 것이 특징이다.

상호 욕구 만족하도록 해결

이해에 기초한 개입은 갈등의 토대가 되고 있는 기본적인 욕구인 이해관계가 충족되도록 제3자가 개입하는 것을 말한다. 이 방법은 법적 권리이외의 다른 기준을 고려하는 이중적인 초점을 가지고 있다. 각자에게 중요하지만 권리에 기초한 해결방법에는 없는 공정성이나 다른 기준을 고려할 수 있다. 이 방법의 가장 발전된 체계는 중재(仲裁, arbitration)와 조정(調停, mediation)이며 법적 해결방법의 대안으로서 발달되었기 때문에 대안적 분쟁해결(代案的 紛爭解決, Alternative Dispute Resolution, ADR)이라고도 한다.[27]

중재는 중립적인 제3자(주로 전직 판사나 해당 분야 전문가)가 갈등해결 당사자들로부터 권한을 위임 받아 갈등해결을 위해 결정을 내려주는 방법을 말한다. 당사자가 중재자에 의한 최종결정을 수용하도록 사전에 정해져 있거나 합의했으면 이것은 강제중재(binding arbitration)이다. 중재는 어디까지나 자발적이거나 법원에 연계되어 있으며 재판에 비해 신속하고 저렴한 해결방법이기 때문에 소매 또는 소비자 분쟁을 해결하는 표준적 수단으로 많이 활용되고 있다. 중재는 많은 경우에 있어서 비공개적으로 진행되고 사적으로 이용된다. 그러나 우리나라에서는 대한상사중재원이나 인권위원회, 언론중재위원회 등과 같이 공적 중재기구나 대기업 위주의 중재기구가 활동하고 있고 사적 중재가 발달되지 못하고 있다.

조정은 중재보다 더 최근에 발달한 대안적 분쟁해결의 한 방법으로서 최근에는 분쟁해결방법 중 가장 만족도가 높은 방법으로 알려져 있다. 왜냐하면 조정은 중립적인 제3자가 갈등당사자들이 스스로 관심을 개발하고 성과를 창조해내도록 도와주기 위해 이해에 기초한 의사소통을 촉진하는 과정이기 때문이다. 그래서 조정이란 '갈등당사자들이 자발적으로 갈등의 쟁점을 상호 수용가능한 형태로 해결하여 합의에 이르도록 지원해주는 제3자에 의한 협상과정에의 개입'을 말한다.[28] 조정이 특히 활

---

27) 대안적 분쟁해결에 대한 구체적인 설명은 원창희(2009a, 2009b, 2011a), Patterson and Seabolt (2001), Frey (2003) 등의 문헌을 참고할 수 있다.

28) 원창희(2005), p. 141와 Moore (2003), p.15 참조.

용하기에 적절한 경우는 어떤 것일까? 갈등의 쟁점이 너무 정서적인 특성을 내포하고 있어서 그 쟁점을 스스로 해결하기 힘든 경우이다. 소년법원 프로그램은 판사에게 가기 전에 피해자와 가해자 간의 조정을 요구할 수 있다. 어떤 분쟁은 법적 쟁점에 해당하지 않지만 해결해야 할 경우에 조정이 사용될 수 있다. 어떤 기업은 근로자 분쟁에 대해 조정을 요구하기도 한다. 어떤 지역사회는 개 짖는 소리, 토지경계선, 주차, 소작-지주문제 등의 사건에 조정을 이용하기도 한다.

이번 절에서 논의된 내용을 정리해봄으로써 처음에 제기했던 문제에 대한 답을 찾아보고자 한다. Thomas-Kilmann의 갈등반응모드에 의하면 갈등이 발생했을 때 사람은 회피하기 하고 이기려고 경쟁하거나 적절하게 타협할 수도 있다. 또 어떤 사람은 상대방의 요구를 그냥 수용하기고 하고 서로 협력해서 만족한 결과를 얻기도 한다. 갈등의 반응 방식에 따라 협상하는 방법도 달라진다. 경쟁적 반응을 고수하는 경우 전통적 또는 분배적 협상방법을 구사하지만 협력적 반응을 보이게 되면 통합적 또는 윈윈 협상방법을 구사하게 된다. 분배적 협상이 정해진 파이를 서로 나누는 제로섬게임 (zero-sum game)이라면 통합적 협상은 파이를 키우면서 나누는 정합게임 (positive-sum game)라는 특성이 있다. 당사자들이 스스로 해결하지 못할 경에 중립적인 제3자의 도움을 받아 해결할 수 있다. 개인의 법적 권리가 누구에게 있느냐로 분쟁해결하려는 권리에 기초한 개입, 즉 법원에서 소송으로 해결하는 방법이 있다. 갈등의 근원인 이해관계에 기초하여 해결하는 중재와 조정 등 대안적 분쟁해결방법도 최근에 관심을 불러일으키고 있다. 이들 갈등해결방법은 목표와 과정을 달리하고 있어서 갈등의 특성, 구조, 집단성 여부 등에 따라 선택적으로 활용되어야 한다.

[생각해볼 점] ─────────────────────────────────

3-3-1. 갈등이 발생했을 때 이에 대한 반응은 시간이 경과함에 따라 달라지는가 변하지 않고 같은 형태로 유지되는가?

3-3-2. 협상에서 분배적 협상과 통합적 협상이 혼합적으로 사용될 수가 있는가?

3-3-3. 조정이나 중재 등 대안적 분쟁해결 방법을 사용하는 이유는 무엇인가?

3-4. 어떤 갈등해결방법을 선택할 것인가

　세상에서 겪는 수많은 갈등을 해결하기에는 갈등의 다양성 때문에 하나의 방법을 적용할 수 없다. 그렇다면 갈등이 발생하면 어떤 방법으로 이를 해결하면 좋은가? 개인적 갈등은 어떻게 해결하면 좋은가? 개인 간 갈등은 어떻게 해결하면 좋은가? 집단 간 갈등은 어떻게 준비해서 해결해야 하는가? 스스로 해결할 수 없을 때 제3자 해결방법은 어떻게 준비하면 되는가? 법적 쟁점은 반드시 법원의 재판을 받아야 해결되는가? 갈등해결방법을 선택하기 위해 고려해야 할 요소는 무엇인가? 이러한 질문에 답하기 위해 갈등해결의 접근방법, 갈등 평가, 갈등해결방법의 선택에 대해 설명하고자 한다.

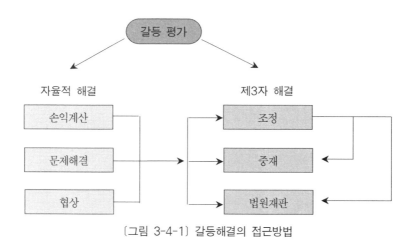

〔그림 3-4-1〕 갈등해결의 접근방법

　갈등을 어떻게 해결할 것인가는 갈등의 수준, 범위, 정도, 집단성을 식별하고 갈등당사자의 성격, 관계성을 고려하여 해결방법을 선택해야 할 것이다. [그림 3-4-1]에서 보는 바와 같이 갈등이 발생하면 갈등평가단계로서 먼저 갈등의 특성이 무엇인지 살펴봐야 한다. 그래서 갈등의 평가결과 자율적으로 해결할지, 제3자에 의해 해결할지 선택해야 한다. 일단 자율적 해결로 선택하면 손익계산, 문제해결, 협상이 있는데 이 중 어떤 방법을 선택할지도 갈등의 특성을 고려하여 결정해야 한다. 제3자에 의해 해결하는 방법을 선택하면 조정이나 중재로 할지 법원재판으로 갈지 결정해야 한다. 보다 더 중요한 것은 법원재판을 갈 수 있는 법적 쟁점도 협상→조정→법원재판의 과정을 거치면서 가능한 법원이전단계에서 해결해보도록 노력한다는 점이다.

갈등을 평가하기

갈등을 효과적으로 해결하려면 갈등의 특성을 잘 파악하여 그에 맞는 방법을 찾아야 한다. 갈등을 평가하는 기준은 여러 가지 측면에서 이루어져야 한다.

• 내적 갈등인지 외적 갈등인지
갈등이 자기 내부에서 발생하여 개인적, 내적 갈등인지 외부 다른 사람과의 관계에서 발생하는 개인 간, 외적 갈등인지 식별한다. 내적 갈등이면 두 개의 다른 욕구 중에 선택해야 하는 문제이고 외적 갈등이면 다른 사람과의 협상이나 법적재판 등으로 해결해야 할 문제이다.

• 개인 간 갈등인지 집단 간 갈등인지
갈등이 두 사람 사이의 갈등인지 집단 간의 갈등인지 식별해야 한다. 개인 간 갈등이면 당사자간의 대화와 협의가 중요하나 집단 간 갈등이면 집단내의 구성원끼리 갈등대처방법에 대한 합의가 선행되어야 한다. 이에 따라 협상을 할 것인지, 조정이나 중재를 활용할 것인지, 법적으로 해결할 것인지가 결정될 수 있다.

• 갈등이 업무와 생산성에 관련이 있는지

갈등이 조직에서 업무수행상 발생하거나 생산성에 관련이 있는지 확인해야 한다. 이러한 업무와 생산성에 관련되어 있는 갈등은 문제의 원인과 해결책을 모색하거나 상호 이해관계를 조정함으로써 해결될 수가 있을 것이다.

• 법률적인 쟁점인지 비법률적인 쟁점인지

갈등의 쟁점이 법적인 문제를 포함하느냐를 파악해야 한다. 갈등이 법적인 쟁점을 포함하고 있지 않는다면 법적 권리를 따질 일이 아니므로 자율적으로 해결하는 것이 필요하고 법적인 쟁점이라면 법원에서 해결하면 된다. 다만 법적인 문제라도 처음부터 법원으로 가지 않고 자율적으로 해결하거나 조정 또는 중재로 해결을 시도해볼 필요는 있다.

• 갈등당사자간 관계의 유지가 중요한지 아닌지

갈등에 처해 있는 당사자들이 좋은 관계를 유지해야할 필요가 있는지 판단해 보아야 한다. 만약 상호관계가 계속 좋은 관계를 유지되어야 한다면 법적으로 승소와 패소로 판결되는 해결방법은 적절하지 못하다. 가능한 상호 만족할 수 있는 방법을 찾아보는 것이 바람직하다.

• 갈등의 쟁점이 정서적인 부분을 포함하는지 여부

갈등으로 정신적인 상처를 받았거나 정서적인 부분을 포함하고 있는지 잘 식별해야 한다. 만약 그렇다면 나머지 비정서적 쟁점으로 협상을 하거나 법원재판이 필요한다 해도 먼저 정서적 치료나 진정한 사과 등의 조치가 선행되어야 한다. 때로는 정서적 치료만으로 갈등의 대부분이 해결되는 경우도 많다.

• 갈등의 결과가 사소한지 심각한 영향을 주는지

갈등의 결과가 당사자에게 어느 정도 영향을 주게 될지 예측해보아야 한다. 갈등이 사소하여 갈등의 결과도 가벼운 것이라면 간단하고 신속하게 결정되어야 하지만 갈등이 심각하고 결과가 큰 영향을 미치는 것이라면 시간을 두고 따져보고 신중하게 결정되어야 한다.

• 기타 갈등이 소수에게만 영향을 주는지 다수 대중에게 영향을 주는지, 갈등이 일시적인지 장기적인지 등

갈등이 영향을 주는 범위와 갈등이 지속되는 기간도 충분히 파악되어야 한다. 갈등 결과의 심각성과 마찬가지로 갈등이 광범위하게 영향을 주고 장기적일수록 신충하고 합리적으로 해결되어야 한다.

갈등해결방법을 선택하기

이렇게 갈등을 다각적이고 효과적으로 평가해보고 난 다음 가장 적절한 방법으로 해결함이 바람직하다. 지금까지 소개된 갈등은 많으나 1-2절에서 갈등을 분류하면서 소개한 사례를 이용하여 어떤 갈등해결방법이 적절한지 도출해보도록 하자. <표 3-4-1>에서는 1-2절에서 소개되어 있는 사례가 갈등평가방법을 이용하여 그 특성을 분석해보고 이에 따라 적절한 갈등해결방법을 제시하고 있다.

〈표 3-4-1〉 1-2절의 갈등사례의 평가와 갈등해결방법

갈등 종류	갈등 사례	갈등 평가	갈등해결방법
개인적 갈등	고등학교 동창생 모친상 문상 갈등	내적 갈등	손익계산
	감기걸려 잠자는 딸아이 시험준비로 깨울까말까 갈등	내적 갈등	손익계산
	K여사 밍크옷 구매 갈등	내적 갈등	손익계산
	L연구원 직무 미스매치 갈등	내적 갈등 업무와 관련성	손익계산 문제해결
개인 간 갈등	기차역 매표순서 쟁취 갈등	개인 간 갈등 비법률적 쟁점 결과가 사소함	손익계산
	전철 빈자리 쟁취 갈등	개인 간 갈등 비법률적 쟁점 결과가 사소함	손익계산
	영화 아바타 초대권 분배 갈등	개인 간 갈등 비법률적 쟁점 결과가 사소함	문제해결
	상속회의 참여 갈등	개인 간 갈등 법률적 쟁점 관계유지 중요 결과의 심각성	협상, 조정, 중재, 법원재판
	경영회의 참여 갈등	개인 간 갈등 비법률적 쟁점 업무와 관련성	문제해결
	드라마 '계백'에서 은고와 성충 간의 갈등	집단 간 갈등 포함 비법률적 쟁점 결과의 심각성 영향이 광범위	협상, 조정
	아이의 두발자전거 타기 갈등	개인 간 갈등 비법률적 쟁점 결과가 사소함	문제해결
	K시장 수뢰혐의 비난 갈등	집단 간 갈등 포함	법원재판

		법률적 쟁점 영향이 광범위	
	경비원 초과근무 보상 갈등	조직내 갈등 법률적 쟁점 업무와 관련성 관계유지 중요	문제해결, 협상, 조정, 중재, 법원재판
집단 간 갈등	카데타 재고수준과 주문 갈등	조직내 갈등 비법률 쟁점 업무와 관련성 관계유지 중요	문제해결 협상, 조정
	팀장의 업무지시 갈등	조직내 갈등 비법률 쟁점 업무와 관련성 관계유지 중요	문제해결
	한진중공업 해고자 복직 갈등	조직간 갈등 법률적 쟁점 결과의 심각성 영향이 광범위	협상, 조정, 중재, 법원재판
	서귀포 해군기지 건설 갈등	조직간 갈등 비법률 쟁점 결과의 심각성 영향이 광범위	협상, 조정, 중재, 정책결정
	드라마 '광개토태왕'에서 국상파와 왕실파의 갈등	조직간 갈등 비법률 쟁점 결과의 심각성 영향이 광범위	협상, 조정

갈등의 분류로는 개인적 갈등, 개인 간 갈등, 집단 간 갈등을 그대로 옮겨 왔으며 갈등사례의 핵심적 내용을 적시하였다. 앞에서 갈등 평가에서 특성에 따라 선택할 수 있는 해결방법을 고려하여 해당 갈등사례가 어떤 갈등해결방법을 이용하여 해결하는 것이 적절한지 제안하였다. 개인적 갈등에 대해서는 손익계산의 방법을 주로 사용하기를 제안하고 집

단 간 갈등에 대해서는 주로 문제해결, 협상, 조정, 중재의 방법을 선택적으로 또는 단계적으로 사용하기를 제안하고 있다. 개인 간 갈등의 경우는 매우 다양해서 갈등의 특성에 따라 손익계산, 문제해결, 협상, 조정, 중재, 법원재판 중 적절한 방법을 선택하거나 단계적으로 사용할 수도 있다.

[생각해볼 점]

3-4-1. 갈등을 효과적으로 해결하기 위해 제일 먼저 해야 할 일은 무엇인가?

3-4-2. 갈등해결방법 중 여러 가지 방법이 동시에 가능할 때 어떻게 하는 것이 좋은가?

3-4-3. 갈등을 회피하는 경우도 필요한가?

3-5. 갈등해결에 필요한 스킬은 무엇인가

앞 절에서 갈등을 해결하는 방법들을 제안하였는데 구체적으로 어떤 방법과 절차를 이용하는지에 대해 설명하고자 한다. 각 방법의 원칙적인 기준과 절차를 익힌다면 실제 사례에 응용하여 쉽게 해결에 도움이 될 수 있을 것으로 기대한다. 다만 법원재판의 경우 사법제도가 잘 정착되어 있기 때문에 여기서는 설명에서 제외하기로 한다. 갈등해결에 필요한 스킬에는 다음과 같은 종류가 있다.

- 비용효과분석
- 문제해결
- 협상
- 조정
- 중재
- 갈등해결의 기초스킬: 브레인스토밍, 적극적 듣기, 합의도출

비용효과분석

원래 비용효과분석(cost-effectiveness analysis)은 여러 정책대안 가운데 가장 효과적인 대안을 찾기 위해 각 대안이 초래할 비용과 산출 효과를 비교·분석하는 기법을 말한다.[29] 이 기법은 특정 프로젝트에 투입되는 비용들은 금전적 가치로 환산하나, 그 프로젝트로부터 얻게 되는 편익 또는 산출은 금전적 가치로 환산하지 않고 산출물 그대로 분석에 활용하는 특징을 지닌다. 이 기법은 산출물을 금전적 가치로 환산하기 어렵거나, 산출물이 동일한 사업의 평가에 주로 이용되고 있다. 만약 어떤 대안의

---

29) 이종수(2009), 『행정학사전』, 대영문화사의 비용효과분석 용어설명을 참조.

비용 뿐 아니라 편익도 금전적 가치로 환산할 수 있다면 비용편익분석 (cost-benefit analysis)을 사용하면 된다. 이는 어떤 안(案)을 실현하는 데 필요한 비용과 그로 인하여 얻어지는 편익을 평가, 대비함으로써 그 안의 채택 여부를 결정하는 방법을 의미한다. 두 가지 기법의 차이점은 산출물을 금전적 가치로 환산할 수 있느냐에 달려 있다.

인간의 내부에서 두 가지의 욕구가 서로 충돌하여 발생하는 개인적 갈등은 두 가지의 욕구 중 하나를 선택하여 충족시키거나 둘다 충족시키거나 둘다 포기하는 4 가지의 경우밖에 없다. 그러나 특별한 상황에서는 둘다 충족시키거나 둘다 포기하는 경우가 있지만 일반적으로 두가지 욕구 중 하나를 선택하려면 서로 비교할 수밖에 없다. 이때 사용할 수 있는 적절한 방법은 비용효과분석 기법이다. 각 욕구가 어떤 비용을 유발하는지, 또 그 결과 어떤 혜택을 받게 되는지 평가해보는 것이다. 같은 비용이라면 혜택이 많은 욕구를 선택하고 같은 혜택이라면 적은 비용의 욕구를 선택하면 된다. 비용과 혜택이 다르면 혜택과 비용의 차이나 비율이 큰 욕구를 선택하면 될 것이다. A와 B의 비용을 C_A와 C_B라 하고 A와 B의 혜택을 B_A와 B_B라 하자. 그러면 다음과 같은 형태로 선택을 표현할 수 있다.

만약

$C_A = C_B$, $B_A > B_B$ 이면 → 욕구 A 선택

$B_A < B_B$ 이면 → 욕구 B 선택

만약 $B_A = B_B$, $C_A < C_B$ 이면 → 욕구 A 선택

$C_A > C_B$ 이면 → 욕구 B 선택

만약 $(B_A - C_A) > (B_B - C_B)$ 이면 → 욕구 A 선택

$(B_A - C_A) < (B_B - C_B)$ 이면 → 욕구 B 선택

또는

만약 $(B_A/C_A) > (B_B/C_B)$ 이면 → 욕구 A 선택

$(B_A/C_A) < (B_B/C_B)$ 이면 → 욕구 B 선택

문제해결

문제해결기법 (problem-solving technique)은 문제점을 확인하고 적절한 해결방법을 모색하는 기법으로서 조직에서 보편적으로 많이 사용되는 도구이다. 이 문제해결기법을 갈등으로 발생한 문제를 식별하여 당사자들이 만족스러운 해결책을 도출함으로써 갈등을 해결하는 것이다. 문제해결의 과정을 요약하면 다음과 같다.[30]

    1. 문제의 식별
    - 쟁점, 징후, 당사자 등 문제에 대한 정보 수집
    - 문제를 정확한 표현으로 진술함

    2. 문제의 원인분석
    - 문제가 발생한 원인을 찾아냄
    - 관련된 사람의 요구 배경을 식별함

    3. 문제해결 옵션 개발
    - 문제를 해결할 다양한 옵션을 찾아냄
    - 참여자 모두 브레인스토밍방법을 사용함

    4. 최적 옵션 결정
    - 여러 가지 옵션을 비교하여 최선의 옵션을 선택함

---

30) Kneeland (1999), pp.16-18 참조.

- 당사자가 모두 만족하는지 확인함

5. 해결방안의 실천
- 실천계획의 수립과 실시

협상

갈등을 협상으로 해결하는 것은 자율적인 해결방법 중 가장 스킬을 요하는 방법이다. 협상을 이용하는 사람과 상황에 따라 아주 간단하게 될수도 있고 복잡할 수도 있다. 많은 사람이 개입되어 있으면 구조가 복잡하고 장기간을 요할 수도 있다. 3-3절에서 소개되어 있는 협상의 두 가지유형인 분배적 협상과 통합적 협상 중에서 후자를 여기서 설명하고자 한다. 통합적 협상은 원칙적 협상 또는 이해에 기초한 협상으로도 알려져있으며 그 절차를 간단히 소개하면 다음과 같다.[31]

1. 쟁점의 확인
- 갈등이 되고 있는 쟁점 또는 문제점 확인
- 쟁점을 정확히 진술함

2. 이해관계의 식별
- 선정된 쟁점에 대한 이해관계를 식별함
- 공통의 이해관계를 식별함

3. 대안의 개발
- 공동 이해관계를 충족시키는 대안 제시

---

31) Patton (2005), 원창희 (2009b), pp.5-13 참조.

- 브레인스토밍으로 많은 이해관계를 충족시키는 대안 제안을 유도

3. 평가기준의 설정
- 대안을 평가할 평가기준을 설정
- 당사자들이 합의하에 기준 설정

4. 대안의 평가
- 각 대안이 기준리스트에 부합하는지 논의
- 모든 기준을 충족하는 대안은 번호표시
- 3단계 요소분석
    1단계 실현가능성 : 합법성, 예산가능성, 실천성
    2단계 관심충족성 : 중요한 관심 충족
    3단계 수용가능성 : 양측의 수용여부, 공정성

5. 합의안의 도출
- 평가기준을 충족시키면서 많은 관심을 충족 시키는 대안 모색
- 해결방안에 당사자들이 동의해야 함

조정

갈등이 자율적으로 해결되지 못하면 제3자의 개입이 필요한데 그 중에서 조정은 당사자의 자유의사를 가장 많이 반영하는 방법이다. 그래서 조정의 결과가 가장 높은 만족을 주는 것으로 알려져 있다. 조정은 중립적 제3자인 조정인이 반드시 있어야 하고 조정인의 역할이 갈등해결에 결정적이다. 그래서 다음의 조정 절차는 조정인이 어떻게 조정을 이끌어가는지 단계별로 보여주고 있다.[32]

---

32) Beer (1997), pp.4-7, Kovac (2005), 원창희 (2009b), pp.41-50 참조.

1. 개회식 (합동회의)
- 양측의 상호 인사
- 조정의 의미와 과정을 설명
- 조정인의 역할 설명
- 조정인 비밀준수 의무 공표
- 당사자가 지킬 기본 규칙 설명
- 회의 진행방식 설명

2. 쟁점의 식별 (합동회의)
- 해결해야 할 쟁점이 무엇인지 확인함
- 적극적 청취기법을 이용하여 쟁점을 찾아냄

3. 입장과 이해의 식별 (개별회의)
- 입장을 확인하고 그 강도를 측정함
- 입장의 실제 이유와 이해관계를 식별
- 자유롭고 비밀스러운 정보와 의견교환
- 비밀 준수의무를 상기시킴

4. 대안의 개발과 합의 (개별/합동회의)
- 양당사자들이 해결방안 만들도록 촉진
- 필요시 브레인스토밍을 활용함
- 해결방안을 찾는데 긍정적 태도를 보임
- BATNA와 WATNA 통해 타협 촉구
- 쉬운 쟁점합의부터 어려운 쟁점합의로 확대하여 발전
* BATNA: Best alternative to a negotiated agreement
           합의에 대한 최선의 대안
  WATNA: Worst alternative to a negotiated agreement
           합의에 대한 최악의 대안

5. 합의서 작성(합동회의)
- 당사자를 확인
- 분쟁의 본질을 적음
- 합의가 당사자 자발적으로 이뤄졌음을 밝힘
- 합의서 양식이 있으면 그것을 활용
- 상호 의무와 권리를 명확히 밝힘
- 향후 분쟁의 처리방법
- 합의사항 불이행시 처리방법
- 당사자 서명과 사본 교환

중재

중재는 ADR방법 중에서 가장 법원의 특성을 가미한 해결방법이다. 그리고 중재인은 판사나 변호사 등 법조계에서 활동했던 사람이 많이 담당하고 있다. 판정의 형식을 빌리되 법원보다 신속하고 저렴하고 비공개적으로 갈등을 해결하려는 사람들이 이 중재를 이용하는 경향이 있다. 중재로 결정되면 법원의 화해에 갈음하는 효력이 발생하기 때문에 소송을 다시 제기할 수 없다. 중재의 일반적 절차를 소개해 보자.[33]

1. 중재의 개시
- 사전 중재합의에 따른 개시
- 분쟁발생 시점에서 중재에 의뢰하기로 합의할 때 개시
- 법원의 명령에 의한 중재를 실시하기로 동의할 때 개시

2. 중재기구의 선정
- 중립적인 제3자의 기구로서 중재인 선정 제공

---

[33] Sarah and Blankley (2005), 원창희 (2009b), pp.131-137 참조.

- 어느 한쪽의 동의가 없는 중재인 선정은 허용될 수 없음
- 중재기구는 중재인 명단을 제시하고 그 중에서 한 사람의 중재인을 선정하게 됨

3. 사전 심문회의
- 사전심문: 중재개시요건에 포함되어 있지 않은 실질적 규칙을 명확히 하기 위해 개최
  • 서류 생산정도, 증인의 선정, 소환장발부여부
  • 중재인과 양당사자 또는 대리인이 참석
- 행정회의: 중재과정을 확정하기 위해 중재기구가 개최
  • 심문의 시간과 장소, 문서의 제출과 교환, 기타 과정상 세부사항
  • 중재인은 보통 행정회의에 참석하지 않고 때로는 전화로서 진행될 수 도 있음

4. 준비
- 당사자들이 사건을 설명하고 증거에 기초하여 결정을 내리는 사실조사 (fact-finding)의 과정

5. 심문회의
- 재판과 달리 비공개회의이고 당사자와 이해관계자만 참석함
- 장소는 당사자와 중재인 합의에 의해 결정되는데 중재기구로 주로 결정됨
  • 심문, 증인 분리, 당사자와 대리인들의 사적 작업공간 등 시설이 완비 되어 있기 때문

6. 결정과 판정
- 판정 (award): 중재인의 결정이며 심문회의 날짜로부터 30일 이내에 이루어짐

- 사건이 간단하면 심문회의 종결시 판정이 이루어지나 복잡할 경우 수 주간의 시간이 필요함
- 판정은 서면으로 이루어지며 서면 의견서는 당사자들이 요구하지 않는 한 포함하지 않음
- 판정이 구속적일 경우 법원은 그 판정을 강제하게 됨

갈등해결의 기초스킬

갈등해결의 기초스킬이란 앞에서 소개한 다섯 가지의 갈등해결방법을 구사하는데 매우 유용하게 활용되는 스킬을 말한다. 여러 가지의 관련된 스킬이 있지만 주요 스킬로서 브레인스토밍, 적극적 듣기 및 합의도출 세 가지만 소개할 것이다. 이 스킬들을 잘 구사할 줄 안다면 갈등해결방법을 보다 더 쉽게 습득할 수 있다.[34]

브레인스토밍

먼저 브레인스토밍은 무엇이며 왜, 언제 필요한가? 브레인스토밍은 영어로 Brainstorming으로 표기되는데 '갑작스런 또는 번뜩이는 아이디어, 강렬하고 일시적인 생각, 혹은 무모한 아이디어'로 번역된다. 이는 한 집단에서 아이디어가 자유롭게 표현되도록 자극하는 기법을 의미하므로 아이디어 개발에 매우 중요한 방법이다. 특히 집단 창의성 개발과 다양한 아이디어 수집을 위해 널리 활용되고 있다. 브레인스토밍의 방법은 두 가지가 있는데 하나는 자유토론식이고 다른 하나는 로버트로빈식인데 그 기본규칙을 몇 가지 열거하면 다음과 같다.

---

34) Brandon and Robertson (2007), pp.144-165, 각종 FMCS 교육매뉴얼 참조.

- 방법

자유토론식	라운드로빈식
- 아이디어가 있으면 누구나 언제든지 제안한다. - 구성원들이 자유롭게 이야기하면 이를 기록한다.	- 구성원들이 번갈아 가면서 교대로 아이디어를 제안한다. - 자기 차례를 건너뛸 수 있다.

- 기본규칙
- 비판하지 말라.
- 판단하지 말라.
- 자유롭게 상상하라.
- 어떤 의견도 표현하게 하라.
- 의견은 많을수록 좋다.
- 모든 아이디어를 기록하라.

적극적 듣기

적극적 듣기(Active Listening)란 말하는 사람의 모든 커뮤니케이션(생각과 느낌 포함)을 재 진술하는 것을 말한다. 즉, 적극적 듣기란 화자가 전해주는 모든 메시지를 바꾸어 말해 보는 반응으로서 경청이라는 용어로도 표현하지만 약간의 차이는 있다. 적극적 듣기는 이야기를 듣는 동안 말하는 사람에게 주의와 인정을 보내주고 말하는 메시지에 대해 진정한 관심과 열정을 보여주는 것을 의미하므로 대화가 원만하게 이루어지도록 하는 중요한 역할을 해준다. 적극적 듣기를 하면 어떤 이점이 있을까? 적극적 듣기는 듣는 사람이 말하는 사람의 생각과 감정을 이해하는데 도움을 주고 말하는 사람이 표현하기를 주저하는 감정을 듣는 사람이 표현하도록 해주는 성과를 낼 수 있다. 이 기법은 또한 말하는 사람이 부정적인 감정을 없앨 수 있는 기회를 줄 뿐 아니라 다른 사람의 입장과 관점을 이해하여 문제해결의 창조적 결과를 도출하는데 기여할 수 있다. 적극적 듣기를 하는데 지켜야 할 원칙을 정리해 보면 다음과 같다.

- 적극적 듣기의 주요원칙
- 상대방을 바라볼 것
- 상대방의 발언과 관련된 질문을 할 것
- 발언도중 말 참견을 하지 말 것
- 발언의 주제를 바꾸려 하지 말 것
- 상대방의 발언이 거슬리더라도 감정적으로 반응하지 말 것
- 상대방의 발언에 대하여 언어를 통한 반응과 비언어적 반응
  (표정, 고개끄덕임, 미소 등)을 자주 보이도록 할 것
- 상대방의 시각에서 생각하도록 노력할 것
- 상대방 발언의 옳고 그름에 대한 평가는 뒤로 미룰 것
- 상대방의 발언을 말을 꾸어서 설명할 수 있도록 노력할 것

그러면 어떻게 구체적으로 하는 것이 적극적 듣기가 되는 것인지 다음의 주요기법을 통해 알아본다.

- 몸짓 언어
- 눈을 맞추거나, 몸 위치이나 얼굴표정을 바꾸거나, 고개를 끄덕이거나, 제스처를 쓰거나, 심지어 목소리 톤을 변화시킴으로써 상대방 화자의 말에 반응하는 것도 적극적 듣기의 한 방법이다.

- 관심을 보이기
- 말을 계속하도록 관심의 질문을 하는 것이다. 이야기하는 사람이 계속 이야기 하도록 격려한다. 예를 들어 다음과 같은 말로 관심을 보일 수 있다.
  "*아, 알겠습니다*". "*그거 흥미롭군요*"

- 반복과 재해석
- 느낌에 대한 이해를 보이기 위해 화자의 말을 반복해보거나 다시 해석해보는 것이다. 다음과 같은 재진술을 통해 말하는 사람이 자신의 감정을 스스로 인지하도록 돕는다.
  "*~하게 느끼시는군요*". "*그것 때문에 정말 화났겠군요*"

- 명확화하기
- 추가적인 사실들을 찾아본다. 모든 측면을 탐색하고, 의미를 체크하고 해석하도록 돕는다.
  "*말씀하시고자 하는 의미는 ~이군요*", "*제가 이해하기로는 ~인 것 같은데, 맞나요*"

- 말을 요약하기
- 상대방의 말이나 느낌을 요약해 봄으로써 확실히 이해했다는 것을 보여주는 것이다. 예를 들어 다음과 같은 표현이 요약하는 방법이다.
  "*이것이 말씀하신 아이디어이군요*" "*제가 만약 하신 말씀을 제대로 이해했다면…*"

- 판단을 삼가하기

- 상대방이 하는 말에 대해 판단을 하거나 해결책을 제시하지 말아야 한다. 상대방의 말에 판단을 한다면 논란이 일어날 수 있고 이야기가 되지 못한 채 단절될 수가 있다.

합의도출

• 합의란?
- 합의란 모든 그룹 구성원이 하나의 대안에 동의하는 상황을 말함.
  • 모든 구성원이 특정 대안(or 결정)에 찬성할 필요는 없지만,
  • 그룹원은 해당 결정이 공평하고, 공개적인 방법으로 이루어졌다고 받아들이며,
  • 그 결정은 의사결정 시점에서 가장 최적안이라고 이해함.

• 합의의 장점
- 그룹의 모든 멤버들이 참가하여 결정한다.
- 수용성이 강하다.
- 실행이 빠르다.
- 저항을 감소시킨다.
- 모든 참가자들의 아이디어를 경청하였다.
- 교섭이 아니다.

• 합의도출의 10가지 원칙
- 상대방의 말을 경청할 것
- 모든 구성원들이 토론에 참여하도록 격려할 것
- 자신이 알고 있는 정보와 지식을 공유할 것

- 남의 의견에 너무 쉽게 동의하지 말 것
- 자신의 의견과 남의 의견을 가지고 협상(거래)하지 말 것
- 합의가 어렵다고 투표로 결정하지 말 것
- 의견 차이를 더 나은 합의에 필요한 것으로 여길 것
- 구성원들의 동의를 얻을 수 있는 대안을 개발할 것
- 내 주장만을 맹목적으로 제기하지 말 것
- 모두가 함께 이익을 얻을 대안을 찾을 것

[생각해볼 점]

3-5-1. 비용효과분석은 개인적 갈등에 필요하고 개인 간이나 집단 간
갈등에는 적용할 수 없는가?

3-5-2. 개인 간 갈등이나 집단 간 갈등을 해결하는 스킬은 궁극적으로
어떤 결과를 얻으려는 것인가?

3-5-3. 브레인스토밍, 적극적 듣기, 합의도출 등 갈등해결 기초스킬은
다음 갈등해결 방법 중 어디에 필요한지, 또는 필요없는지 구분해
보라.
  - 비용효과분석
  - 문제해결
  - 협상
  - 조정
  - 중재

제4장 갈등을 예방할 수는 없을까

4-1. 갈등예방은 필요한가

보통 갈등은 발생하고 난 다음 어떻게 반응할 것인가, 어떻게 해결할 것인가, 어떤 비용부담이 있는가 등을 고민하기 시작한다. 작은 갈등은 별로 신경을 쓰지 않고 살아가도 별 문제가 없으나 큰 갈등이 발생했다면 심각해지기 시작하고 그 비용부담에 대한 우려가 생긴다. 마치 몸에 무슨 병이든 생겼다는 진단을 받게 되면 얼마나 심각한지, 얼마나 치료에 오래 걸릴지, 얼마나 비용이 들지, 입원을 해야 하는지, 수술은 안하고 치료할 수 있는지 등등 많은 우려를 하고 담당의사와 의논하여 치료 대책을 세워야 한다. 우리는 병에 걸렸을 때 생각한다. 미리 좀 조심하고, 채식하고, 운동하고, 금연하고, 금주하고 등 건강관리를 했더라면 병에 안 걸렸을 텐데... 라고. 이렇게 했더라면 지금 이 병은 안 걸렸을 거라는 믿음이 든다. 예방의약 의사들도 병의 치료보다 예방을 잘 하도록 주문을 하고 있다. 암과 투병하는 아내를 위하여 친환경 농사를 짓고 있는 어느 남편의 이야기를 소개해 본다.

사례 4-1-1 **이제 예방의약 중심이 되어야 한다**

> 소중한 이들과 건강하게 오래오래 살기를 바라는 것이 우리들의 바램입니다. 우리나라의 의약 수준은 높다할 수 있지만 아직까지도 치료중심에 머무르고 있는 것이 안타깝습니다. 감기에 걸리면 약을 먹고 암에 걸리면 수술하고 하는 치료 중심의 세계보다 이제는 어떤 것을 먹고 또는 맞으면 병에 걸리지 않는 예방의약 중심으로 가야 합니다. 치료중심은 인간을 아픔과 고비용 등등 고통속으로 빠뜨립니다. …
>
> (출처: 네이버 블로그 「자연과 더불어」, "이제 예방의약 중심이 되어야 한다" 중에서)

갈등의 경우도 해결하기 위해 많은 비용을 부담하거나 잘못 관리하여 악화되면 막대한 손해를 입을 수도 있기 때문에 갈등을 사전에 예방하는 것은 앞의 질병예방과 같이 매우 중요하다. 예방의 중요성은 갈등으로 발생할 비용이 얼마나 되는지 봄으로써 가늠해볼 수 있다. 해결되지 못한 갈등은 매우 큰 비용을 유발시킨다. 근로자, 고객, 파트너 및 주주들 사이에 예견되는 갈등은 종종 의사소통의 부족, 이기심, 성격장애, 희소자원으로부터 발생하지만 이와 더불어 부적절한 예방과 스킬로 인한 취약한 해결체계나 갈등을 해결하기 위해 당국이나 법원에 쉽게 의존하려는 방침 때문에도 발생한다.[35] 갈등이 만족스럽게 해결되지 못하면 항상 법원에서 법적으로 해결하는 길이 있다. 대부분의 작업장에서 협상이 실패하면 당사자들은 마지막 절차로서가 아니라 그 다음 단계로서 소송을 제기한다.

갈등이 얼마의 비용을 유발하는지, 갈등예방이 그런 비용을 방지할 수 있는지에 대해 다음의 사례를 통해 생각해 보기로 하자.

---

35) Slaikeu and Hasson (1998), pp. 3-16, Brandon and Robertson (2007), pp.19-20 참조.

사례 4-1-2 **문중묘지 소유권 갈등**

6·25전쟁으로 많은 사람들이 죽고 가족이 피난가고, 흩어지고 하면서 자기 집과 재산을 찾지 못하기 일쑤였다. 여기 시골 어느 문중묘지가 동네 끝부분에 주인 없이 전쟁 후 오랜 세월동안 방치되어 있었다. 묘지 옆에 우연히 A가족이 살게 되면서 그 문중묘지를 관리하며 딸려 있는 꽤 넓은 밭을 일구며 살아 왔다. 무연고 묘를 공지해도 주인이 나타나지 않고 20여 년간이나 관리해서 A가족은 당연히 자기의 토지라고 생각해 왔다.

70년대 후반부터 경제성장과 인구증가로 마을의 집들이 많이 늘고 이주 해오는 사람들도 많았다. 그래서 A가족은 묘지 옆 대지에 집들을 지어서 전세를 받으며 살아가기 시작하였다. B가족이 그 중 한집에 전세를 얻어 들어와 살았는데 3년차에 전세금을 많이 올리는데 대해서 A가족과 다툼이 있었다. B가 '형편이 어려워 현재 전세금대로 있게 해달라'고 했으나 A는 '시세가 많이 올란 상태라 올릴 수밖에 없는데 돈이 안되면 방을 빼달라'고 하면서 언쟁이 있었다. B는 묘지와 집이 주인 없이 관리되고 있는 걸 알고 있어서 A에 대해 앙심을 품기 시작하였다.

B는 몰래 문중묘지의 주인을 찾아 나섰다. 다른 군지역에 C라는 사람이 문중묘지의 후손임을 어렵사리 찾아내어 그 '문중묘지와 대지가 다른 사람의 관리 하에 있으니 빨리 찾으라'고 일러주었다. B는 '나중에 잘되면 자기가 살고 있는 집을 잘 선처해 달라'는 말도 덧붙였다. C도 '듣고 보니 전쟁통에 아버님도 돌아가시고 어머님도 얼마 후 돌아가셔서 알지 못했던 문중묘지를 찾을 수가 있기에 다행히 찾아야겠다'는 마음을 굳혔다.

C가 A를 찾아가 묘지의 주인이니 넘겨달라고 했다. A는 난데없이 주인이 나타난데 대해 크게 놀라며 묘지를 빼앗기게 생겼지만 오래 동안 점유해서 살고 있었다는 점을 내세워 내어 줄 수가 없다며 버티었다. A는 나타나지 않은 주인을 구태여 찾아내어 분란을 만든 C가 원수 같아서 주먹질하며 대판 싸우기까지 하였다. 결국 C는 소유권이전을 위해 법적 소송을 제기하였다. A도 점유에 의해 소유권을 주장하며 법적 다툼에서 이겨보려고

하였으나 점유취득시효에 따른 소유권 등기를 하지 않아서 결국 대법원까지 가서 패소하고 말았다. A는 묘지뿐 아니라 그에 딸린 토지들도 모두 내어 주어야 했고 패소한 결과 소송비용도 물어야 해서 있는 집도 모두 팔아서 이웃 동네의 전세로 이사갔다. C는 덕분에 시세의 반값에 전셋집을 살 수 있었다. A는 C에 대한 원한이 생겨 술을 마시고 C에게 여러 차례 행패를 부리며 기물을 파손하기까지 했으며 심지어는 죽여버리겠다고 거품을 물곤 했다. A네 가족 중에 부인은 이 때문에 몸져 앓다가 죽었고 아들들은 타지로 흩어져 갔다.

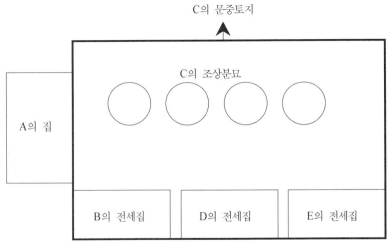

(출처: 필자가 경험한 기억을 재구성함)
〔그림 4-1-1〕 문중묘지 소유권 갈등

이 사례에서는 갈등으로 발생한 비용을 비교적 쉽게 추산할 수가 있다. 소송에 따른 모든 비용, 즉 소송신청비용, 변호사수수료, 패소에 따른 상대방 변호사비용 등은 직접 발생했으며 소송에 소요된 시간의 가치도 기회비용을 유발하고 있다. 뿐만 아니라 갈등과 분쟁 중에 받았던 정신적 스트레스는 측정할 수 없지만 심리적 비용으로 고려해야 한다. 드러나지 않았지만 소송을 유리하게 만들기 위해 가족회의를 한다거나 동네사람들의 증언을 위한 설득과 노력을 한 것도 간접적인 비용에 넣어야 한다. 보다 더 심각한 것은 갈등의 최종 결과로서 문중묘지와 부대 토지를 하나도 건지지 못하고 상실하게 된 재산상의 손실도 갈등의 부산물로서의 직접 비용으로 산입해야 한다는 점이다. 차라리 주인에게 문중묘지를 순순히 내어 주고 그동안 관리해온 비용명목으로 토지의 일부나 보상이라도 받았던 것이 훨씬 이익일 수가 있었다.

소송에 따른 갈등비용은 비교적 산출이 용이하지만 많은 경우 갈등의 비용은 다양하게 나타나 쉽게 추산하기 어려울 수 있다. 갈등비용이 조직 내에서 어떻게 나타나는지 한번 보자. 조직에서 갈등이 유발하는 비용에는 직접비용과 간접비용이 있다.[36] 직접비용으로는 소송에 필요한 법률 수수료나 조직에 대한 절도나 사보타지 같은 갈등의 부산물로 조직이나 특정 근로자에 대해 발생하는 직접 비용이 있다. 그리고 심리적 비용으로서 근로자들이 경험하는 스트레스의 양은 갈등을 어떻게 생각하느냐에 따라 달라진다. 갈등의 간접비용은 숨겨진 비용 (hidden cost)으로 표현되기도 하는데 분쟁 중에 있는 근로자를 관리하거나 팀 갈등을 관리하는 데에 투입한 시간을 말한다. 이는 스트레스 때문에 발생하는 결근, 전직 (생산성 감소 비용 뿐 아니라 해직, 부가급여, 채용, 훈련, 개발의 비용을 포함), 고충처리, 소송처리 등을 관리하는데 발생하는 관리비용이다. 조직으로 보아서는 갈등의 직접비용보다 간접비용이 더 중요할 수 있다. 고충처리를 그대로 둘 경우 기업에는 그 비용이 발생하지만 잘 처리하면 조직에 도움이 될 수 있다.

---

36) Ford and Barnes-Slater (2006), pp.1-4, Brandon and Robertson (2007), pp.19-20 참조.

〈표 4-1-1〉 갈등의 숨겨진 비용

갈등의 숨겨진 비용

- 갈등쟁점에 투입된 근로자와 관리자의 낭비되고 손실된 시간
- 서로 사이가 좋지 않은 근로자간 또는 부서 간 비효과적인 의사소통과 권력투쟁으로 발생한 의사결정의 질의 감소
- 개인이 서로 적대적으로 되어 발생하는 정서적, 관계적 비용
- 서로 갈등관계에 있는 근로자들을 분리시키기 위해 작업팀구성이나 작업스케줄을 재구성할 필요성
- 절도, 손해, 사보타지, 훼손으로 물적, 지적 재산의 손실
- 작업장에서 개인 간 스트레스로부터 발생하는 직무동기유발와 사기의 감소
- 긴장이 적고 만족이 높은 직장을 찾으려고 조직을 떠나는 우수한 근로자의 손실
- 폭력이나 위협뿐 아니라 괴롭힘과 차별을 고소

출처: Eilerman (2006)

고충처리의 비용으로는 노동조합과 사용자가 직접적인 금액지불과 고충해결을 하기 위한 시간이 소요되는 반면 수익으로는 노사간 공식 의사소통, 이직률 감소, 생산성 향상, 불법파업 감소, 협력적 단체협상 촉진 등의 효과가 있는 것으로 보고하고 있다.[37] 고충처리 비용의 한 예로서 1970년 GM의 고충처리 담당 노조전임자에 대한 비용은 1,300만불이고 노조도 고충중재 해결 비용으로 사건당 5,000불을 지급하였으며 고충해결을 하기 위해 공식회의에만 9.1 근로시간이 소요되었다. 그래서 고충이 발생하지 않도록 미리 예방하였다면 이러한 직접·간접비용이 발생하지 않아도 되었을 것이다.

갈등에 의해 발생하는 비용의 종류와 구조에 토대하여 우리가 지금까지 소개한 사례들이 가지는 비용은 어떻게 추산될 수 있을 것인지, 예방을 한다면 그러한 비용은 절약되는지 알아보고자 한다. 개인적 갈등은 자신

---

37) Duane (1993), p.74.

의 두가지 욕구가 내부에서 충돌이 발생하기 때문에 논의에서 제외하기로 하고 개인 간 갈등과 조직간 갈등에 대해서만 논의를 집중한다. <표 4-1-2>는 1-2절의 갈등사례 중에서 개인 간 갈등과 조직간 갈등으로 발생할 비용을 추정해서 요약하였다.

몇 가지 특성을 보면 우선 사소한 갈등은 그 비용 또한 사소한 형태로 나타나고 있지만 심각한 갈등은 그 비용 또한 심각한 형태로 나타나고 있다. 기차역 매표순서 쟁취 갈등과 드라마 '계백'에서 은고와 성충 간의 갈등을 비교해보면 그 갈등의 수준과 심각성에서 매우 큰 차이를 보일 뿐 아니라 그 비용 또한 매우 큰 차이를 보인다. 둘째, 대부분의 갈등은 정신적 스트레스를 동반하고 있다. 타인과의 갈등, 다른 집단과의 갈등은 긴장관계를 만들어 내어 크든 작든 정신적 스트레스를 유발하고 있다. 셋째, 개인 간 갈등이든 집단 간 갈등이든 두 당사자 간의 비용만 발생시키지 않고 반드시 사회적 비용을 유발한다. 두 사람 사이의 존경과 사랑이 사회에 빛에 되어 기여하는 거와 정반대로 두 사람 사이의 반목과 갈등은 사회에 어둠을 만들어 해악을 끼친다. 사람 사이의 갈등이 무인도에서 발생하는 것이 아니라 많은 사람들 사이에서, 큰 조직 안에서 발생하기 때문에 당연히 외부효과(external effect)가 발생하기 마련이다.

〈표 4-1-2〉 1-2절 갈등사례의 비용 추산

갈등 종류	갈등 사례	개인적 비용	사회적 비용
개인 간 갈등	기차역 매표순서 쟁취 갈등	·개인적 다툼, 시간손실 ·정신적 스트레스	·매표시간 지체 ·무질서, 사회불건전
	전철 빈자리 쟁취 갈등	·개인적 다툼, 시간손실 ·정신적 스트레스	·상해, 시설파손우려 ·무질서, 사회불건전
	영화 아바타 초대권	·이기주의 이미지	·가족간 우애손상

	분배 갈등	·정신적 스트레스	
	상속회의 참여 갈등	·소송비용, 시간 ·정신적 스트레스	·가족간 우애손상 ·사회건전성 훼손
	경영회의 참여 갈등	·의사결정배제 소외감 ·업무의욕 감퇴	·조직효율성 저하 ·생산성 하락
	드라마 '계백'에서 은고와 성충 간의 갈 등	·신라첩자 역적 (은고) ·비밀발설 암살 (성충)	·내분, 국력소모 ·백제 멸망
	아이의 두발자전거 타기 갈등	·강압적 지시 (엄마) ·지시에 반항 (아이) ·정신적 스트레스	·가족간 우애손상
	K시장 수뢰혐의 비 난 갈등	·비리시장 이미지 ·시장사퇴 우려 ·정신적 스트레스	·시정효율성 저하 ·보궐선거 가능성
	경비원 초과근무 보 상 갈등	·이미지손상, 재정지출, 소송비용, 시 간 (회사) ·이미지손상, 인사불이익, 소송비용, 시간 (경비원)	·조직효율성 저하 ·직원충성도 저하 ·생산성 하락
집단 간 갈등	카데타 재고수준과 주문 갈등	·규정위반 (자재과) ·혈관환자사망가능성 (의사)	·업무수행 장해 ·조직효율성 저하 ·생산성 하락
	팀장의 업무지시 갈등	·업무수행 차질, 인사고과 불량, 스트레 스 (팀장) ·퇴근후 개인생활 방해, 스트레스 (부하)	·업무수행 장해 ·조직효율성 저하 ·생산성 하락
	한진중공업 해고자 복직 갈등	·이미지손상, 영업손실, 공장폐쇄 (회사) ·임금손실, 실직 (근로자)	·지역경제 악화 ·희망버스-지역주민 갈등 확대
	서귀포 해군기지 건 설 갈등	·정책불신, 시위진압, 건설지체, 갈등 해결 비용 (정부) ·시위 비용·시간, 상해, 스트레스(주민)	·사회불안 ·관광이미지 훼손
	드라마 '광개토대 왕'에서 국상파와 왕실파의 갈등	·역모죄, 이적행위 (국상파) ·왕권약화, 왕위찬탈위기 (왕실파)	·국론분열 ·후연에 의한 패망위기

우리나라에서 가족이나 직장에서 발생하는 갈등의 비용은 얼마가 될지 측정한 자료는 없으나 사회 집단적 갈등에서 발생하는 비용을 추정한 연구가 있다. 세종시 수정안 갈등, 4대강 살리기 갈등, 쇠고기 수입 갈등, 미디어법 갈등, 동남권 공항유치 갈등, 한진중공업 해고자복직 갈등 등 우리 사회에서 발생하는 갈등은 무수히 많다. 사회적 갈등이 유발하는 비용은 상상 이상으로 크게 나타났다. 우리나라의 사회갈등 지수는 경제협력개발기구(OECD) 27개국 중 터키, 폴란드, 슬로바키아에 이어 네 번째로 높은 것으로 나타났다. 본 연구에서는 특히 우리나라의 갈등지수(0.71)가 OECD 평균(0.44) 수준으로만 완화돼도 국내총생산(GDP)이 27% 가량 증가할 것으로 예측했다. 2009년 기준 우리나라 GDP가 1,063조원인 점을 감안하면 연간 갈등 비용이 무려 300조원에 달하는 것이다.[38]

갈등이 해결되지 않고 그냥 두어도 별로 문제될 것이 없는 경우에는 갈등의 비용도 사소하여 예방할 필요성이 크지 않으나 갈등을 방치해두다가 해결하는데 많은 비용이 발생하고 그 결과가 심각해지는 경우라면 갈등의 비용도 막대하고 경제적으로만 따져서도 예방할 충분한 가치와 필요성이 있다. 또한 갈등의 긴장관계는 언제나 심리적으로 스트레스를 수반하게 되는데 정신적 평화와 안정에 대한 욕구가 클수록 예방의 중요성은 크다고 할 것이다.

---

[38] 삼성경제연구소가 2009년에 발표한 사회갈등의 경제적 비용의 추산결과이다. 삼성경제연구소(2009) 참조.

4-1-1. 갈등에서 숨겨진 비용(hidden costs)는 어떤 것을 의미하는가?

4-1-2. 갈등의 결과로서 발생하는 재산상의 손실은 갈등의 비용으로 보아야 하는가?

4-1-3. 갈등의 예방은 당사자들 외에 도움이 되는 곳도 있는가?

4-2. 갈등예방 사례비교에서 얻는 지혜

갈등의 예방이 필요하다면 어떻게 해야 갈등을 예방할 수가 있을까? 어떤 가정은 화목하고 갈등이 발생하지 않는가 하면 어떤 가족은 수시로 갈등이 발생한다. 또 어떤 조직에서는 구성원간 좋은 관계가 유지되고 건전한 조직문화가 형성되어 있는가 하면 어떤 조직에서는 구성원간의 반목과 경쟁이 늘 끊이지 않고 서로 음해하는 조직문화가 있기도 한다. 이들 두 가족의 경우와 두 조직의 경우 간에 차이점은 무엇일까? 먼저 두 가족의 대조적인 사례를 통해 차이점을 찾아보자. 첫 사례는 남편의 빚에 허덕이고 시댁의 학대에 못 견뎌 하소연하는 며느리의 이야기이다.

사례 4-2-1 **남편의 빚과 시댁의 학대**

올해로 결혼 3년째 됩니다. 9개월 된 아들이 있구여... 동갑인 남편과 결혼할 때 둘다 경제적으로 부모님께 독립한 상태가 아니라서 쇼핑몰에 자그마한 옷가게를 열구선 결혼을 시작했어요. 어렵고 힘들었지만 전 남편 하나 믿고 좀 고생스럽더라도 참고 지냈져. 제가 거의 가게 일을 맡아서 했지만 경제적인 거나 제반사항 같은 건 남편이 관리를 했어요. 그게 제 실수였어요. 남편에게만 돈 관리를 맡기는 게 아니었는데....

그 자그마한 옷가게를 하면서 빚이 거의 6,7억이 됩니다. 3년간 해오면서여... 작년부터 빚에 허덕이기 시작하더니 거의 요즘은 하루하루 지내기가 살얼음판을 걷는 것 같아요. 저희가 벌려놓은 빚 때문에 친정이며 시댁 식구들까지 하루하루가 너무나 괴롭습니다.

얼마 전엔 남편이 시어머니하고 다투고 집을 안 들어 왔어요. 그 문제로 그동안 쌓였던 제 감정이 폭발하면서 시아주버님과 크게 다퉜습니다. 아주

버님은 올해 서른하나 되시는데 아직 미혼이고 공부하고 계세여. 저희 때문에 후배에게까지 손을 벌리셨나바여. 아무래도 여러모로 당신의 처지에 많은 스트레스가 쌓였겠죠.

저랑 남편이 잘했더라면 이렇게까지 빚으로 사네, 마네 하지는 않았겠지만 그렇다고 제가 사치를 해서, 주식이나 해서 날린 거라면 억울하지도 않겠습니다. 저 가게에서 번돈 꼬박꼬박 남편에게 믿고 줘버린 죄밖에 없습니다.

12시간, 14시간 잠 못 자면서 일하고 돌아오면 집안일이 깨끗이 되겠어여? 툭하면 어머니께서 남편 밥을 한번 제대로 챙겨줬냐, 집안일을 한번 제대로 해봤냐, 아기를 한번 잘 봤냐..는 식의 얘기로 전 어디 가서도 당신 같은 시어머니 만나지 않은 이상 결혼 생활 잘할 수 없다고 불만을 털어놓고, 저더러 게으르니, 어쩌니....

너무 참을 수가 없어서 아주버님께 한마디 대들었습니다. 그랬는데 제가 싸가지가 없네, 어디서 배워먹은 버릇이네, 너두 불만 있음 나가라, 빌붙어 사는 주제에 시댁식구를 뭘로 보냐...물건을 집어던지고 발로 차더니 나중엔 저를 우산으로 패려고 하데요........아무리 화가 난다해도, 제가 잘못했다고 해도 너무하지 않나요?

나중에 남편에게 자기가 실수한 거 같다고 안절부절 못하고 나 좀 잘 다독거려주라고 했답니다. 부부니까 제가 잘못하지 않았더라도 같이 욕먹는 것이 당연하겠지만 좀 심한 거 아닙니까?

저희 친정에선 진작에 이혼얘기가 나왔었어여. 시댁식구들이 좀 이상하다...는 얘기죠. 오죽하면 뒷조사까지 시키고 있습니다. 엄마, 아빠는 사기 결혼이라는 의심을 하고 계세여. 아무리 없이 시작해서 빚을 계속 지면서 가게를 운영했다고 해도 너무 많은 액수를 날렸다는 거죠. 저도 하루에 열두 번씩 이혼을 결심하지만 아가 때문에.. 우리 아가 때문에 차마 결단을 못 내리겠어요. 엄마는 아가는 절대 못 받아들인다고 하세요.

이제 시댁 식구들에게 기대하는 거 없습니다. 아주버님이 내게 하시는 거 보고 더욱 결심을 굳히려고 했어요. 이집에서 나와서 저 혼자 자리 잡은

담에 아가를 데려와도 늦지는 않겠지...라는 생각인데... 그게 쉬운 일일까.....

어머니가 그러시데요. 저 간다 해도 붙잡지 않을 꺼라고... 영리하지도 않고, 센스도 없고, 할 줄 아는 것도 없어서 어디 쓸데도 없다고.. 저 평생 이런 치욕적인 말은 첨입니다. 아무리 화가 난다해도 3년간 며느리로 있었던 사람에게 그런 말이 바로 나올까요? 저 별의별 생각이 다 듭니다. 이거 쇼하는 거 아닐까? 친정집에서 돈 나오게 하려고 쇼들하는 거 아닐까?

이혼하리라는 건...결심했습니다. 하지만 어떤 식으로 끝을 내야할지 모르겠어요. 너무나 많은 얘기를 한꺼번에 풀어야 해서 횡설수설이네요. 정신과 상담까지 받고 싶은 심정입니다.

(출처: 한국사티어변형체계연구소 상담자료, 2007.10.9, http://kftc.withch.net)

다음은 며느리가 본 행복한 잉꼬부부 시부모에 대한 이야기이다.

사례 4-2-2 **잉꼬부부의 행복이야기！**

세월의 흐름에도 변하지 않는 사랑의 가치는 바로 가족간의 사랑이라고 생각해요.

그리고 그 사랑은 뿌리 깊은 나무처럼 마음속 깊이, 내려오는 또 하나의 내리사랑이라고 생각하고요. 올해 결혼 35주년을 맞으신 저희 부모님들은 아직도 닭살 커플이라고 할 만큼 사이가 좋으신 '잉꼬부부'세요.

가족간의 대화와 화합을 중요시하시는 아버님과, 그런 아버지를 진심으로 사랑해주시는 저희 어머니는 언제 어디에 있으셔도 빛나는 보석같이 서로를 사랑하고 계신답니다.

이제 결혼을 하고 한 아이의 엄마가 되어 있는 저이지만 가끔 신랑과의 사랑에 소홀함을 느끼곤 하지만 저희 부모님의 애정행각!?을 볼 때면 저

역시도 남편을 존중하며 오랫동안 사랑받는 아내이고 싶다는 생각을 자주 하게 되는 것 같아요.

"왜 그렇게 금슬이 좋으냐?"

라는 주위 분들의 말씀엔 언제나

"대화가 중요해요!"

라고 말씀하시는 부모님!

서로의 바쁜 일상 속에서 가족간의 대화가 줄어들고 있다는 사실을 알게 된 순간, 우리 가족의 마음의 거리는 너무나 멀어져 있다는 생각이 들으셨다고 하시더군요.

그래서 매일 아침 식탁에서 하루의 중요한 일과에 대해서 서로 이야기하고, 매일 저녁 티타임 시간을 가져 서로의 이야기를 들어주는 것이 오랫동안 믿고 사랑할 수 있는 또 하나의 비결이라고 하셨답니다.

처음엔 어렵고 낯선 마음이 들기도 하지만 시간이 지나면서 서로에게 조금씩 더 다가서고 있는 진정한 가족이라는 느낌이 들더군요. 마음과 대화, 이 두 가지는 가족간에 놓쳐서는 안 되는 중요한 행복 포인트라고 생각하고 실천하고 있답니다 ^^*

서로에게 너무나 소중한 동반자가 되어 주시는 어머니, 아버님. 오랫동안 크나큰 사랑 안에서 행복하셨으면 좋겠어요 ^^*

늘 사랑하고 감사합니다 ^^*

(출처: 여성가족부, "[우리가족이야기(8)] 잉꼬부부의 행복이야기~!" 2010.11.11,
http://blog.daum.net/moge-family/3048)

그냥 얼핏 보아도 두 사례는 행복한 가정과 불행한 가정으로 쉽게 구분할 수 있다. 첫 번째 가족사례에서 나타난 갈등에 만약 두 번째 가족 구성원을 등장시킨다면 어떤 대본으로 처음부터 시작이 될까 한번 상상을 해보면 흥미롭다. 잉꼬 시부모는 며느리가 고생한다고 아이를 돌보면서 '쉬면서 일하거라'고 격려하고 '부부간에 자주 대화하고 의논하거라'라며 조언해준다. 한편 젊은 부부는 결혼하면서 재산은 없지만 적게 벌어서 대출금을 조금씩 갚아 나가기 위해 서로 의논하고 부모에게 폐가 되지 않게 열심히 벌어서 독립하자며 서로 격려하고 보살피며 일한다. 이러한 상황 설정은 벌써 보기만 해도 훈훈하고 갈등이 일어날 소지가 없다는 것을 금방 알 수 있다. 두 가족의 구성원들이 어떤 특성을 가지고 있는지 비교해 보면 예방의 방법에 대한 지혜를 얻을 수 있을 것으로 보인다.

〈표 4-2-1〉 불행부부와 행복부부의 특성 비교

	남편의 빚과 시댁의 학대	잉꼬부부의 행복이야기
가치관	빚과 궁핍의 피해의식 불신, 경멸	동반자간 신뢰, 화목, 존중 대화를 통해 친근과 사랑
의사소통	모욕적 언사 상대방 질책, 언쟁	대화하기 들어주기
정보공유	빚에 대한 의논 부재 생활관리의 대화 부족	아침: 중요 일과 말해주기 저녁: 하루일 들어주기

가족사례와 마찬가지로 조직에서 발생하는 갈등을 방치하거나 증폭되는 경우와 갈등이 없는 우수한 조직문화를 가진 기업의 사례를 비교해보면 중요한 차이점을 발견할 수 있을 것으로 예상된다. 그래서 우선 팀조직내 갈등이야기에서 그 상황을 먼저 살펴보자.

사례 4-2-3 **팀조직 내 갈등이야기**

같이 근무하고 있는 팀장이 개인적인 욕심으로 팀 리더인 저에게 너무나심한 것을 요구했을 때 제가 거부한 적 있습니다. 그 팀장은 그것을 핑계로

회의를 할 때마다 '우리분야의 동료들이 근무태도가 불량하다' 느니 '실적이 형편이 없다'느니 계속 트집을 잡더군요. 그래서 매일 아침 출근하는 것이 생계를 위해 어쩔 수 없었지만 저에게는 큰 곤욕입니다.

저는 동료와도 갈등 관계에 있다 보니 팀 미팅시마다 그 동료와 감정싸움을 하게 되어 서로가 마주하기를 싫어합니다. 때때로 그 동료와 친한 동료들을 보면 혹시 제 이야기를 하지 않나 의심의 눈초리로 바라보게 되고 또한 저와 친했던 동료들도 저의 눈치를 살피는지 저와 갈등하고 있던 그 동료와 같이 말하기를 싫어해요. 그러다보니 저는 사무실 내에서도 가급적 말이 적어지게 되더라고요. 그래서 희한한 것은 상대방이 없게 되면 제 마음에서부터 무거운 짐이 없어지는 거 같이 금새 얼굴이 밝아지다가도 당사자만 나타나게 되면 다시 무거운 짐이 어깨를 누르고 있는 것처럼 된다는 것입니다. 그래서 둘 사이의 갈등이지만 당사자끼리의 관계만을 망치는 것이 아니라 팀 전체의 분위기를 해치게 되는 거 같아요. 또 좀처럼 업무에 집중할 수 없어서 좋은 실적을 낼 수 없는 것도 큰 문제입니다. 아마도 갈등 그 자체가 엄청난 스트레스를 유발하는 가 봅니다.

어떤 동료는 대놓고 다른 사람을 무시해서 부서의 갈등을 만들기도 합니다. 한 직원이 어떤 부분에 대해서 의견을 제시하면 그 동료는 "무슨 소리를 하느냐, 아직 그것도 파악을 못했느냐"라는 태도로 이야기 합니다. 자신의 능력에 대한 과시 때문에 좀처럼 다른 사람의 말을 듣지 않고 상사나 동료에게 자신의 생각을 과도하게 주장하거나 자기의 의도대로만 끌고 가려고 하는 것이지요. 그래서 그런지 동료들을 보더라도 본인이 능력이 많다고 생각하거나 똑똑하다고 생각하는 동료들을 보면 그들과의 관계가 좋지 않습니다. 자신의 능력은 다른 사람을 존중해 줄 때 더 빛이 나는 법인데 말이지요.

또 같이 근무했었던 이기적인 동료의 이야기입니다. 분야별 리더로 두 명의 부하직원과 일을 했는데 자기가 맡은 업무는 철저하게 수행했는데 공통적인 일은 전혀 참여를 하지 않았습니다. 부하직원들은 공통 업무 때문에 늦은 밤까지 계속해서 일을 했지만 그 동료는 '나도 너희 때 다 그렇게 했다'라는 태도로 일관을 했고 리더로서 감당해야 할 부분까지도 넘겼습니다. 그래서 부하직원들은 이기심으로만 가득했던 자신들의 리더를 전혀 신뢰를 하지 않게 되었습니다. 지나친 이기심의 표출은 그와 같이 일하는 동료나 팀원들을 힘들게 하는 가 봅니다.

(출처: 동상면사람들 살아남기, "갈등을 유발하는 회사의 공통 특성," 2011,
http://feelhouse.tistory.com에서 발췌)

다음 조직문화가 우수한 사례로서 직원간 갈등 없이 높은 만족을 유지하는 신한은행 사례를 보자.

사례 4-2-4 S은행의 직원만족 조직문화

S은행 하면 떠오르는 이미지는 순수 민간자본에 의해 설립된 은행, 변화와 도전을 두려워하지 않는 은행, 그래서 외환위기 당시에도 투명경영을 통해 위기를 돌파하고 뉴욕증시에 상장하는 등 도전적이고 변화에 유연한 조직이라고 할 수 있을 것 같습니다. 또 창의, 열정, 팀웍, 스피드라는 4대 공유가치를 바탕으로 한 S문화를 만들어 왔는데요. 이는 현장의 직원을 최우선으로 배려함으로써 이러한 가치가 모든 구성원들이 공유할 수 있는 사고와 행동의 기준으로써 정립될 수 있었다고 할 수 있겠습니다.

가장 특징적인 것이 바로 S은행에만 존재하는 독특한 시스템인 직원만족센터인데요. 이는 단순히 후생업무를 전담하는 부서가 아니라 EAP라고 하는 임직원지원프로그램으로서 기존의 후생업무 뿐만이 아니라 직원들의 고충을 전문적인 전담 상담사들이 직접 해결할 수 있도록 하는 신한은행만의 독특한 문화가 담겨져 있습니다. 이것이 중요한 이유는 직원만족이 고객만족이라는 경영자의 철학이 이곳에 담겨있기 때문입니다. 외부 전문가와의 상담을 통해 직원을 지원하고 지속적인 영업점 방문을 통해 직원과 경영진간의 원활한 내부 커뮤니케이션의 활성화를 이끌어 내고 있습니다.

조직이 직원을 만족시키지 못하는데 이러한 곳의 직원이 결코 고객을 만족시킬 수 없다는 것이죠. 따라서 직원만족센터와 같은 전문적인 지원조직의 역할 뿐만 아니라 리더들의 리더십 행위도 이러한 철학에 근거하여 올바르게 이루어짐으로써 S은행의 고유한 문화를 만들어 왔다고 할 수 있겠습니다. 또한 이 직원만족센터는 S은행의 기업문화활동을 주관하는 역할도 수행하고 있는데요. 지난 2004년부터는 전문적인 기업문화 진단을 통해 글로벌 기업들의 수준과 비교함으로써 개선과제를 도출하고 개선노력을 기울일 뿐만 아니라, 포춘 일하기 훌륭한 100대 기업의 우수한 기업문화를 벤치마킹함으로써 인간중심, 직원존중이라는 S은행만의 고유한 문화를 만들어 나가기 위해서 노력하고 있습니다.

첫 번째로 다양한 커뮤니케이션의 장을 열기 위해 노력했는데요. 열린광장이라는 인터넷 홈페이지를 통해서 CEO와 직원간의 격의 없는 대화가 가능하도록 운영하고 있습니다. 즉, 이러한 열린 커뮤니케이션 창구를 통해서 CEO와의 조찬 간담회, 즉 영업현장 직원과 조찬을 곁들인 격의 없는 대화의 장을 마련하고 있고 이러한 대화의 장을 통해 CEO의 철학 및 경영전략 전파와 현장의 소리 청취를 통해 내부혁신을 추진하고자 노력하고 있습니다. 또한 임원계층의 경우는 임원별 담당점포제도를 통해서 임원별로 담당점포를 지정하여 영업점 방문 등을 통해 현장의 소리를 직접 청취함으로써 직원들의 고충을 해결하기 위해 노력하고 있습니다. 이 밖에도 여러가지 사내의 커뮤니케이션 채널을 운영하고 있는데요. I-BANK라는 인터넷 서비스를 통해 은행내외의 주요 뉴스 및 경영현안에 대한 내용을 실시간으로 제공하고 있으며 직원의 소리(신문고) 게시판을 통해 직원들의 다양한 목소리를 전달하고 있습니다.

이렇게 경영진과 구성원간의 원활한 커뮤니케이션의 결과로 조직에 쌓이게 되는 신뢰를 통해 조직은 혁신을 성공시킬 수 있는 구성원들의 공감대를 이끌어 낼 수 있고 이러한 변화의 추진력은 소모임인 COP를 통해 자발적인 경영혁신활동을 이끌어 낼 수 있었습니다. 현재 이러한 경영혁신활동 소모임이 50여개에 이르고 있는데 회사에서는 이러한 자발적인 COP 구성이 가능하도록 여러 가지 방면에서 적극적인 지원을 하고 있습니다. 경영진의 강력한 후원 하에 독립된 공간에서 외부강사 초빙을 지원해주고 스킬(Skill)과 필요한 도구를 제공할 뿐 아니라 평가와 보상제도를 마련하여 동기부여를 하고 있습니다. 따라서 좋은 아이디어 하나만을 가지고 있더라도 혁신활동을 시작할 수 있고 또 성공적인 추진이 가능하도록 필요한 모든 부분을 회사가 지원하고 있다는 점이 S은행의 자발적 경영혁신활동의 성공요인이라고 할 수 있겠습니다.

S은행의 경우 매년 종업원만족도지수를 조사하고 있는데요. 2001년부터 매년 조금씩 상승해서 현재는 거의 최고의 수준에 도달한 것으로 나타나고 있습니다. 이러한 특성은 미국의 포천지 선정 일하기 훌륭한 100대 기업이나 대한민국 훌륭한 일터들의 공통된 특징으로도 나타나고 있습니다. 이러한 일하기 훌륭한 일터들이 공통적으로 시사하는 바는 구성원들이 자신의 상사와 경영진을 신뢰하고 마음껏 자기의 역량을 발휘할 수 있는, 그런 기업의 문화를 만들었을 때 비로소 구성원들은 기업에 진정으로 만족할 수 있다는 점일 것입니다.

(출처: 엘테크리더십개발연구소, "[우수기업문화사례] S은행," 2006, http://www.eltechtrust.com/kl/kl_01_view.asp 에서 발췌)

첫 번째 사례에서 갈등이 많은 조직에서 나타난 특성을 보면 상사의 부당한 요구, 동료 간의 감정싸움, 상대방의 무시, 지나친 자기주장, 지나친 이기심 등으로 갈등이 발생하고 그 결과 회사에 출근하기 싫다, 동료관계와 팀분위기 해친다, 업무에 집중할 수 없다, 스트레스에 의해 건강 좋지 않다 등의 조직에 대한 부정적인 효과를 지적하고 있다. 두 번째 사례는 개인 간 구체적인 감정이나 관계에 대한 표현이 없지만 조직의 특성을 요약하자면 직원만족을 통해 고객만족 경영을 목표로 하고 있는데 직원만족은 전문적 고충처리, 경영진과 직원간 커뮤니케이션, 자발적 경영혁신활동 등을 통해 이루어진다.

〈표 4-2-2〉 팀조직 내 갈등이야기와 S은행의 직원만족 조직문화의 특성 비교

	팀조직 내 갈등이야기	S은행의 직원만족 조직문화
가치관	공유가치 없음 불신, 무시	창의·열정·팀웍·스피드 공유가치 직원만족 통한 고객만족경영 인간중심, 직원중심 신뢰, 존중, 자발성
갈등해결	없음	전문상담원 고충처리 제도
의사소통	일방소통 모욕적 언사 회피, 냉소, 강압	커뮤니케이션 채널 이용 - 열린광장: CEO와 대화 - 영업점방문: 현장청취
경영참여	없음	COP: 경영혁신활동 소모임
정보공유	없음	조찬간담회 I-BANK

이 조직갈등과 조직문화의 두 사례가 가지는 특성을 서로 비교해보면
<표 4-2-2>와 같다. 갈등이야기 사례는 물론 개인적인 갈등경험만을 소개
한 상태에서 조직의 운영방법에 대해 알 수가 없지만 특성에 의해 미루어
짐작할 수가 있다. 갈등이야기에서는 공유가치가 없으며 구성원간 불신
과 무시가 팽배해 있으며 갈등이 생겼을 때 해결하는 체계도 없다. 또한
의사소통은 청취가 없이 일방소통이 많고 쉽게 모욕적 언사를 하거나 냉
소와 강압적인 대화를 하곤 한다. 갈등으로 상대방이 싫어지면 대화를
하지 않고 아예 회피하기도 한다. 물론 정보를 공유하기 위한 특별한 제도
도 알려진 것이 없다.

이와 반면 S은행 조직문화 사례에서 보면 조직의 공유가치가 있으며

직원만족을 통한 고객만족경영이라는 철학을 보여주고 있다. 이러한 경영철학에 따라 신뢰, 존중, 자발적 참여라는 가치관을 실천하고 있다. 갈등이 발생하면 고충처리제도를 통해 전문상담원이 해결하고 있다. 의사소통으로는 전문 커뮤니케이션채널이 있는데 열린광장이라는 사이트를 통해 CEO가 사원들과 격의 없는 대화를 하고 중간 경영진은 영업점을 방문하여 현장의 목소리를 듣는 쌍방향의 의사소통이 잘 되어 있다. 사원들이 직접 자발적으로 경영혁신에 참여하기 위해서 COP라는 경영혁신 소모임을 하는 것도 직원만족을 높이는 방법의 하나이다. 또한 사원들의 정보욕구 충족을 위해 조찬간담회을 개최하고 I-BANK를 통해 각종 회사 정보를 제공하고 있다.

위의 두 가지 조직갈등 사례를 비교해볼 때 어떤 조치를 취하면 갈등을 예방할 수 있을지 판단해보자. 먼저 동료들을 묶어줄 실질적인 공유가치가 필요하다. 그러나 많은 기업들이 비전이나 철학을 내세우지만 이를 실천할 구체적 노력이 더 중요하다. 서로 간의 신뢰와 존중 그리고 자발성의 욕구를 충족시킴으로써 직원만족도를 높이고 공유가치를 실현할 수 있다. 이러한 조직의 가치관은 보다 구체적인 프로그램을 통해 가능한데 불만을 해결하기 위해 고충처리제도를 실질적으로 운영하고 상하간의 대화를 위해 열린공간과 현장방문을 실시하며 사원들의 참여를 위해 자발적 경영혁신활동 소모임 (COP)을 실시하고 있다. 또한 정보를 공유하기 위해 조찬간담회와 I-BANK를 활용하고 있다. 이러한 직원만족의 경영은 갈등을 예방할 수 있는 효과적인 방법의 하나가 될 수 있을 것으로 보인다.

4-2-1. 부부갈등과 조직갈등의 비교에서 공통으로 발견되는 특성의 요
소는 무엇인가?

4-2-2. 갈등의 예방에 가장 중요한 요소는 무엇인가?

4-2-3. 갈등의 예방은 인간의 행복지수를 높이는가?

4-3. 갈등예방에 필요한 자세와 스킬은

갈등을 어떻게 하면 예방할 수 있는가? 갈등을 예방하는데 필요한 스킬은 무엇일까? 아마도 우리는 생활속에서 갈등이 발생했다가 사라지는 경험을 하면서 어떤 경우에는 동일한 갈등이 계속 반복해서 발생하기도 하지만 어떤 경우에는 동일한 갈등이 학습되어 발생하지 않도록 조치를 취하기도 하기 때문에 갈등을 예방하는 방법의 일부는 이미 알고 있을지도 모른다. 보다 체계적이고 종합적으로 갈등예방스킬을 논의해 볼 필요가 있다.

먼저 앞 절에서 4 가지 사례의 비교분석에서 갈등을 예방하는 방법을 개인 간 갈등과 조직내 갈등으로 구분해서 요약하면 다음과 같다.

개인 간 갈등 예방
- 가치관: 신뢰, 존중, 화목
- 의사소통: 대화, 청취
- 정보공유: 하루 일과 말해주기, 들어주기

조직내 갈등 예방
- 가치관: 신뢰, 존중, 자발성, 직원만족
- 의사소통: 대화채널 (열린광장, 현장방문)
- 정보공유: 조찬간담회, I-BANK
- 갈등해결: 전문상담원 고충처리
- 경영참여: 경영혁신활동 소모임

작업장에서 모든 갈등이 다 예방되어야 할 것은 아니지만 오해의 의한 갈등이나 역기능을 유발하는 갈등은 예방되는 것이 조직의 건강이나 근로자에게 매우 중요하다.[39] 개인 간 갈등이든 조직내 갈등이든 공통되는 요소는 가치관, 의사소통, 정보공유인데 이 요소들은 어떤 갈등에도 적용될 수 있을 것으로 보인다. 갈등을 해결하기 위해 필요한 기구나 참여를 이끌어내기 위한 소모임은 개인 간 갈등에서는 적용이 되지 않고 조직의 특성상 필요한 제도들이다. 그래서 신뢰, 존중, 대화, 청취, 정보공유, 이러한 덕목은 모든 갈등 예방에 반드시 필요한 자세와 방법이라고 할 수 있다. 이들 요소들은 독립적인 면도 있으나 서로 상관관계가 있기 때문에 여기서는 신뢰, 존중, 대화에 대한 설명을 중점적으로 하면서 다른 요소들은 함께 언급하고자 한다.

갈등예방요소로 지적된 신뢰(trust)는 무엇이며 어떻게 구축이 되는가? 신뢰란 "다른 사람의 말, 행동 및 결정에 대한 한 사람의 믿음"으로 정의되고 있다.[40] 이 신뢰는 상대방의 의도가 긍정적으로 기여할지 부정적으로 기여할지와 관련이 있다. 신뢰가 높으면 상대방의 행동이 좋은 의도로부터 나오는 것으로 인식되고 반대로 신뢰가 부족하거나 깨어졌으면 상대방의 같은 행동이라도 속임수라고 인식된다. 사람들은 다른 사람을 얼마나 신뢰할지는 상대방의 평판, 진의를 볼 줄 아는 개인소질, 자신의 심리적 경향과 고정관념에 따라 결정한다. 새로운 관계에서는 신뢰가 작은 벽돌로부터 견고한 구조물로 구축되어간다. 신뢰를 구축하기 위해서는 공동 활동시간을 가지고, 공동 이해관계를 개발하고, 공동 목표를 찾고, 공동 가치를 추구하는 것이 필요하다. 신뢰가 깨어지면 재건축하는 데에 많은 시간이 소요된다. 여기에 신뢰와 불신의 역설이라는 재미있는 시적 표현이 있다. '신뢰는 오래 걸려 만들어지지만 한 순간에 파괴되고 불신은 오래 걸려 파괴되지만 한 순간에 만들어진다'는 것이다. 그 만큼 신뢰

---

39) McCorkle and Reese (2010), p.273 참조.
40) Lewicki and Wiethoff (2000), p.87 참조.

를 유지하고자 많은 노력을 해야 한다는 것이다.

<표 4-3-1> 신뢰와 불신의 역설 (Paradox of Trust and Distrust)

신뢰는 오래 걸려 만들어지지만 한 순간에 파괴되고
불신은 오래 걸려 파괴되지만 한 순간에 만들어진다.
(Trust Takes Forever to Build and a Moment to Destroy
While Mistrust Takes Forever to Destroy and a Moment to Build.)

출처: Weiss (1996), p.43.

신뢰의 수준을 구분하는 것도 필요할 것 같다. 신뢰는 있고 없고가 아니라 어느 정도 높으냐로 표현하는 것이 더 적절할 수가 있다. 신뢰의 3수준을 소개하면 다음과 같다.[41]

1수준: 당신의 능력을 신뢰한다
2수준: 당신의 정직을 신뢰한다
3수준: 내가 취약할 때 나를 해치지 않으며 나를 위해줄 당신을 신뢰한다

1수준에서 3수준으로 올라갈수록 신뢰의 수준이 높아진다. 그래서 상대방의 능력을 믿는 것이 신뢰의 낮은 수준이고 정직을 믿는 것은 신뢰의 중간이며 충성을 믿는 것은 신뢰의 높은 수준이라 할 수 있다.

신뢰를 구축하는 방법은 교육프로그램별로 매우 다양해서 그 공통성을 찾기가 쉽지 않다. 그래서 일반 개인 간의 신뢰구축에 보다 적합한 요소를 제시한다면 다음과 같다.[42]

---

41) Weiss (1996), p.49 참조.

- 공개적이고 정직하라
- 문제를 정면으로 다루어라
- 얼굴을 맞대고 말하라
- 적극적으로 들어라
- 건설적인 피드백을 주라
- 정보를 공유하라
- 약속을 지켜라

집단 간 또는 조직내에서의 신뢰구축에 보다 적합한 요소들을 제시하면 다음과 같다.

낮은 수준의 신뢰구축
- 자신의 능력을 발휘하라
- 일관되고 예측가능하게 행동하라
- 정확하고 공개적으로 의사소통하라
- 의사결정을 공유하라
- 상대방에게 관심을 보여라

높은 수준의 신뢰구축
- 공동의 정체성을 확립하라
- 같은 장소에 서로 편성하라
- 공동 목표와 작품을 창조하라
- 공동 가치와 감성을 촉진하라

신뢰구축은 갈등이 예상되는 장소와 사람과 특성에 따라 달라질 수 있

---

42) 여기의 신뢰구축 요소들은 Carlton's Training Solutions (2011)과 Kotelnikov (2011)에서 각각 제시하는 Building Trust 훈련프로그램을 참고하였다.

음을 고려할 때 정답이 있는 것은 아니며 위에서 열거한 신뢰구축의 요소들의 전부 또는 일부를 실천함으로써 가능해질 것이다. 그럼에도 불구하고 신뢰를 구축하기 위해서 반드시 필요한 요소로 꼽으라면 정직성, 일관성, 정보공유, 관심 등이라고 보여진다. 따라서 신뢰는 갈등예방요소 중 정보공유를 함께 충족시켜 갈등예방을 가능하게 한다.

다음으로 존중은 어떻게 하면 보유하거나 개발할 수 있는가? 존중은 개인의 감성 (emotion)이라는 특성과 밀접히 관련되어 있는데 갈등예방요소로서 화목, 자발성, 직원만족 등의 가치관과도 관련성이 있다. 감성지능 (emotional intelligence, EQ) 이론에 의하면 감성지능이 자아의식, 감성관리, 자기동기유발, 타인의 감성 인정, 관계 관리를 포함하고 있다.[43] 그래서 감성은 에너지를 창조해 내는데 긍정감성은 긍정에너지를 만들고 부정감성은 부정에너지를 만들어낸다. 감성지능이 높은 사람은 감성관리를 잘하고 다른 사람의 감성을 잘 살피게 되고 관계를 잘 유지할 줄 알기 때문에 갈등을 보다 더 잘 예방할 수 있다는 것이다.[44] 그래서 최근 감성이 낮은 사람들이 감성이 높은 친구와 동료들과 함께 일하도록 도와주는 감성지능 개발 훈련프로그램이 효과를 보고 있다. 이 프로그램은 <표 4-3-2>에 보는 바와 같이 5 가지의 영역에서의 훈련에 초점을 맞추고 있다. 감성지능이론에 따라 감성지능 훈련을 통해 감성지능을 높인다면 갈등예방에 크게 기여할 것으로 보인다. 감성지능을 개발하는 것은 앞의 사례를 통해 도출한 갈등예방 요소 중 신뢰, 존중, 대화, 청취 그리고 화목의 상당부분은 충족될 수 있을 것으로 보인다.

---

43) Cherniss and Adler (2000) 참조.
44) Bagsaw (2000), McCorkle and Reese (2010), p. 26, 273.

<表 4-3-2> 감성지능 훈련 프로그램

훈련 분야	설명
창조적 긴장	- 현재를 관리하고 미래를 창조함. - 현재목표와 미래관계 모두에 초점을 맞춤.
적극적 선택	- 결정한 선택을 유지하기, 순응하기, 개인 위험에 대해 걱정하지 않기.
압박 하의 쾌활	- 감정을 다루는 스트레스 관리.
감정이입 관계	- 다른 사람으로 하여금 자기를 이해하기를 기대하기 전에 다른 사람을 이해함. - 관계를 개발하고 신뢰를 쌓기.
자아의식, 자아통제	- 자신에게 정직하기.

출처: Bagsaw (2000)

갈등예방의 가장 중요한 요소는 대화라고 해도 과언이 아니다. 대화는 갈등에 관한 한 알파요 오메가인 것 같다. 부정적으로 말하거나 상처를 주는 말을 하면 그 자체로서 갈등이 발생할 수 있는가 하면 긍정적으로 말하거나 상대의 마음을 배려하여 말을 하면 있던 갈등도 없애거나 줄일 수 있다. 또한 갈등이 발생한 후에 대화를 어떻게 하느냐에 따라 갈등이 증폭될 수도 있고 감소될 수도 있다. 참으로 대화는 어떻게 사용하느냐에 따라 독이 될 수도 있고 약이 될 수도 있는 오묘한 도구임에 틀림이 없다.

대화를 잘 하려면 어떻게 해야 하나? 다시 말하자면 효과적인 의사소통 (effective communication)이 되려면 어떻게 해야 하나? 미국의 연방알선 조정청(FMCS)에서 훈련용으로 사용되는 효과적 의사소통을 설명하는 다섯 가지 요소를 소개하면 다음과 같다.[45]

효과적 의사소통이란

---

45) FMCS, Module 3. Group Dynamics, *Facilitation Program* 참조.

- 상대방에게 알려주는 과정
- 한 사람이 다른 사람에게 지식이나 지시를 전달하는 것
- 의견이나 감성의 표현
- 행동을 동기유발하거나 변화시키는데 사용됨
- 관계를 설정하는 방법

여기서 의사소통의 구성요소는 다음의 네 가지이다.

- 화자 (sender)
- 메시지 (message)
- 청자 (receiver)
- 피드백 (feedback)

이 요소들 중에서 피드백이 의사소통에서 가장 중요한 요소로 간주된다. 피드백은 청자가 메시지를 받았고 어떻게 이에 대해 생각하고 있다는 것을 말하며 사람들 사이의 대화가 잘되고 있는지 결정해주는 요소가 된다. 만약 피드백이 없으면 정보와 아이디어의 생산적 교환은 있을 수 없다. 피드백을 주고받는 관계가 대화를 잘 하는 사이일 것이다.

이와 같은 취지에서 듣는 것, 즉 청취는 효과적 의사소통의 중요한 요소이다. 그래서 잘 듣는 것, 즉 적극적 듣기 (active listening)가 대화를 효과적으로 하여 갈등을 예방할 수 있는 방법이다. 적극적 듣기는 3-5절에서 갈등해결의 기본스킬로서 소개되어 있지만 여기서는 예방하는 스킬로서 활용할 필요가 있다. 특히 갈등예방 차원에서 적극적 듣기의 네 가지 유형을 강조하면 다음과 같다.

- 관심보이기: 말하는 상대방이 계속 말하도록 권장한다. "네 알겠습니다," "그 참 재미 있네요"라는 피드백을 사용하여 관심을 표명한다.

충분히 말을 할 기회를 줌으로써 표현욕구를 충족시켜 갈등을 예방할 수 있다.

• 느낌을 이해하기: 느낌에 대해 이해했다는 것을 보여준다. ".. 이렇게 느끼고 있군요," "많이 화났겠네요"라며 말하는 내용을 재해석하거나 새롭게 풀어서 표현함으로써 느낌을 이해하도록 도와준다. 상대방이 어떤 느낌이 들고 있는지 이해함으로써 상대방의 감성을 자극하여 갈등을 예방하는 효과를 가진다. 특히 감정을 함께 공감하는 감정이입 (empathy)은 상대방이 신나게 말할 수 있도록 분위기를 만들어 준다.

• 사실을 명확화하기: 모든 사실을 명확히 하고 의미를 확인한다. "이런 의미인가요?," "제가 이해하기로는 이런 말씀이군요 ... "라는 표현을 사용한다. 이렇게 상대방이 말하고자 하는 바를 확실히 확인함으로써 오해에서 오는 갈등을 예방할 수 있는 대화방법이 된다.

• 말을 요약하기: 말하고자 하는 논점을 정리하여 더 말을 이어서 해갈 수 있게 만들어준다. "이것이 말씀하신 그 아이디어이네요," "제가 만약 정확히 이해했다면...."이라는 표현이 도움이 된다. 이렇게 하여 상대방을 이해하고 있다는 인식을 줌으로써 동질감이나 유대감을 느껴 갈등을 만들 여지를 줄이게 된다.

적극적 듣기가 의사소통을 효과적으로 증진시키는 이유로는 다음과 같다.

적극적 듣기는
- 화자를 중요하게 느끼게 한다
- 청자로 하여금 의사소통의 생각과 느낌을 이해하도록 도와준다

- 청자로 하여금 화자가 표현하기 주저하고 있는 느낌을 표현하도록 권장한다
- 화자에게 부정적의 느낌을 완화하도록 하는 기회를 주고 있다
- 상호 존중을 보여준다
- 청자에게 문제를 정의하고 해결할 책임감을 부여한다

이렇게 볼 때 효과적 의사소통의 핵심으로서 적극적 듣기는 상대방의 존중, 자부심, 긍정적 느낌, 감성지수 증가를 통해 갈등을 예방하는 효과를 줄 수 있는 요소임이 틀림이 없다.

이상에서 갈등예방의 자세와 스킬로서 신뢰구축, 감성지능훈련, 적극적 듣기의 세 가지를 제안하였는데 이외에도 갈등의 상황에 따라 다른 스킬이 있을 수가 있지만 여기에서 생략하기로 한다. 이 기본적인 갈등예방 자세와 스킬을 응용하여 우리가 1-2절에서 분류하여 소개한 갈등사례들에 대해 갈등을 예방하려면 어떻게 했어야 할 것인지 제시해보려고 한다.

〈표 4-3-3〉 1-2절 갈등사례의 갈등예방 방법

갈등 종류	갈등 사례	갈등예방 방법
개인 간 갈등	기차역 매표순서 쟁취 갈등	·도착한 순서대로 매표하도록 라인 설치 ·존중과 양보하는 미덕을 보여줌
	전철 빈자리 쟁취 갈등	·줄을 선 순서대로 자리를 차지하도록 캠페인 ·존중과 양보하는 미덕을 보여줌
	영화 아바타 초대권 분배 갈등	·초대권 분배 원칙에 대한 합의 ·가족사이의 대화와 양보문화 유지
	상속회의 참여 갈등	·아버지의 아들딸 차별의식 불식 ·아버지와 자녀간의 대화와 관심 표명 ·신뢰와 감성으로 가족 사랑

	경영회의 참여 갈등	·업무와 회의에 대한 책임과 권한 설정 ·경영자회의, 팀회의의 정보공유와 대화 ·사장과 이사간의 신뢰구축
	드라마 '계백'에서 은고와 성충 간의 갈등	·은고가 태자책봉 욕심으로 추진한 역적행위 (신라와 내통)를 도모하지 말았어야 함 ·백제를 살리는 더 큰 목적에 합심 ·신뢰를 구축할 방안을 모색
	아이의 두발자전거 타기 갈등	·감성과 적극적 듣기 실천 ·평소에 모자간 대화와 의논 습관 ·두발자전거에 대한 엄마와 아이간 대화
	K시장 수뢰혐의 비난 갈등	·공직자의 수뢰행위 금지 ·수뢰혐의 관련 사과 및 대외행사 자제 ·시민들이 신뢰회복할 방법을 추구함
	경비원 초과근무 보상 갈등	·비상근무 관련 규정 마련 ·회사 경영진에게 보고 후 초과근무 ·사원 간 정보공유, 의사소통 활성화
집단 간 갈등	카데타 재고수준과 주문 갈등	·현실 반영한 재고수준 규정 개정 ·문제해결하려는 조직문화 구축 ·사원 간 정보공유, 의사소통 활성화
	팀장의 업무지시 갈등	·팀원회의에서 정보공유, 의사소통 활성화 ·팀장과 팀원간 신뢰와 존중의 조직문화 구축 ·팀장 업무지시 방법의 공감대 형성
	한진중공업 해고자 복직 갈등	·노사협력적 회사 경영과 위기대처 ·노사간 정보공유, 의사소통, 협의 활성화 ·노사간 신뢰구축, 상호존중
	서귀포 해군기지 건설 갈등	·해군기지 건설의 공정, 공개 의사결정 ·서귀포 주민과 사전 협의, 조정
	드라마 '광개토대왕'에서 국상 파와 왕실파의 갈등	·고구려 생존번영의 공동목표 합의 ·상호간 이해관계 충족 해법 모색 ·상호간 신뢰구축, 공존의 가치관

　　표에서 보는 바와 같이 개인 간 갈등과 집단 간 갈등을 예방하는 접근

방법이 조금씩 다를 수 있는 것을 볼 수 있다. 의사소통과 대화는 어느 갈등에서나 공동으로 중요한 예방기법이 되지만 감성지능을 개발하는 것은 주로 개인 간 갈등 예방에서 효과가 있고 신뢰구축은 주로 집단 간 갈등 예방에서 더 효과가 있는 것으로 보인다. 갈등 수준이 높거나 집단적일 경우에 정보를 공유하고 공동의 목표를 찾거나 이해관계를 잘 조절하여 상호 만족하는 해법을 모색하는 효율적인 접근방법을 모색해야 할 것이다. 갈등 수준이 낮거나 개인적인 경우에는 상대방을 존중하고 양보하는 미덕도 갈등을 예방하는데 매우 좋은 방법으로 보인다. 지나친 욕심에의 집착이 서로 공멸하는 화를 자초할 수 있음을 '산중의 이상한 주검' 등 앞의 여러 가지 사례에서 볼 수 있었다.

[생각해볼 점] ────────────────────

4-3-1. 어떤 갈등이라도 예방할 수 있는 훌륭한 가치관으로서 2가지를 꼽는다면 어떤 것이 있는가?

4-3-2. 의사소통 방법으로서 효과적인 기법은 무엇이며 그 이유는 무엇인가?

4-3-3. 조직에서 충성심을 높이기 위해 필요한 요소들은?

4-3-4. 감성이 갈등예방에 중요한 이유는 무엇인가?

제5장 건전한 사회를 꿈꾸는 갈등관리

5-1. 가족과의 갈등은 어떻게 관리하는가

가족은 원수가 될 수 있을까? 가장 사랑하는 사람들이 미워하는 사람으로 변하게 되는가? 사람은 태어나 제일 먼저 만나는 사람은 어머니이다. 어머니의 모유와 사랑을 받고 자라서 가족의 일원이 되고 아버지와 형제자매와의 관계도 설정하게 된다. 성인이 되어 결혼을 하고 배우자를 만나면 배우자, 시댁 또는 처가와 관계도 새로 형성되고 자식을 낳으면 자식과의 관계도 생기게 된다. 그래서 가족과의 갈등이란 어머니와의 갈등, 아버지와의 갈등, 형제자매와의 갈등, 배우자와의 갈등, 시댁과의 갈등, 처갓집과의 갈등, 자식과의 갈등 등 다양한 형태로 존재한다. 여기서는 부모와의 갈등, 형제와의 갈등, 고부갈등, 장서갈등 등 4가지 사례를 소개하고 어떻게 해결하고 예방하는지에 대해 논의하고자 한다.

사례 5-1-1 가족이랑 갈등...우울해요

저는 초등학생이고요. 진짜 우울증인지는 모르겠는데, 우울증 테스트하니까 우울증이라는 결과가 나왔어요. 집에서도 맨날 가족들과 사소한 말싸움이나 다툼? 한 번도 안한 날이 없을 정도구요. 저 자살하고 싶다고 부모님께 말씀드렸습니다. 그리고 우울증인 거 같다고 말씀도 드렸구요.

진짜 가족들이랑 많이 싸워서 막말 나옵니다. 부모님 가슴에 못 박는 말이겠지만... 이런 가족이면 필요 없다는 말까지 했습니다. 그래서 태도 바꿔주신데요. 고쳐본다네요? 근데 다음날? 뭐 실수하거나 엄마한테 막 뭐 해 달라고 하면 너 엄마 필요 없다면서? 이러시고요.

아빠와 갈등이 생기면 먼저 매부터 드십니다. 막무가내로 자기 원하는 대로 안하면 때리십니다. 다른 애들에 비해서는 많이 안 맞는 거 같지만 마음의 상처는 진짜 배로 받았다고 할 수 있겠네요. 제가 자존심 쌘척해서 가족들 있으면 마음 놓고 울지도 않고 울음 나오는 거 참아요. 가족들 나갔을 때나 그냥 혼자 방에 들어가서 말없이 소리도 안 나게 울어요. 괜히 눈치 보여서요. 아빠한테 혼났을 땐 시끄럽다고 울지도 말라고 합니다.

자살? 요즘 들어 자살시도까지 생각해봤습니다. 예전엔 내가 죽으면 자식도리가 아니라고, 아직 할 것도 많고 초등학생이니까, 괴로운 거 한순간이라고 생각하고 참았습니다. 요즘 들어 시도 때도 없이 어떻게 죽을까? 가족들은 내가 없으면 편하게 살겠지? 이런 생각들이 수 없이 드네요.

친구관계 이런 건 원만해요. 그저 가족들의 태도 때문에 우울한 거 같고요. 상담 같은 것도 못하겠고 엄마한테 있는 데로 다 말씀드렸어요. 그래도 조금이라도 말씀드리면 고쳐주실 줄 알았습니다. 위로라도 받을 줄 알았습니다. 그러나 결과는 똑같았어요. 괜히 말씀드린 거 같고 눈치보이고...

동생도 심하게 기어오르는데 엄마가 동생편만 들어서 싸우더라도 저는 그날 집에서 무관심... 소외되었어요. 저 진짜 동생 없었으면 하는 생각 하루에 수백 번도 더 듭니다. 어쩔 땐 말도 잘 듣고 착한데 그건 어쩌다 한번이고 매일 싸웁니다. 동생이지만 저보다 위인 거 같거나 동등한 것 같습니다. 저 정말 가족들에게 관심 받고 싶었어요. 동생보다 더... 욕심이 과했지만... 저만 괜히 친자식 아닌 것 같고 죄책감 들었어요. 내가 죽으면 다들 편하게 살거야. 말 안 듣는 자식이 사라졌으니깐. 동생도 괴롭히는 누나가 없어져서 좋을 거야. 이런 생각만 들구요.

오늘 경시대회가 있었는데 아침에 쇼를 했습니다. 학원에 가려고 씻고 있었는데 잘 하라고 격려는커녕 안 치웠다고 소리를 지르고 잔소리를 해대서 그냥 경시대회 안 나간다고 했습니다. 그래서 엄마가 아빠 깨우고... 전 아빠가 두려워요 제일. 아빠가 일어나셔서 매를 드셨습니다. 빨리 챙겨서 가라고 협박을 하시더군요. 맞기 직전까지 가면서... 선생님한테 전화가 왔는데 안 간다고 했는데도 기다린다고 하셔서 엄마 핸드폰으로 전화를 하려고하니까 또 때리려고 하시더군요. 울면서 갔습니다. 갔다와서 태도가 싹 달라졌어요. 정말 더럽더라구요. 밥은 먹었냐고 하면서. 그냥 씹을려고 했는데 아빠가 또 매를 드시려고 해서 그냥 대답했습니다. 저 이렇게까지 비참해지면서 가족들이랑 살고 싶지가 않아요. 정말 냉대 받으면서 무관심속에 차별 속에 제가 너무 비참해 보였어요.

가족들에게 대화로 푸는 건 포기했습니다. 그냥 나 하나 없어지면 끝이지. 이 생각밖에 안 들어요. 고민을 하소연할 데도 없어요. 어떻게 해야 할까요. 저 정말 사소한 거에 상처받습니다. 다른 사람들에겐 그냥 툭툭 내뱉는 말이라도 저한텐 정말 박혀서 그 말이 떠나지 않아요. 제발 위로라도... 도와주세요.

re: 가족이랑 갈등...우울해요
2007.11.04 16:56

얘야, 이제는 너의 길을 너 스스로 개척하면서, 스스로의 미래의 인생을 그리면서 나가려고 마음 먹어야 하겠구나. 너는 너의 가족 때문에 이 세상에 나온 게 아니란다. 너처럼 어릴 때에는 따뜻한 가족 분위기가 바람직하긴 하지만..... 오히려, 너의 가족처럼 그러한 경우에는 너 스스로의 독립심을 스스로 가꾸어 나갈 절호의 찬스이기도 하단다.

re: 가족이랑 갈등...우울해요
2007.11.04 16:09

가족관계는 너무나 가깝기 때문에 서로의 관계를 너무 소홀하는 데 문제가 있지 않을까? 진지하게 상의를 할 수 없는 엄마와 대화에 앞서 매부터 드는 아빠 모두가 문제가 있는 것처럼 보이지만 그 원인 역시 본인에게도 있지 않을까요? 먼저 가족을 눈치 보거나 의식하지 말고 본인이 할 일만 정확하게 해보세요. 엄마, 아빠의 관심에 기대하지 말고 마음에 여유를 찾아보세요.

(출처: 네이버 지식 Q&A, 가족이랑 갈등…우울해요, 2007.11.04)

이 사례는 초등학교 소녀가 부모와 갈등하는 마음을 이야기형태로 잘 드러낸 사례이다. 부모는 딸아이에 대해 매질을 한다거나 강요하는 행위가 별로 대수롭지 않은 것으로 비치고 있는 반면 이를 감당하고 있는 딸은 자살을 깊이 생각할 정도로 심각한 상태에 있는 그 인식의 차이가 너무 크다. 답변을 해준 사람도 아이가 부모를 설득이나 요청으로 바꾸지 못하는 상태에서 부모에게 의존하지 않고 스스로 독립적으로 자기 할 일을 묵묵히 해 나가라는 조언을 주고 있다.

식구들은 항상 같이 살고 있으므로 어떤 관계가 형성되면 타성이 붙어 개선되지 못하고 심지어는 악화될 수도 있다. 아이와 부모는 관심이 서로 다르며 상대방의 관심이 무엇인지 고려하지 않는 것이 제일 문제인 듯하다. 부모는 딸애의 사랑받고 인정받고 동생과 동등한 대우를 받고 싶어하는 심정을 생각해주지 않고 학교 열심히 다니고 집안일 잘 하는 것에만 관심을 가지고 말 안들을 땐 대화와 설득보다 강압과 매질로서 다스리려고 한다. 딸아이도 이러한 자신의 관심이 손상되고 상처 받는 데에서 자살까지 생각하고 있으며 부모가 원하는 것을 열심히 해드려 봐야 겠다는 생각과 노력은 별로 해본 것 같지 않다.

돈 때문에 발생하는 가족갈등.. 해결책은?

[상황전개]

　대대로 가족들 간에 아주 화목하고 우애 있게 사는 이웃들의 부러움을 사며 사는 가정이었습니다. 그러던 중 금융위기로 경기가 어려워져 다들 돈 때문에 허덕이고 있을 때 맏이인 형제 A가 해오던 사업을 유지하기 어려워 처분을 합니다. 밀렸던 빚잔치를 하고 얼마의 돈을 가졌던 형제A는 얼마 안남은 돈이 그동안 고생해온 대가의 전부였고 많은 나이에 앞으로 살아가야 할 전부이기에 막막했겠죠.

[갈등발생]

　그런데 돈이 있으면 자연히 관심이 모이는 법, 그 동안 돈 때문에 어려웠던 가족과 주변사람들이 관심반기대반으로 연락을 합니다. 형제A는 가족 사랑에 대한 마음은 변함없지만 앞으로 살 방법이 막막한 상황에서 처음 겪는 이런 관심 때문에 허심탄회한 대화를 할 타이밍을 놓치게 되고 명확하게 얘기를 못하고 불확실한 얘기만 반복하게 되자 서운함과 불신이 생기게 됩니다. 불확실하다라는 건 구름의 핵과 같이 주변 오해를 끌어들여 커다란 구름으로 변해 차가운 눈을 만들어 내립니다. 과거에 실없이 했던 농담마저 끌어 모아 강남에 건물이 있을 것이네 전세집이 사실은 자가일 것이네 은행에 돈이 얼마를 쌓아놨네 등등 온갖 오해가 만들어집니다. 모두들 돈 때문에 많이 힘들었기 때문에 형제애가 남들보다 각별했던 만큼 서운함도 컸고 오해도 더 커졌다고 생각됩니다.

[갈등심화]

　그렇게 세월이 흘러흘러 불신은 더욱 커져 돈독했던 형제지간이 나쁜 놈 소리까지 나오게 됩니다. 형제G는 형제A를 맏형으로 인정하려 들지도 않으려 합니다. 다른 형제H는 처가사람한테 사기를 당하지 않나 멀쩡했던 집안이 돈이 원인이 되어 겉모습은 멀쩡해 보이나 속은 곪아 갑니다. 불과 몇 천도 안 되는 돈 때문에 흔히 발생하는 이런 갈등이 우리 서민의 현실인가요.

[질문사항]

돈 때문에 발생하는 이런 가족갈등에 대한 해결책은 뭘까요.

re: 돈 때문에 발생하는 가족갈등.. 해결책은?
2009.05.23 05:13답변

서로 간에 이해하려고 끊임없이 노력하는 수밖에는 없는 것 같습니다. 감정의 골은 시간이 흐르면 흐를수록 깊어지기만 하는데, 누구하나 이 매듭을 풀기위해 먼저 선뜻 나서려고 하지 않기 때문입니다. 누군가 일단 용기를 먼저 내야 하구요. 중간역할을 누군가 해주는 것도 좋을꺼라 봅니다.
그리고 대화밖에 없습니다. 꾸준히 왕래가 필요한 것 같습니다. 그냥 인사차 들리는 그런 왕래가 아닌, 정말 신뢰하고 서로 헤아리는 관계를 차곡차곡 쌓아가야지요.

(출처: 네이버 지식 Q&A, 돈 때문에 발생하는 가족갈등.. 해결책은? 2009.05.23)

아 사례는 형제들이 결혼하고 나이가 지긋이 들어가는 중장년층에 재산문제로 생긴 갈등이다. 아마 맏이인 A가 해온 사업이 부모로부터 물려받은 재산이거나 다른 형제들의 지분이 조금은 있는 재산이 아닐까 한다. 만약 이런 가정이 사실이라면 사업이 어려워 처분을 하고난 다음엔 맏이로서 형제들을 불러모아 사실을 말하고 어떻게 할 것인지 의논을 하는 것이 필요했었다. 여기서의 형제간 갈등은 오해와 불신에서 발생하고 있기 때문에 이를 불식시킬 방법과 노력이 필요할 것이다. 이제라도 늦었지만 A는 재산 처분에 관련해서 좀더 명확하고 솔직해질 필요가 있다. 정확한 상황을 동생들에게 말해주고 의견을 들어보는 것이 급선무이다. 사람이면 누구나 재물에 대해 욕심이 생기게 되고 특히 부모로부터 물려받은 재산의 분배에 대해서는 갈등이 잘 발생하지만 그럴수록 욕심을 조금씩 접고 의논하여 합의한 상태로 해결하는 것이 가장 바람직하다.

사례 5-1-3 **고부갈등, 그리고 신혼에 이혼**

고부 갈등으로 이혼 위기에 놓여있습니다. 아직 아이는 없고요. 결혼한 지 2년 되어 갑니다. 시댁과의 마찰... 그리고 시댁을 한 가족이라고 인정하지 않는 배우자와의 결혼생활이 점점 의미 없음을 느끼는데요. 자라온 환경이 다른 건 인정하겠지만 그래서 더 맞춰가려고 하는 게 옳다고 저는 생각합니다. 그러나 제 배우자의 경우는 막내라서 그런지 자신을 더 맞춰주기만 바라는 게 저로서는 너무 이기적으로밖에 안 보이네요.

상담을 받아보자 해서 한 사이클을 돌았습니다만 서로 바뀌지 않으려고 더 애 쓰는 거 같습니다. 이것이 결혼생활인지, 동거를 하자는 건지 그러면서 친정하고만 가까워지려하는 아내에게 불만이 자꾸 쌓여가네요. 시댁에서 하는 모든 것을 회피하려고만 하고 웃어 넘길만한 이야기를 듣고도 가슴에 담아두고 이해시키려고 애써보고 내 부모를 배우자와 같이 흉도 봐줬지만 너무한다는 생각밖에 안듭니다.

장인장모님의 막내 딸이라고 딸 사랑 역시 부담스럽고 자기 딸은 귀한 줄 알면서 아들 귀한 줄은 모르시는... 저도 집에서는 온갖 기대를 받고 자란 귀한 아들입니다. 처가는 남자가 무조건 여자에 모든 걸 다 맞춰야 한다는 주의셔서 남자로서 참 힘이 듭니다.

저희 집이 못살아서 없는 집이어서 더 그러시는 것도 같고 아내 또한 없이 사는 시댁이라 잘 보이고 싶은 생각도 없다고 하네요. 그로 인한 싸움이 결혼 후 지금까지 대부분의 시간을 싸우며 보내고 있습니다. 그때 마다 짐싸고 이혼하자 소리 나오고요. 이혼을 막아보려고 몇번을 붙잡았습니다. 남(시댁)의 편이라는 아내에게 미안하다 먼저 사과하고 생각을 바꿔봐라 입장 바꿔 생각해보자고 수도 없이 얘기해봤지만 자기를 설득하고 이해시키려하지 말라고 합니다.

자기 생각만 옳다는 주의자에요. 자기 생각에 옳은 것만 행하는 사람인데 결혼한 사람으로 가질 수 있는 기본적인 행실조차도 거부하고 있으니 말로 설명해도 못 받아들이는 이 사람과 결혼생활을 더 유지해야 될지 걱정이 앞섭니다.

물론 제가 처음부터 아내를 이해 못해준 책임도 있습니다. 내 식구들 욕하는 데서 아내가 받았을 상처를 먼저 이해하지 못하고 아직 사람에 대한 경험이 부족한 탓으로 돌렸으니까요.

그도 그럴 것이 아내가 친한 친구들과의 모임에 가서도 옆에 친구가 조금만 기분 상할 말하면 그 자리에서 언성 높이고 싸움이 붙습니다. 당시엔 기분이 안 좋은 날이어서 그랬나 했지만 원래 성격이 말 한마디에 욱하더라구요. 보통 친구끼리는 웃으면서 넘기지 않나요. 한 두해 만난 사이도 아닌데.

그러니 왜 말을 그렇게 받아들이냐 상대가 얘기하는 본질을 생각할 수는 없냐고 수도 없이 말해보고 싸워봤지만 전혀 바뀌질 않습니다. 생각해보면 결혼 준비 할 때부터 많이 흔들렸는데 참고 진행했던 것도 화근이었던 듯하고 싸울 때면 서로 그 얘길 합니다. 우린 안 맞는 사람들인데 누구 등살에 떠 밀려서 결혼한거라고.

정이 남아있질 않습니다. 이 사람과 남은 인생을 함께 보내고 비전을 세운다는 게 자신이 없어집니다. 조금의 희생도 조금의 양보도 조금의 마음의 문도 열 생각이 없어 보입니다. 그저 동거하며 연애하듯 저와 둘만 사는 세상을 원하는 것 같습니다. 제가 고아도 아니고 양가 부모님들은 병풍인지...

하도 이혼 얘기가 자주 나와서 이젠 무덤덤하기도 합니다만 30대 중반의 이혼... 인생 실패자라고 생각 들어서 그래도 아직은 무섭습니다. 많이들 후회한다고 하여 저도 고민만 하게 되네요. 두려우면 참고 살아야 되는데 그게 너무 버겁습니다.

만약 이혼을 신청하게 된다면 위자료는 어떻게 되는 건지 그리고 이 상황을 어른들께 알려도 되는 건지 그럼 좀 나아지는 게 있을지 제 생각엔 처가집에선 딸 생각만 하실 분들이지 사람으로서 지켜야할 도리 이런 건 모르는 분들 같은데 말이죠.

욕은 정중히 사양하겠습니다. 현실적으로 이 상황을 어떻게 넘겨야 할지 비슷한 경험하신 분들 얘기 듣고 싶습니다. 그냥 참고 살든지, 이혼을 하든지, 돌싱과 현상태 유지라는 기로에 서 있습니다. 답변 부탁 드릴께요.

re: 고부갈등, 그리고 신혼에 이혼..
2011.10.07 12:59

아내 분은 넘 공주 같고 님은 여자들을 넘 모르는 거 같네요. 고부갈등 괜한 소리가 아니에요. 한 귀로 듣고 흘릴 수 있는 건 님의 어머니니까 그런 거구요. 여자의 행동, 말 하나하나가 그냥 하는 건 없답니다. 그래서 요즘은 시댁이랑 친정은 멀~수록 좋다 그랬구요. 부모님들이 자식 일에 일일히 간섭하니까요.

충고를 드리자면 두 분 다 부모님이 섭섭하더라도 자를 건 딱 자르세요. 아내 분은 친정에서 완전 독립해야하고 님도 시댁이고 아내고 친정에 다 잘하려 하지 마세요. 어짜피 잘하기도 힘들구 그러다보면 서로 섭섭한 것만 쌓이거든요.

(출처: 네이버 지식 Q&A, 고부갈등, 그리고 신혼에 이혼.. 2011.10.07)

고부간의 갈등은 그 정도의 차이는 있지만 어느 가정에서나 발생하는 갈등이며 완벽하게 해결하는 경우가 오히려 매우 드물 정도이다. 이 사례는 원래 시집을 온 여자의 심정이 시댁은 어려워하고 친정에 가까이 지내려는 마음이 일반적인데 거기다 좀 사는 친정과 없이 사는 시댁의 차이로 시댁에 적응하기 힘든 경우이다. 막네딸 마마걸로 자라다 보니 성격이 상당히 자기중심적인 거 같고 거기에 맞추기 여간 힘들지 않은 남편의 심정이 잘 나타나 있다. 두 부부가 서로의 성격차이로 힘든 건 사실이지만 시댁이나 친정이 두 사람 사이에 개입하여 문제가 더 어렵게 되는 것으로 보여 답변한 사람의 의견도 양가로부터 서로 독립해보라는 조언은 의미가 있다.

두 사람은 원칙을 세우고 서로 실천해볼 필요가 있다. 양가로부터 독립하여 둘 만의 생활에 충실하자는 원칙에 먼저 합의하는 것이 중요하다. 그 다음 두 사람의 관계와 이해를 증진시킬 수 있는 방안을 서로 합의해서 실천하는 것이다. 예를 들어 1주일 한 두번은 함께 외식한다, 만약 영화나 콘서트를 좋아한다면 한 달에 한 번 공연관람을 한다, 하루에 5분은 상대방의 말을 들어주기를 한다는 등 서로가 서로를 위해줄 수 있는 방법을 원칙으로 세워 실천해보는 것이 어떨가 한다. 서로의 정서와 감정을 존중해줄 수 있는 감성과 배려가 매우 중요해 보인다.

사례 5-1-4 부부싸움에도 장모가 달려와 ⋯ 장서갈등 시대

처가 간섭이 이혼 사유 1위라는데 ⋯
직장인 심모(34)씨는 연애 6개월 만인 지난해 8월 장가를 들었다. 하지만 신혼 때부터 처가와 사이가 불편했다. 장모는 심씨가 결혼 전 마련한 집에 대출금이 얼마나 끼어 있는지 확인할 정도로 꼼꼼했다. 부인이 늦게 들어와 다툼이 생기면 신혼집과 5분 거리에 있는 처가 식구가 총출동했다.
장모는 "우리 딸을 왜 이해하지 못하느냐"며 리모컨이나 전화기를 던지기도 했다. 'OO야'라며 이름을 불렀고, 화가 날 때는 '×새끼야'라는 말도 서슴지 않았다. 둘 사이 싸움이 계속되자 결혼 7개월 만에 장인이 먼저 "차라리 헤어져라"며 위자료 3,000만원을 요구했다. 심씨는 "'처갓집은 멀수록 좋다'던 옛말이 남의 일인 줄만 알았다"고 말했다.

장모와의 갈등이 심씨만의 문제일까.

며느리와 시어머니 간의 고부(姑婦) 갈등 대신 장모와 사위 간 장서(丈壻) 갈등이 파경의 원인이 되는 경우가 늘고 있다. 2일 결혼정보업체 비에나래가 지난해 재혼 상담을 신청한 남성 138명에게 이혼 사유를 물어 종합한 결과 '처가의 간섭 및 갈등'이라는 응답이 26.1%로 가장 많았다. 여성 186명 중 '시가의 간섭 및 갈등(17.2%)'이라고 응답한 비율보다 8.9%포인트 높았다. '사위 사랑은 장모'라는 등식이 깨지고 있다.

장서 갈등이 심각해지는 이유는 딸에 대한 부모의 관심이 커졌기 때문이다. 처가와의 갈등으로 지난해 이혼한 김모(35)씨는 "전처가 외동딸이다 보니 장인어른의 사랑을 많이 받고 자랐다"며 "석사 이상 학위를 가질 만큼 부모 교육열도 대단했다"고 말했다. 그는 "딸에 대한 기대는 높은데 사위가 그만큼 채워주지 못하면 처가에서 쉽게 실망했다"라고 했다. 비에나래 대표는 "여성이 학력 높고 좋은 직장을 가진 데다, 자녀 수가 줄면서 결혼한 딸에 관심을 끊지 않는 부모들이 늘었다"고 말했다. 딸이 부당한 대접을 받으면 처가에서 먼저 이혼을 요구하는 사례도 나타나고 있다.

장모-사위 갈등 해결하려면…가족 생활 5계명
(도움말 : 부부행복연구원 · 비에나래 등)

1 딸이 정치력을 발휘해야 한다.
어머니가 남편에게 지나치게 간섭하면 막고, 남편 불만에 귀 기울여야 한다.

2 딸은 시댁과 친정을 동일하게 대하라.
용돈, 방문횟수, 식사 대접 등을 똑같이 해야 갈등의 불씨가 생기지 않는다.

3 장모는 딸이 결혼하면 독립한 사람으로 대하라.
딸과 지나치게 밀착되면 딸 부부 관계를 깨뜨리는 부메랑이 될 수도 있다.

4 반드시 딸을 통해 전달하라.
사위가 마음에 들지 않는 부분이 있다면 딸을 통해 의견을 전달해야 한다.

5 적당한 호칭이 필요하다.
친하게 지내자는 이유로 사위에게 반말하지 말라. 적절한 긴장감이 필요하다.

임신과 출산, 육아 문제를 처가의 도움으로 해결하다 보니 사위와 장모 간에 부딪히는 횟수도 많아졌다. 종합병원 외과의사 백모(37)씨는 2009년 같은 병원 내과의사와 결혼하면서 서울 처갓집 옆에 집을 구했다. 바쁜 일정 때문에 아이를 낳으면 장모의 도움을 받기 위해서다. 하지만 장모가 신혼집을 들락거리면서 사위에게 "진공청소기도 돌리고 음식물 쓰레기도 버리고 오라"며 핀잔을 주자 부부 사이가 틀어졌다.

가족 상담 전문가들은 장서 갈등을 해결하려면 딸의 '정치력'이 십분 발휘돼야 한다고 주장한다. 부부행복연구원 최강현 원장은 "처갓집 영향력이 막강한 상태에서는 남편이 소외감을 갖지 않게 배려하는 부인의 역할이 중요하다"고 강조했다. 장모의 힘이 세져 부부의 사적인 분야까지 관여한다면 부인이 막아줘야 한다는 것이다. 가사 전문 이명숙 변호사는 "결혼 이후에도 모녀 관계가 자매처럼 가까우면 자칫 딸의 부부생활을 해칠 수 있다"고 말했다. 딸이 결혼을 했으면 독립된 가정으로 보고 적당한 거리를 둬야 한다는 지적이다.

(출처: 중앙일보, 부부싸움에도 장모가 달려와… 장서갈등 시대2012.01.03)

장서갈등이 잘 사용되지 않은 한자어인데 장모와 사위간의 갈등을 의미한다. 기사에서도 소개되어 있듯이 최근 자녀수가 줄고 학력과 소득수준이 높아지면서 부모의 딸에 대한 큰 관심이 결혼한 후에도 계속되어 딸과 사위의 부부관계에도 간섭으로 나타나 장서갈등이 발생하고 있다. 제일 핵심적 키를 쥐고 있는 사람은 딸이다. 딸은 결혼 후에도 친정부모에게 의존하고 걱정이 되는 친정부모는 사위에게 이런 저런 요구를 하게 되므로 부부의 독립적인 생활을 제대로 살지 못한다. 만약 고부갈등이 함께 발생하고 있다면 이 전 사례와 같이 서로 양가로부터 독립하여 부부중심의 삶을 살아가기를 노력해야 한다. 고부갈등이 없는 상태에서 장서 갈등만 존재한다면 남편이 고충사항을 부인에게 말하고 처갓집과의 일정한 거리를 두고 부부중심의 생활을 하자고 설득해야 할 것이다. 이에 대한 남편의 노력은 부인의 관심과 감성을 최대한 이해하는 것이다. 고부갈등에서 제시한 바와 같이 서로의 관계를 증진시킬 수 있는 원칙을 만들어 합의하고 실천하는 방안도 적극 모색할 필요가 있다.

[생각해볼 점] ─────────────────────

5-1-1. 부모와 자식간의 갈등은 주로 어떤 이유로 발생하는가?

5-1-2. 만약 가족간에 오해와 불신으로 갈등이 발생했다면 해결방법으로서 어떤 방법이 적절한가?

5-1-3. 고부갈등이나 장서갈등으로 지나치게 시댁이나 친정으로부터 간섭을 많이 받을 때 최우선으로 해야 할 일은 무엇인가?

5-2. 친구와의 갈등은 어떻게 관리하는가

친구라 하면 가족 다음으로, 어쩌면 가족보다 더 친근감을 느끼는 대상이다. 유아기의 또래친구부터 초중등학교의 학급친구, 고등학교와 대학교의 동창생, 종교, 취미, 운동, 직장 등 사회생활에서 만난 사회친구 등 다양한 형태의 친구들이 존재한다. 갈등은 1년에 한 두 번 어쩌다 만나는 친구 사이에 발생하지는 않으며 자주 보는, 매일 보는 친구 사이에 주로 발생하게 된다. 그래서 자주 보는 학교에서의 친구, 직장에서의 친구, 모임에서의 친구 사이의 갈등을 대상으로 할 것이다. 여기서 우리는 자주 친하게 만나는 친구, 동료 사이에 발생하는 갈등의 사례를 소개하고 그 해결과 예방의 방법을 모색하고자 한다. 초등학생, 중학생, 고등학생, 직장인의 갈등을 다루어보고 특히 학교에서 왕따와 폭력으로 자살한 사건을 주의 깊게 살펴보도록 한다.

사례 5-2-1 친구와 갈등이 많아요-초등학교

안녕하세요? 13살 女입니다.

저한테는 3명의 친구가 있어요. 저희 학교가 촌구석이다 보니까 반에 여자 애들이 저까지 포함해서 4명밖에 없거든요.

저는 A형이다 보니까 소심하다, 우유부단하다는 말을 자주 듣는 편인데요. 어른들께는 제 의견을 잘 표현할 수 있는데 친구들에겐 당당하게 못하겠어요. 아니, 더 정확히 말하자면 우리 여자 넷 중에 O형 여자아이가 있거든요? 근데 그 아이는 여러 학교를 다닌 아이라 친구도 많고 자존심도 세고 무조건 자기중심적으로 하려는 아이인데요. 그 아이를 뺀 저희 여자 3명은 거의 꼬봉같아요.

점심시간에는 계단 올라가기 귀찮을 땐 업어달라고 하구요, 자주 때리고 싫어하는 짓만 골라서 해요. 장난도 너무 심해서 화가 나요. 근데 반항을 못하겠는 건 그 아이랑 사이가 나빠지면 저는 한마디로 그냥 왕따 비슷한 게 되는 거예요. 그래서 다른 친구들도 그 아이를 싫어하지만 내색을 못하고 그 아이가 어떤 아이를 싫어하면 다 따라서 그 아이를 싫어해요. 그냥 아무 이유도 없어요.

그리고 오늘 제가 휴대폰을 처음으로 샀거든요? 그래서 다른 친구에게 알리고 O형 여자아이에게 알리려고 했어요. 근데 갑자기 전화가 와서 "야 너는 개랑 놀지 나랑 왜 노냐? 나 너랑 안 놀아." 이러더라고요. 전 어이가 없어도 참고 미안하다고 사과를 했어요.

항상 그런 식이죠. 근데 "니가 미안하다고 하면 또 내가 혼나." 이러면서 안 받아 주더라고요. 전 정말 어떻게 해야 할까요? 솔직히 제가 잘못한 건 없는 것 같은데 말이죠. 어떻게 하면 그 친구랑 갈등을 풀 수 있을까요? 그리고 그 아이 꼬붕처럼 생활하는 게 잘하는 짓일까요?정말 이젠 지쳐서 여기에 올립니다..

(출처: "친구와 갈등이 많아요," 고민상담카페, 2011.11.26, cafe.naver.com/havefriend/111646)

위의 사건은 초등학교 6학년 여학생 4명 사이에 발생하는 갈등사례를 보여주고 있다. O형 여자아이가 소위 왕초를 하고 다른 세 여자아이는 꼬붕노릇을 하면서 O형 여자아이의 지시, 왕따, 협박에 주인공 A형 여자아이가 겪는 스트레스와 갈등이 잘 묘사되어 있다. 다음은 최근 사회의 큰 충격을 던져 주었던 학교 폭력에 의한 중학생 자살사건이다.

사례 5-2-2 대구 중학생 자살 사건—중학교

2011년 12월 20일 오전 대구시 수성구의 한 아파트 화단에서 A군이 숨진채 발견됐다. 단순 자살로 묻힐 뻔한 A군의 죽음은 '친구들이 인터넷 게임 아이템을 키우게 시키면서 공부를 못하게 하고 협박과 폭력을 일삼았다'는 내용의 유서가 발견되면서 큰 파문을 불러왔다. A군은 유서에서 B군 등 반 친구 2명의 실명을 거론하며 이들이 자신에게 '물고문'을 하거나 '전 깃줄을 목에 걸고 과자부스러기 주워먹기' 강요 등 말로 표현하기 어려울 정도의 가혹행위를 했다고 밝혔다. 유서는 A군을 괴롭힌 친구들에 대한 원망이 대부분을 차지했지만, 잘해 준 친구들에 대한 고마움을 표시하거나 가족에 대한 사랑을 표현한 부분도 많았다.

학교 교장은 27일 열린 학교법인의 긴급이사회에서 학생관리에 대한 책임 등을 이유로 직위 해제됐다. 28일 A군 모교의 방학식은 A군과 지난 7월 친구들의 오해를 사게 된 것을 비관해 스스로 목숨을 끊은 같은 학년 P양에 대한 묵념과 함께 열렸다. 이 학교 교감은 "정말 있어서는 안 될 일이었다"며 "사소한 말 한마디, 행동 하나가 친구들에게 큰 상처를 줄 수 있는 만큼 절대로 친구를 괴롭히지 말라"고 제자들에게 당부했다.

경찰은 12월 29일 B군 등에 대해 상습상해, 상습공갈, 상습협박 등의 혐의로 사전 구속영장을 신청했다. 이들은 31일 대구지법의 영장실질심사에서 구속영장이 발부돼 수성경찰서 유치장에 수감됐다. 경찰이 이들이 A군에게 보낸 휴대전화 문자메시지와 자신들끼리 주고받은 문자메시지를 복구하면서 유서에 적힌 이들의 범죄혐의점은 거의 입증됐다. 이들은 9월부터 최근까지 자신들의 인터넷 게임 아이템을 확보하기 위해 300여 차례에 걸쳐 협박성 문자 메시지를 A군에게 보내 온라인 게임을 하도록 강요하였다. 또한 이들은 수십 차례에 걸쳐 A군을 폭행하는 등 입에 담기 어려울 정도의 가혹행위를 한 것은 물론 수십만원 상당의 금품을 빼앗고, 숙제까지 대신 시킨 것으로 수사과정에서 드러났다. 특히 문자메시지를 주고받으며 물고문 등 가혹행위를 사전에 모의한 것은 물론 A군이 숨지고 나서도 사태의 심각성을 깨닫지 못하는 듯한 문자메시지를 주고받기도 했다.

(출처: 각종 언론매체에서 보도된 뉴스를 종합적으로 재구성함)

이미 오래 전부터 학교에서 왕따와 폭력에 의해 자살이나 타살로 나타나면서 사회적 쟁점이 되었던 적이 종종 있었지만 이번 학교폭력에 의한 자살이 중학생이 하기에는 그 수법이 조폭을 능가할 정도로 섬뜩하고 선량한 학생이 돌보지 못한 채 희생된데 학교, 가정, 사회 모두가 충격을 받고 자성하는 목소리가 컸기 때문에 더 관심이 집중되었다. 이렇게 극단적인 형태로 끝을 보게 되기까지 협박과 폭력이 오래 동안 드러나지 않고 진행되어 왔다는 점에 주목해야 할 것이다. 대구 중학생 자살사건이 발생한지 1주일 후에 광주에서도 매우 유사하게 한 중학생이 친구로부터 수십 차례 협박과 폭력에 시달리다가 자기 아파트옥상에서 투신 자살한 사건이 발생하여 학교폭력에 대한 문제의 심각성을 증폭시켰다. 다음은 고등학생들 간의 사소한 말다툼으로 발생한 갈등에 대한 이야기이다.

사례 5-2-3 친구 사이의 갈등은 어떻게 해결하는 것이 좋은가-고등학교

제게는 친하게 지내는 중학교 친구들이 있습니다. 방학 때 날 잡고 놀다가 문득 공부얘기, 대학얘기가 나왔는데, 문제는 거기서 시작됐죠.

지방과고생인 친구A가 슬럼프라 힘들어서 공부가 안 되는지, 방학 1주일간 거의 컴퓨터만 잡고 있었다고 그러더군요. 그래도 그럭저럭 상위 30% 안에 드니까 카이스트까지는 무난히 합격인 추세라고.. 좀 쉬다가 그냥 거기 맞춰서 내신 맞추고 영어나 더 공부하겠다며 자위하드라구요.

그래서 친구들이 끄덕끄덕거리고 있는데, 중딩 때 A의 베프인 B가 친구로서 걱정되는지 그 정도로 해서는 안 된다고 조언을 해줬습니다. 거기까지는 좋았는데...

지방 명문인문계에서 성적 적당히 나오는 친구B가 A에게 한심하다느니, 그래가지고는 조기졸업은 꿈도 꾸지 말라느니 막말을 조금씩 하더라구요.

그러니까 A도 화났는지 인문계에서도 그렇게 최상위권도 아닌 주제, 니가 뭘 아냐고 막 화를 내더니, 급기야는 서로 씩씩거리고 삿대질까지 하게 되었습니다.

A가 지방과고라도 얼마나 빡신줄 아냐고 막 화를 내더니, 카이스트가는 거 그래봤자 과고생 안에서 경쟁률이 3, 4:1밖에 안되느니 뭐니 하면서... 자기(B)는 수능보는 사람이니까 전국에서 수백대:1로 경쟁하는 거라고 막 뭐라고 해서, 이래저래 친구들 막 말리고...

서로 막 얼굴 붉히고 하더라구요.

(출처: "친구 사이의 갈등은 어떻게 해결하는 것이 좋은가" Tistory, 2011.02.17, http://face99.tistory.com/56)

이 사건은 고등학생의 중학교 동창생 친구끼리 발생한 갈등이다. 이는 인문계고교생이 악의나 고의도 아닌, 걱정스러워 한 말 자체가 과학고등학생의 자존심을 상하게 해서 말다툼과 싸움으로 발전한 사례이다. 잘 친한 친구라도 의사소통의 잘못으로 오해하고 다투고 싸움으로 번져갈 수 있음을 보게 된다. 마지막으로 직장 내에서도 업무상 갈등이 아니라 동료 간의 개인적인 갈등도 친구갈등의 하나로서 살펴볼 필요가 있다.

사례 5-2-4 **직장내 동료간 갈등**

직장생활한 지도 7년이 되어가고. 결혼도하고 나이도 30초중반입니다. 또 제 성격은 활달한 편입니다.

첨 직장생활 할 때는 적응도 안 되고, 시행착오도 많이 겪었지만 이제는 어느 정도 회사에서 제 자릴 찾아가고 있습니다.

문제는 제가 점점 정신이 나약해져가고 요즘 직장 동료와의 말중에 은근히 상처를 많이 받는데... 그거에 소심해져 가고 제 딴엔 외유내강이라고 속으로 외치며 지내지만. 회사 내에선 입지가 점점 얕아지는 느낌입니다.

회사내 동료(친구뻘)한테는 일에 개념이 없다는 말에 기분이 욱했지만 억지로 참기도 하고.. (걘 잘난척 좀 하는...)

다른 동료들 몇 명(후임)들 한테는 말을 무시당하거나 왕따 아닌 왕따 당하기도 합니다.

전 좀 더 강해지고 원만한 회사생활을 하고 싶은데... 회사내 분위기상으로나 성격이 전혀 맞지 않는 동료들 간에 갈등의 골이 깊어져가서 스트레스만 배가 되는 거 같습니다.

제가 이런 현 사항에 어떻게 대처하며 현명하고 원만한 생활을 할 수 있는지? 그런 제 잘난 애들 어떻게 대해야 하는지??.. 또는 제 성격상 문제는 없는지... 경험 많으신 분들의 조언 부탁드립니다.

답변 1.

....

그 한 가지는 동료들과 허심탄회하게 대화를 하실 것을 추천합니다. 물론 맘에 안 들고 힘들겠지만 먼저 질문자님의 속을 보여주세요.

......

그러다보면 질문자님한테 정말 적대적으로 생각을 하고 있는 사람을 제외하고는 많은 분이 질문자님을 이해하고 서로 좋은 관계가 유지될 수 있을 거라 생각합니다.

사람과 사람 간의 갈등과 문제를 푸는데 가장 중요한 것은 솔직함과 대화입니다.

답변 2.

....

나를 무시하는 혹은 따를 시키는 무리 속에는 내 생각과는 달리 나를 그렇게 미워할 이유가 없는 사람들도 반드시 있다고 합니다.

그들의 그런 행동(나를 따 시키는)에 전적으로 동감한 것은 아니라는 겁니다.

내편이 되어줄 동료를 적극적으로 만들어 보는 것도 좋지 않을까요?

(출처: "직장내 대인관계, 갈등...고민," 네이버지식iN, 2008.07.04)

이 사건은 학교와 마찬가지로 직장 내에서 왕따문제로 고민하고 스트레스를 받고 있는 갈등사례이다. 특히 내성적인 성격의 소유자가 쉽게 왕따를 당하고 피해를 보는 수가 있어서 효과적인 대처방법이 요구된다. 흥미롭게 답변을 한 의견 중 두 가지 포인트를 소개해 두었다. 갈등을 겪고 있는 주인공으로 하여금 용기 내어 적극적 대화를 시도해보거나 자기편의 동료를 만들어 볼 것을 권장하는 답변이다.

이상에서 친구 또는 동료간의 갈등사례 네 가지를 살펴보았다. 첫 번째, 두 번째 및 네 번째 사례는 왕따와 폭력에 의한 갈등을 보여주고 있고 세 번째 사례는 의사소통 미숙에 의한 감정악화로 생긴 갈등을 보여주고 있다. 먼저 왕따와 폭력에 의한 갈등에 대해 그 대처방법이 무엇일지 고민해보자.

폭력이란 무엇인가? 폭력은 참을 수 없는 스트레스에 대한 반응의 시도로서 인간의 자연스러운 행동이다.[46] 우리는 누구나 한계상황에 직면하면 폭력을 행사할 수가 있다. 폭력이 나오는 원천은 그림에서 보듯이 스트레스, 성격, 환경의 세 가지로 압축된다.

---

46) Denenberg and Braverman (1999), p.142 참조.

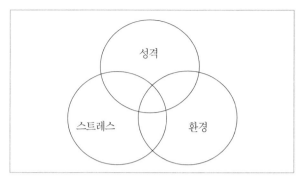

출처: Denenberg and Braverman (1999), p.142
〔그림 5-2-1〕 폭력행동의 원천

참을 수 없는 스트레스는 육체적 질병, 정서불안, 자살 등 다양한 형태로 나타나지만 어떤 사람에게는 폭력으로 나타나기도 한다. 폭력의 전력이 있는 사람이 스트레스를 받을 때 폭력의 위험은 높아진다. 스트레스가 폭력으로 쉽게 나타날 수 있는 개인적인 성격도 중요하다. 스트레스를 참고 압박과 갈등을 처리할 수 있는 유용한 방법을 찾을 능력이 있느냐가 바로 그것이다. 인생에서 크고 작은 스트레스를 해결하는 기본 스킬을 가지고 있거나 지원자와 연결되어 있거나 긍정적 대처방법을 보유하고 있는 것이 필요하다. 그렇지 못한 사람이 힘든 스트레스를 받게 될 때 폭력을 행사할 가능성이 높아진다.

다음 환경이란 학교나 직장이 스트레스 관련 파괴의 징후를 식별하고 그 과정에 개입하거나 방지할 수 있는 대응력이 있느냐 없느냐 하는 것이다. 폭력이란 일어날 수 있도록 방치되어져 있지 않는 한 일어날 수가 없다. 대부분의 폭력 사건들은 중간에 개입함으로써 결과를 바꿀 수 있는 시점이 여러 번 있지만 악순환을 중지시키지 못함으로써 폭력적인 결과로 종결된다.

[그림 5-2-2]는 스트레스의 징후에 아무 반응이 없거나 잘못된 반응을 했을 경우 폭력이 발생하는 재난의 시나리오이다. 여기서는 초기 징후가 인식되지도 못하고 완화되지도 못하여 중요한 시점에서의 개입이 없거나 잘못 대처하는 상황이다. 그래서 절망, 고립, 불신으로 폭력이나 자기파괴의 결과로 끝나는 시나리오이다. 반면 그림의 상부고리는 스트레스의 징후에 들어주거나 지원하는 등 개입함으로써 개인적 성장과 개인 간 연결을 만들어주고 긍정적으로 수용하고 변화하는 결과를 가지게 되는 시나리오이다.

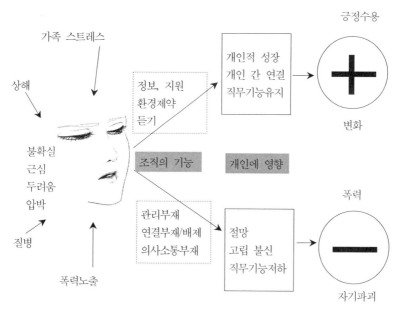

출처: Denenberg and Braverman (1999), p.145
주: 조직의 기능, 개인에 영향은 이해를 위해 추가되었음
〔그림 5-2-2〕 잠재폭력에 대한 개입의 효과

학교 폭력이 발생하지 않도록 하려면 예방하거나 개입하는 두 가지 전

략이 모두 다 필요하다. 예방은 폭력의 전조 현상이 되는 스트레스, 적개심, 긴장을 완화하고 위험신호를 감지하는데 초점이 맞추어져야 한다. 개입은 위협과 위험위기에 대해 신속하고 효과적으로 반응하는 것이다. 효과적인 개입은 분쟁해결스킬인 조정, 촉진, 알선을 활용하여 협력적인 문제해결을 시도하는 것이다. 학교내부의 폭력예방팀이나 외부의 전문조정팀을 활용하여 폭력을 예방할 수 있다. 필요하다면 학생들이 스스로 문제를 해결하기 위해 훈련받은 팀을 구성하여 동료조정(peer mediation)을 하는 것도 의미가 있다. 이는 학생들이 자율적으로 폭력을 예방할 수 있는 프로그램이므로 교사나 외부의 간섭을 받지 않아 편안한 마음으로 이용할 수 있는 장점이 있다. 그래서 학교가 위기취약(crisis-prone)에서 위기준비(crisis-prepared) 학교로 전환을 하여 위기를 예방하고 신속하게 대응하는 체계를 갖추는 것이 매우 중요하다.[47]

학교나 직장에서 협박이나 폭력적인 언행을 가해올 때 피해학생이 하지 말아야 할 행동과 꼭 해야 할 행동에 대해서는 <표 5-2-1>과 <표 5-2-2>를 참고할 수 있다. 특히 삼가야 할 행동은 어떤 식으로든 상대방을 자극하거나 경직적으로 행동을 하거나 쉽게 약속하거나 동의하는 행동들이다. 대신 꼭 해야 할 행동은 상대방에게 관심을 보이며 들어주고 심정을 이해한다는 반응을 보여주는 것이다. 그래서 가해자가 흥분을 가라앉히고 많은 말을 하도록 하며 시간을 벌도록 한다.

---

47) Denenberg and Braverman (1999), p.198 참조.

〈표 5-2-1〉 폭력을 협박할 때 삼가야 할 행동

1. 무감각, 거절, 냉소, 정중 같은 적개심을 유발하는 말은 삼가라.
2. 처음부터 모든 요구를 거절하는 것을 삼가라.
3. 상대방을 정면으로 서 있거나, 힙에 손을 얹거나, 팔짱을 끼는 도전적 자세를 취하지 마라.
4. 위협이 되는 급작스러운 움직임을 하지 마라.
5. 상대방에게 얕잡아보거나 바보 취급을 하지 마라.
6. 상대방을 비판하거나 성급하게 행동하지 마라.
7. 상대방과 거래하는 시도를 하지 마라.
8. 지키지 못할 그릇된 말이나 약속을 하지 마라.
9. 왜곡을 편들거나 동의하지 마라.
10. 상대방의 개인적 공간을 침범하지 마라.

출처: McCorkle and Reese (2010), p.188.

〈표 5-2-2〉 폭력을 협박할 때 해야 할 행동

1. 천천히 말하고 움직인다.
2. 상대방이 말하도록 계속 경청한다.
3. 관심을 표명하며 상대방에 집중한다.
4. 상대방 정면을 향하지 말고 측면을 향하면서 바라본다.
5. 상대방의 감정을 인식하고 있다.
6. 마음이 가라앉도록 지연작전을 구사하라.
7. 큰 문제를 구체적인 선택의 문제로 만들어라.
8. 비판을 긍정적으로 수용하라.
9. 권고하는 바가 무엇인지 물어보라.
10. 도망갈 길이 있다는 자신감을 가진다.

출처: McCorkle and Reese (2010), p.189.

앞의 제1사례는 초등학생들 사이의 왕따와 협박에 의한 갈등인데 신뢰와 존중의 방법보다 피해자 세 아이들이 서로 합심해서 새로운 관계설정을 위한 대응책을 모색하는 것이 필요하며 내부적으로 해결이 되지 않을 경우 학교나 가족의 도움을 요청하는 편이 좋을 듯하다. 괴롭히고 무리한 요구를 할 경우 초기에 분명한 대응을 하는 것이 중요하다.

제2사례는 그야말로 협박과 폭력으로 한 학생이 자살이라는 극단적인 선택을 함으로써 끝난 스트레스와 폭력의 최악 시나리오로 갔던 사례였다. 앞에서 이론적으로 제시한 바와 같이 가해학생이든 피해학생이든 스트레스와 위험신호를 조기에 감지하고 해소할 수 대응 프로그램이 절실히 필요한 것이다. 지나친 입시경쟁으로 내몰린 학생들이 스트레스를 피할 길 없어 폭력으로 나타난 것으로 해석되므로 가정과 학교에서 스트레스를 해결할 수 있는 대화와 다른 활동을 마련하고 폭력예방 전문 프로그램을 학교마다 도입하는 것이 필요하다.

제3사례는 의사소통의 문제로 발생한 갈등이므로 대화에서 상대방 존중과 감성지능을 가지는 자세와 훈련이 필요하며 특히 자유로운 대화와 토론문화가 전혀 없는 교육현실에 대한 개선방안이 긴요하다. 의견이 달라도 표현하고 차이점을 조정할 줄 하는 갈등관리방법의 훈련이 학생들에게도 중요한 과목이 되어야 한다.

제4사례는 1사례와 비슷하게 직장에서의 왕따에 의한 갈등으로 이에 대해 답변에서 적극적 대화를 해보는 것과 자기 편의 동료를 만들어 보는 걸 제안해 주고 있다. 왕따를 당하는 피해자가 제일 위험한 것은 상대방에게 대어들어 싸움이 일어나는 것이 아니라 아무 표현 없이 스스로 자괴감에 빠져 자신을 코너로 몰아가는 것이다. 이럴 때 왕따의 늪에서 헤어날 수 없는 매우 위험상태가 되고 그 결과는 비극적이 될 가능성이 높다. 그래서 조금의 용기를 내는 것이 필요한데 왕따를 시키는 '무서운' 동료에게 직접 대화를 하기보다 '이해해줄' 다른 동료나 다른 부서의 친한 사람에게 고민을 이야기하고 대처방안을 의논하는 용기가 필요하다. 원래 회사의 상담실이나 고충처리제도가 잘 되어 있으면 이를 이용하면 되겠지만 없을 경우 고민을 들어줄 사람을 찾아보는 것이 필요하다. 두 사람 사이의 갈등을 조정해줄 동료가 있으면 아주 좋기 때문에 동료조정제도를 두는 방법도 회사차원에서는 고려해볼 필요가 있다.

친구 간의 갈등을 관리하는 방법을 요약하면 다음과 같다. 단순한 의견 차이나 의사소통 부진으로 갈등이 발생했다면 합의도출이나 문제해결로 갈등을 해결할 수 있고 평소 상호 존중과 효과적 의사소통 훈련을 통해 갈등을 예방할 수 있다. 그러나 왕따나 협박에 의한 갈등에 대해서는 피해자는 분명한 자기표현과 주변의 도움요청이 중요하며 조직은 이러한 현상의 조기 발견과 대처하는 프로그램을 운영할 필요가 있다.

[생각해볼 점] ─────────────────────────────

5-2-1. 폭력은 비정상적 사악한 사람만이 저지르는 행동인가?

5-2-2. 폭력을 예방하기 위해 조직이 해야 할 일은 무엇인가?

5-2-3. 왕따와 폭력을 알게 되었을 때 친구나 동료가 해줄 수 있는 일이 있는가?

5-3. 조직에서 갈등은 어떻게 관리하는가

가족이나 친구는 개인적인 관계의 대상이지만 직장에서 일을 하거나 사업을 하면서 관계하는 조직구성원들은 업무상 관계의 대상이다. 조직 내에서 업무상 발생하는 갈등은 어떻게 관리하는 것이 바람직한가? 조직에서 갈등은 가족갈등이나 친구갈등보다 더 복잡하고 다양하므로 주요 분야를 선별하여 그 사례를 소개하고 해결방법을 모색하고자 한다. 고용차별갈등, 산업재해갈등, 상사갈등, 부서갈등의 4 가지 사례를 소개하고자 한다.

사례 5-3-1 │ 그 은행 텔러는 왜 회사를 그만뒀을까?-고용차별갈등

비정규직에 감정노동…"희망을 가질 수 없어요"

K (29·여)씨는 3개월 전 다니던 은행을 그만뒀다. 이름을 대면 누구나 알 만한 은행이었다. 그가 맡던 일은 은행 창구에서 고객을 맞는 계약직 텔러였다. 지점에서는 항상 밝은 미소를 띠어야 하는 감정노동자다.

사실 직장을 떠나겠다는 결정은 쉽지 않았다. 지난 2010년 남들보다 2~3년 정도 늦게 입사했다. 상위권은 아니었지만 서울 소재의 대학을 졸업했다. 금융위기 탓에 취직은 쉽지 않았다. 그러던 중 은행 텔러 모집 공고를 봤다. 독일어를 전공한 탓에 은행은 생각지도 않았던 터였다.

합격하고 난 뒤 그가 처음 받은 연봉은 2,300만원이었다. 출근은 오전 7시, 퇴근은 오후 10시로 하루 15시간의 강도 높은 일에 대한 대가였다. 낮에는 고객과 밤에는 숫자와 씨름을 했다. 취업 후 얼마동안은 부모님께 텔러라는 사실조차 말하지 못했다.

부모님에게는 분리직군제로 인해 계약직인 텔러가 아닌 정규 신입사원이라고 말했다. 거짓말을 해가며 다닌 은행이지만, "아직도 직장을 구하지 못한 친구도 많다"라고 자위하며 견뎠다.

그의 다짐이 무너진 계기가 있었다. 자신과 같은 일을 하는 정규 신입 행원이 연 1,000만원 이상 더 받는 걸 알았을 땐 도저히 참을 수 없었다. 그것도 신입행원 임금 삭감으로 인해 20% 깎인 액수였다. 실적에 대한 압박은 정규 행원이나 자신이나 같았다. 때론 더 늦게 근무하는 경우도 있었다.

자신도 2년 더 근무하면 정규직과 비슷한 무기계약직으로 전환되는 것을 알고 있었지만, 무기계약직으로 바뀌어도 정규 사원의 임금 수준을 쫓아갈 순 없었다. 15년 동안 창구직을 맡은 여자선배는 연봉으로 4,500만원 정도를 받았다. K씨의 입사 동기인 100여 명 중 30% 가량은 1년 만에 회사를 떠났다.

(출처: 이투데이, 2012-01-03)

이 이야기는 현재 우리나라 청년들이 겪고 있는 소위 비정규직의 아픔을 잘 드러낸 사례이다. 고도성장을 하던 한국경제가 1998년 IMF위기를 맞이하여 뼈아픈 구조조정을 단행하였고 2008년 금융위기 때에도 실업자가 양산되어 청년들의 고용불안이 심화되어 왔다. 예전 같으면 대학을 졸업하고 신입사원으로 정규직에 입사를 했으나 지금은 상당수가 인턴이니 계약직이니 하며 비정규직으로 일을 하기 시작한다. 신분의 불안에 더하여 같은 일을 하는데도 임금을 정규직에 비해 턱없이 모자라는 수준을 받는 상황도 있는데 지금의 사례가 바로 그런 것으로 보인다.

이미 K씨는 은행을 퇴사했지만 법적으로는 지방노동위원회에 차별시정을 신청하여 구제받을 수도 있다. 다만 본인은 정규직과 동일한 일을 하고 있다고 믿지만 회사에서 교묘하게 법망을 피해서 정당한 차별로 판정이 날 수도 있긴 하다. 회사를 상대로 시정을 요구하는 법적 절차는 자신에게 혹 불이익이 올까봐 소리 없이 참고 감내하는 경우가 많다. 법적 절차를 따르지 않고 내부적으로 해결하려면 노동조합이나 회사에 고충을 제기하고 고충처리절차를 따르는 방법도 있다. 회사에서도 정규직의 보호의 댓가로 비정규직의 고용상, 대우상 차별을 쉽게 자행하는 것은 사원 간 갈등과 괴리감을 초래하여 생산성저하를 가져올 수 있다. 사원의 자발성과 충성심이 생산성에 매우 중요한 요소인데 이를 위해서는 내부직원의 만족도를 높이는 것이 필요하다. 이런 의미에서 갈등과 차별은 분명 부정적인 영향을 미치므로 예방하고 해결해야 한다.

사례 5-3-2 근무중 뇌출혈 산재처리 여부와 회사와의 갈등—산업재해갈등

　　제부가 근무중 뇌출혈로 수술로 받고 병원에 입원중입니다. 회사 입사기간은 3개월째이며 금속회사에서 용접일을 하고 있습니다. 용접외 타부서에 절단등 기타의 일을 지원 나갔으며 평소 일이 너무 힘들다고 하였습니다. 입사 하루만에 그만두는 사람도 있었다고 합니다. 연장근무를 매일같이 하였으며 휴일에도 출근요청을 해서 근무를 했습니다.

　　쓰러진 날도 전날이 당초 회사에서 휴무로 잡힌 날이었는데 휴무를 뒤로 해줄 테니 근무를 해달라고 해서 출근을 했다고 합니다. 회사에서는 그날부터 너무도 적극적으로 저희를 도와 주웠습니다. 젊은 나이에 쓰러진 것과 제 동생이 다음주가 출산일이라 그렇게 신경 써주시는 게 너무도 고마웠습니다.

　　그런데 산재처리 얘기가 나오면서부터 180도 달라지는 모습에 너무도 배신감이 듭니다. 병원에서 무슨 일 있거나 기타 다른 일이 생기면 꼭 먼저 연락해주라고 했던 것도 다 산재문제 등등의 이유였습니다.

　　"산재처리를 어떻게든 받게 노력을 할 거다. 대신 안 되었을 경우에 병

원비를 일체 지급을 해줄 테니 민.형사상의 문제를 제기하지 않겠다는 각서를 써달라" "산재공단에 가게되면 개미떼들이 달라 붙을 테니 일체 신경쓰지 말고 우리하고만 대화를 하자"

라고 했습니다. 또, 법적 문제가 제기되었을 때 회사 측에서는 산재를 받게끔 해주었던 것에 대해 거짓 내용을 제출했다고 자진신고를 하고 위증으로 벌금만 받으면 된다고 하면서 자꾸 각서를 써달라고 합니다. 병의 특성상 재발과 후유증이 발생시 2차 책임질 수 있냐는 질문엔 안 된다고 합니다. 이제 이 병명으로 인한 보험은 들 수도 없는 상태이고 1차 산재 불가 판정을 받는다고 생각하면 차후의 일이 너무도 걱정이 됩니다.

다음 주가 동생의 출산일이라 정말 산 넘어 산 입니다. 동생부부를 위해 해줄 수 있는 게 없어서 제가 너무 한심하고 미안합니다. 어떻게든 지혜롭게 해결할 수 있는 방법 없을까요. 좋은 의견 많이 올려주십시오.

re: 근무중 뇌출혈 산재처리 여부와 회사와의 갈등
2008.09.22

뇌출혈의 경우 이전 법에서는 근무중 뇌출혈이 인정되는 경우가 굉장히 높았지만, 2008. 7. 1. 개정법 시행으로 인하여 근무중 쓰러지더라도 작업장 외(집이나 출,퇴근길 등) 쓰러진 것과 동일하게 판단합니다. 따라서 업무와의 인과관계를 입증하는 것이 굉장히 중요합니다.

구체적으로 회사가 어떠한 약점이 있는지 잘 모르겠지만, 예를 들어 연장근무가 다소 많았다 하더라도 이것을 가지고 민사상 손해배상을 청구하여 법원에서 인정받는 것은 거의 힘듭니다. 따라서 회사에서 요구하는 사항에 대하여는 극히 불리한 것을 제외하고는 협상을 적극적으로 하는 것도 괜찮을 듯 합니다.

뇌출혈의 경우에는 재발 우려가 많으므로 반드시 산재로 인정받아서 추후 재요양의 방법을 이용하는 것이 중요합니다. 뇌출혈의 인정가능성은 연령, 흡연 및 음주, 개인력, 가족력, 기존 질병 유무 및 업무상]과로 및 스트레스 등을 종합적으로 판단합니다.

re: 근무중 뇌출혈 산재처리 여부와 회사와의 갈등
2008.09.24

공단에 재해경위 제출시 재해전 3일, 일주일, 한달 이런식으로 근무형태를 나눠 작성하시길 바랍니다. 예를 들어 재해 전 3일간 업무외 근무를 몇 시부터 몇 시까지 했는지, 근무 중 본 업무와 다른 업무는 무엇을 했는지, 근무 중 새로운 업무의 가중이 있었는지 등등 이런 식으로 하루하루를 작성하신다고 생각하시면 됩니다. 스트레스는 예를 들어 업무로 인해 상사와의 마찰이 있었는지, 퇴사의 압박이 있었는지, 동료와의 말다툼이 있었는지, 과중한 업무로 인한 시간압박이 있었는지 등 이런 것을 잡으시면 될 것으로 압니다.

산재로 안하시겠다면 근재보상이나 민사상 손해배상을 청구해야 합니다. 허나 이 단순 재해가 아니고 뇌출혈이라는 질병을 증명해야 하기 때문에 어려움이 있을 것으로 판단이 드네요. 윗글에 뇌출혈 산재승인이 안날시 병원비는 지급해 주겠다. 대신 민 형사상 손해배상 청구는 안한다는 각서를 쓰라는 말은 글쓴이 보고 죽으라는 말과 같다고 판단이 드네요. 절대로 그런 각서는 안 쓰시는 게 좋습니다.

(출처: 2008.09.20 네이버 지식 iN)

이 사례는 회사에서 업무상 재해를 당해서 산업재해를 인정받으려는 환자가족과 산재인정과 손해배상에 소극적, 방어적 태도를 취하는 회사와의 갈등을 보여주는 전형적인 산재관련 사건이다. 산재인정이 받기가 어렵다는 의견이 많아 답변에서 조언을 해주고 있는 바와 같이 세심하게 자료를 만들어 제출해야할 것이고 민·형사상 손해배상 청구는 안한다는 각서를 쓰지 말도록 해야 할 것이다. 문제는 산재인정을 받기 위한 필요한 세세한 자료를 환자 당사자가 준비를 못하고 회사에서 협조를 해주어야 하므로 일정한 정도 회사와의 협상은 필요할 것으로 보인다. 그래서 자료 협조를 충분히 해서 산재인정에 최대 노력을 하고 그래도 인정받지 못하면 민 형사상 손해배상 청구는 안한다는 각서를 쓰지 않는다 해도 충분한 보상을 해준다면 손해배상을 청구하지 않겠다는 약속을 할 수도 있다. 차후가 불확실하다면 아예 보상액을 미리 약정하고 산재인정이 되면 포기하고 산재인정이 안되면 그 보상액으로 결론 짓는 방법도 있다.

사례 5-3-3 직장상사 (여자상사)와의 갈등—상사갈등

현재 다니고 있는 직장의 제가 근무하고 있는 팀의 팀장은 40대 후반의 여자입니다. 일단 제가 파악하고 있는 그 사람은 갈등을 겪고 있는 저의 지극히 주관적인 판단으로는 부정적일 수 밖에 없습니다. 우선 아주 못됐습니다. 사람 자체가 아주 못돼먹었습니다. 무슨 피해의식이 있는지 자기한테 조금이라도 피해나 불쾌감을 주거나 하면 적으로 판단하여 배척합니다. 단지 상대를 안 하는 수준이면 그래도 나을 것 같습니다만 본인의 입으로도 늘 하는 말이지만 평생 잊지 않고 기억하며 곱씹는다는 겁니다. 그리고 그렇게 느끼게 하거나 행동한 대상을 괴롭힙니다. 흔한 말로 개갈굼을 당하게 됩니다.

제가 당한 수준은 투명인간 취급 (인사를 해도 받지 않고 쳐다보지도 않는 것이 그 예), 벌레 보듯이 쳐다보는 것, 막말을 하거나 깎아내리는 말을 하여 상처를 주고 모욕감을 줍니다. 제가 하지도 않은 일을 했다면서 너는 그런 아이란 식입니다. 예를 들면 회사에서 몇몇 팀을 묶어 지각연좌제를 실시하게 되었는데 그 이후에 팀에서는 출근시간보다 10분 일찍 오지 않으면 지각 벌금을 거두기로 하였습니다. 그런데 그렇게 된 것이 저 때문이라는 겁니다. 저는 제가 남에게 피해를 끼친 일에 대해서는 기억하고 잘 잊지 않습니다. 부끄러운 기억이라 기억에 잘 남아 있습니다.

저는 아니라고 했지만 근태관리하는 총무팀에 알아보라며 자신의 기억이 맞다고 확신을 하더군요. 그리고 같은 팀의 다른 직원이 실수를 하여 회사에 금전적인 피해(인쇄사고)를 끼쳐도 야단을 치면 그 때 뿐 더 이상 야단치지도 않고 곱씹어 괴롭히지 않으면서 저는 별 대수롭지 않은 것에도 미치겠다는 표정에 한숨을 쉬면서 억지를 부립니다. 몇 일 전에는 사장님 보고용이라는 말이 나오기 전에 시킨 일이었기에 팀장님께 보여드리기 위해 준비한 자료를 두고 사장님 보고용인줄 알면서 이따위로 헷갈리게 문서 작성했냐면서 트집을 잡으면서 벌레취급을 했습니다. 일부러 다른 직원들 앞에서 깎아내리면서 모욕을 주기 위함이었을 겁니다.

그런 식으로 저를 막대하고 일부러 갈구는 그 여자를 보면서 순간 살인 충동까지 일었습니다. 칼이 있으면 그 여자를 푹푹!! 찔러 죽이고 싶다는 생각이 들면서 머릿속에 순간 그 장면이 스치더군요. 저는 정말 그 여자를 죽여버리고 싶은가 봅니다. 화를 못 참겠고 맘 같아서는 그 여자 위에 올라 타서 몇 대 갈겨주고도 싶었습니다. 정말 제가 그렇게 하지나 않을까 맘 한구석에는 겁도 나면서 또 다른 한편으로는 정말 그래버리면 어떨까? 속이 시원하겠지 하는 생각마저도 듭니다.

몇 시간 후면 또 그 지옥으로 출근을 해야 합니다. 인사를 하면 분명 무시를 할 테니 인사를 하고 얼굴을 마주해야한다는 것이 끔찍합니다. 그리고 또 제가 못 견뎌서 퇴사를 하는 그날까지 그 여자가 저를 괴롭히고 깔아뭉개고 모욕을 줄 것을 생각하면 겁이 나고 회사가 가기 싫습니다. 저는 어떻게 해야 할까요?

참고로 다른 팀에서도 그 여자 때문에 우리 팀에 오기 겁나하고 피하려고 한다는 얘기를 들었습니다. 공식적인 자리에서 다른 팀의 팀장님이 저희 팀이 내부고객 응대에 문제가 있다고 지적을 하면서 그런 말씀을 하셨을 정도로요. 팀의 다른 직원들도 힘들어하면서도 참고 있는 것 같구요.

re: 직장상사(여자상사)와의 갈등
2010.03.22 08:55

님이 다른 팀에 이런 상황을 이야기 하거나, 아니면 팀장에 대해서 불만을 표출하는 것은 절대 해서는 안 되는 행동입니다^^ 조직이라는 것은 팀장이 문제가 있어도 조직의 전체적인 '규율' 내지는 '인화'라는 것에 더 초점을 두기에 님의 그런 행동은 팀장의 결격 사유와는 별도로 보이지 않는 처벌 대상이 될 수 있습니다^^

그러면, 팀장과 헤어질 때까지는 어쩔 수 없이 팀장과 생활해야 하는데 힘드시겠습니다, 하지만 팀장의 행동을 바꿀 수는 없지만 팀장의 행동에 대한 감정은 다음을 한번 생각해 보시면 좀 누그러들 것입니다^^

님이 남자라면 군대 다녀왔지요? 혹시, 어느 군대에나 있다는 소위 '고문관' 기억나세요?^^ 고문관의 특징 중에 하나는 쫄병 때는 엄청나게 꼴통 짓 하다가 정작 고참 되면 밑에 애들 잡는다는 거지요^^ (님이 여자라면 주위 남자들에게 고문관에 대한 생생한 이야기 전해 들으세요^^) 팀장을 볼 때 마다, 군대 시절의 그 고문관을 생각해 보세요^^ 지금 저러지만 사회 초년 시절에 얼마나 꼴통이었을까, 그리고 우리 앞에서는 이러지만 임원들 앞에서는 얼마나 어리숙할까 등등. 소리 치고 님을 힘들게 하는 그 팀장을 보면 앞으로는 슬그머니 웃음이 날 것입니다^^ 한번 고문관은 영원한 고문관입니다^^

(출처: 2010.03.29 03:17 네이버 지식 iN)

이 사례는 성격이 좀 모난 여성 상사로부터 받는 스트레스와 갈등을 잘 보여주고 있다. 답변은 마음치유전문가(Personal Change Coach)로서 상사를 고문관으로 간주하고 스스로 마음을 털어버리는 마음치유방법을 제안하는 조언을 주고 있다. 이런 방법이 본인이 편하게 지낼 수 있는 방법으로서 도움이 될 수 있다. 보다 적극적으로 갈등을 해결하기 위해서 무엇을 하면 좋을까? 부서 내 다른 직원들도 마찬가지 벌레취급을 당해본 적이 있는지, 본인에 대해 호의적인지 분위기를 파악해서 그렇다면 다른 직원들과 대화하고 의논하여 공동 대처 방안을 찾아보는 것이 필요하다. 혼자서는 말할 수 없으나 같이 공동으로 회식 등 기회를 마련하여 상사와의 대화를 추진하는 방법을 추진해보는 것이다. 만약 사내 고충처리제도가 있으면 그것도 활용할 필요가 있다.

사례 5-3-4 부서 간의 갈등...Silo-부서갈등

몇 달 전 교육기자재인 교육용 노트북 한 대를 총무팀에 의뢰했다. 최근 교육은 첨단 디지털화로 전개되고 있고, 상당수 연수원 및 교육팀들은 최첨단 강의실에서 최고의 사양을 자랑하는 멀티미디어로 교육을 진행하고 있는 것은 누구나 다 아는 상식. 하지만 우리 연수원은 아직도 노트북 한 대, 빔 프로젝트 한 대를 총무팀에 구걸하다시피해서 확보하곤 한다. 불쌍한 우리 직원들...T.T

어쨌건 부족한 노트북 한 대를 추가해달라고 업무연락 통신지를 보낸지 석 달째... 그사이 나는 노트북이 추가된 줄로만 알고 있었는데 알고보니 아직도 확보가 안 된 것이었다. 연유를 알아보라고 하니 총무팀 차장 왈 "총무팀장이 아직 의사결정하지 못하고 있다"는 얘기를 했다고 한다. 나는 그 이야기를 듣고 상당히 화가 났다. 당장 교육을 진행해야하는 입장에서 기자재가 확보되지 못하다니... 게다가 업무연락 보낸지 3개월이 지나도 감감무소식? 이게 웬 개풀 뜯어먹는 소리란 말인가?

총무팀장에게 전화를 해서 다소 언짢은 억양으로 말했다. 왜 그렇게 노트북 한 대 구매하는 것이 오래 걸리는 것이냐고 뭐, 큰 목소리는 아니었지만 다소 까칠하게 항의를 하였다. 총무팀장은 어쨌건 생각해보겠다고 하면서 전화를 끊었다.

그러다 퇴근 후 생각해보니 아무래도 나보다 나이가 많은 양반한테 항의를 한 것에 대해 찝찝한 생각이 들어 담날 오전에 총무팀장을 직접 찾아가 사과를 하였다. 그런데 이렇게 사과를 하면 당연히 서로 악수하고 잘해봅시다라고 할 줄 알았다. 사과할 때까지도 말이다. ㅋㅋ. 하지만, 총무팀장의 태도는 의외였다. 나의 사과 말이 끝나자마자, "응...계속 그렇게 해봐~응? 그렇게 해보셔?" 라고 빈정대며 말하는 게 아닌가? 나는 잠깐 귀를 의심했다. 다리를 꼬고 턱하니 앉아있는 품새는 역시 유도대학 출신답게 보였고 거기서 뿜어져 나오는 타인에 대한 위압, 권위 등이 느껴지는 상황. 그러면서 장장 20여 분간을 훈계하는 것이었다. 요지는 교육부서가 열심히 일하는 것은 알겠는데, 왜 그렇게 다른 부서를 배려하지 못하느냐? 뭐 이만 소리였던 것 같다. 아무리 머리를 굴려봐도 다른 부서를 배려하지 못한 것에 대해서는 기억을 끄집어낼 수 없었고...계속 이야기를 나누다보니 결국 이런 얘기였다. "왜 내게 와서 노트북 사달라고 조르지 않았느냐? 구매부서 총 책임자인 내게 전화 한 번 하지 않느냐?"는 얘기... 결국 부서 역할을 개인 역할로 착각... 부서의 구매 파워를 개인의 파워로 걍 승화시킨 것으로구만. ㅋ

쩝~. 어쨋건 좋다. 계속 들어보자...했더니 별별 이야기를 다한다. 마지막에는 당신 어쩌고 하면서 이제 반말까지 하며 마구 훈계를 한다. 결국 끝까지 듣다가, 못 참고 화를 내고 방을 나오긴 했으나, 영 맘이 편치 않다.

부서 간의 갈등 문제인 Silo[48])에 대해 요즘 많은 고민이 있는 듯하다. 사실 우리가 팀웍훈련, 조직활성화 교육, 한마음 대회 등 전직원 대상으로 화합을 주제로 한 이벤트를 많이 기획하고 실행하지만, 현업에 복귀하면 90% 이상 옛날 조직 관행으로 돌아가게 되는 것이 현실이다. 기본적으로 모든 부서가 동일한 파워와 영향력을 가지지 않는 한, 부서 간의 Silo란

---

48) Silo(사일로)는 원래 '굴뚝모양의 곡식창고'를 뜻한다. 경영학에서는 '회사 안에 담을 쌓은 채 다른 부서와 소통하지 않고 스스로의 이익만을 좇으면서 따로 놀아 폐해를 끼치는 부서'를 비유하는 말이다. '부서 간 장벽', '부서 간 이기주의'를 의미하는 조직문화를 나타낸다.

놈은 그런 이벤트를 한다고 절대 없어지지 않는다. 게다가 부서장들이 승진을 염두에 둔 경쟁상태라면(뭐 어느 조직이든 당연히 그럴 것이다) 더욱 문제일 것이고..

윗사례처럼 구매팀의 구매 파워, 인사팀의 인사 파워, 재무팀의 금전 파워를 앞세워 기본적 부서의 기능을 자신의 파워로 착각하고 다른 부서를 압박을 한다면 부서 간 갈등은 절대 해결되지 못한다.

심리학자들은 갈등하는 두 조직의 상처를 봉합하려면 두 조직의 목표나 미션을 아우르는 더 큰 목표를 주어서 같이 업무를 수행토록 하는 것이 바람직하다고 말한다. 맞는 이야기다. 남이나 북이나 한창 싸우다 한반도 기를 앞세워 스포츠 경기에 나가게 되면 어쨌든 간에 한 팀이 된 남북단일팀을 응원하지 않는가? 또 그 선수들 또한 화합하고 팀웍을 맞추지 않으면 '승리'라는 공통의 목표를 성취하지 못하니 어쨌건 간에 손발을 맞추어야 한다.

언젠가 총무팀과 우리 연수원이 공통된 목표를 가지고 일할 날이 오게 되면 그간 쌓인 Silo가 자연스럽게 사라지겠지... 그날을 기다려본다.

(출처: HRD 딕셔너리 2010.06.12. http://blog.daum.net/hrd1004/2083794)

이 사례는 부서 간에 흔히 나타나는 갈등 이야기이다. 사건 필자가 스스로 제기하듯이 각 팀장이 부서의 파워를 자기 것으로 생각하고 행사하여 갈등을 야기하는 측면이 많고 팀웍훈련, 조직활성화 교육, 한마음 대회 등 전직원 대상으로 화합을 주제로 한 이벤트를 해도 별 효과를 볼 수 없으며 회사의 공통목표를 설정하여 협력적으로 일할 수 있어야 한다는 말은 상당히 인상적이다. 부서 간의 갈등을 부서끼리 자율적으로 잘 해결하면 가장 좋지만 쉽지 않으며 그 해결도 일시적, 부분적일 수 있다. 그래서 조직을 관리하는 경영자와 기획부서는 부서 간 갈등이 존재하는지, 어느 정도 심각한지 파악해야 하고 이에 대한 효과적인 접근방법을 가지고 있어야 한다. 공동의 비전과 목표를 제시하고 협력을 하도록 지침을 주거나 기획부서가 갈등의 조정역할을 하도록 권한을 부여하여 행사하도록 하는 등의 방법이 있을 수 있다. 부서 간의 의사소통과 업무협조가 원활하지 못하면 그 조직은 생산성과 업무효율성이 반드시 최상이라고 할 수가 없다.

앞에서 네 가지의 조직 내 갈등사례를 소개하고 그 해결방법을 모색해 보았다. 최근 미국에서는 회사에서 통합적 갈등관리체계(Integrated Conflict Management System)를 도입하여 사내 발생하는 모든 갈등을 해결하는 체계를 활용하여 조직의 효율성을 증대하고자 하고 있다. 우리나라에서도 회사에서 발생하는 다양한 갈등을 더 효과적으로 관리할 수 있는 제도도입을 적극 검토해 볼 필요가 있다.[49]

[생각해볼 점] ────────────────────────

5-3-1. 고용상 차별대우를 받고 있다고 생각할 때 법적으로 취할 수 있는 구제방안은 있는가?

5-3-2. 아주 어려운 상사와의 갈등이 있을 때 적극적이면서 자발적인 해결방법으로 어떤 것을 제안할 수 있는가?

5-3-3. 부서 간 갈등이 자주 발생할 때 경영자로서 어떤 방법을 강구하면 좋을까?

───────────────────

49) Lipsky, Seeber and Fincher (2003), 원창희(2011b) 참조.

5-4. 사회에서 갈등은 어떻게 관리하는가

가정이나 회사에서 갈등이 다양한 형태로 많이 발생하지만 개인적이고 조직내부에서 발생하므로 밖으로는 잘 알려지지 않지만 사회에서 발생하는 갈등은 많은 사람이 관련되어 있고 다른 사람들과 언론에 노출되어 있으므로 쉽게 알려지게 된다. 대부분 사회갈등은 규모도 크고 수준도 높고 기간도 장기적인 특성을 가지고 있다. 최근에 발생 사회갈등 중에서 앞 쪽에서 소개한 사례를 제외하고 심각했던 쌍용자동차해고 갈등과 용산화재참사 갈등의 대형 사례를 소개한다. 그리고 아파트 주민 간에 자주 발생하는 층간소음 갈등사례도 규모적으로는 크지 않지만 사회에서 발생하는 갈등이므로 소개할까 한다.

사례 5-4-1 　 층간소음갈등으로 살인사건-이웃갈등

지난 3월 17일 대구 수성구 한 아파트에서 벌어진 아래층, 위층 주민 간 층간소음문제[50]가 살인사건을 불렀다. 대구 수성경찰서에 따르면 1층에 살던 배모(47)씨는 3년 전부터 층간소음문제로 다투어 오던 바로 위층에 사는 이모(37)씨를 이날 흉기로 찔러 살해했다. 오전 3시 10분쯤 배씨는 자신의 집을 찾아온 이씨와 다투다 순간적으로 분을 참지 못해 이씨를 살해한 것으로 드러났다.

이들이 살고 있는 아파트는 30년 전에 지어진 것으로 4층짜리 건물 두 동이 들어서 있다. 대구 수성경찰서 측은 "배씨가 위층에서 시끄럽고 냄새

---

50) 층간소음 (層間 騷音)은 다세대 주택 혹은 아파트에서 주로 발생하는 소음 공해이다. 층간소음은 화장실 물소리, 바닥충격음소리, 피아노 소리, 오디오 소리, 대화소리, TV 소리 등을 총칭하여 부르는 것으로, 층간소음 중 바닥충격음은 경량충격음(58㏈ 이하)과 중량충격음(50㏈ 이하)으로 분류된다.

가 난다며 이사 온 3년 전부터 이씨에게 항의를 해왔다"고 전했다. 또한 "평소 잦은 말다툼이 있었고 작년 7월에는 다툼으로 인해 벌금 20만 원으로 합의를 보기도 했었다"고 말했다.

배씨와 이씨의 갈등을 눈으로 지켜본 아파트 동네 주민은 "배씨는 이사를 오자마자 이씨와 소음으로 다퉜고 위층에서 나오는 소리를 녹음해서 밤마다 틀어놓기도 하며 3년 내내 싸워왔다"며 "배씨가 예민한 사람인 것 같다"고 밝혔다. 이 같은 층간소음문제로 인해 주민간 말다툼이 살인으로까지 번지는 사건들이 몇 년 전부터 이어지고 있다.

이와 관련, 파동 파출소 관계자는 "주기적으로 한 달에 1~2번은 소음신고가 들어오지만 파출소 측에서는 뾰족한 방법이 없다"고 설명했다.

또 "서로가 예민하면 현실적으로 이사를 가는 수밖에 없다"며 "서로 양해를 구하고 부탁을 하는 것으로 해결을 볼 수 있을 뿐"이라고 전했다.

(출처: 뉴스천지, "층간소음이 부른 살인," 2010년 04월 01일)

사례 5-4-2　층간소음갈등의 화해 해결-이웃갈등

오늘 아침에 층간소음으로 3년간 갈등을 빚어 온 이웃 간에 싸움으로 결국 한 가족의 가장이 목숨을 잃은 사건을 보게 되었네요. 저희 집도 이사 온 첫날부터 아래층에서 시끄럽다고 올라와서 저희 엄마랑 많이 싸웠습니다. 그래서 남일 같지 않네요. 아파트를 잘 못 지은 것도 있겠지만 공동주택 간에 배려나 이해도 부족한 거 같기도 하구요. 층간소음문제는 어제오늘의 문제가 아니었던 거 같습니다. 몇 년 전에도 층간소음으로 이와 비슷한 사건을 본 기억이 납니다.

건설사에서는 1000세대 이상만 층간소음 방지 공사를 하고(이건 법적으로 강제된 사항임) 1000세대 이하의 아파트는 법적강제사항이 아니기 때문에 층간소음방지자재를 사용하지 않는다고 합니다. 돈이 들어가는 문제라 법으로 강제하면 하지 않는다고 솔직하게 터뷰를 하네요.

저희 집은 빌라인데 더 말할 것도 없죠. 우리 아기가 이제 세 살인데요 뛰어 다니고 하면 아래층에 쿵쿵거리나 봐요. 큰 싸움이 있던 후로 제가 아래층에 제 핸드폰 번호를 알려주고 만약 참기 힘들 정도로 어려우면 문자나 전화 달라고 했습니다. 제발 올라오지 말라구요^^ 저희 집에서는 올라오는 발자국소리만 들려도 아래층이면 어떻하지? 이런 마음으로 스트레스를 받아왔었습니다. 핸드폰 번호를 알려준 후로는 정말 올라오지 않고 매일 문자만 날리고 있습니다.^^ 저 혼자 스트레스 받으면 돼죠 뭐. 나중에는 자기들도 미안한지 10시 이후로만 좀 쿵쿵거리지 말라고 문자 오더라구요^^어느 정도 서로를 이해하고 배려하고 있는 중인 거 같기도 합니다.

계속 노력해야죠. 아기한테 뭐든 못하게 한다고 안하는 것도 아닌데요. 이제 말귀도 알아듣고 하니까 아기한테 부탁해야죠^^ 얼릉 자자고요^^

오늘 사건은 비극으로 끝났지만 이러한 비극이 발생하기 전에 문제를 해결할 수 있는 창구가 있었으면 좋았겠다 라는 생각을 해봤습니다. 본인들이 해결할 수 없는 문제는 다른 제3자가 문제를 분석하고 해결방안을 제시해줄 수도 있으니까요^^

(출처: 다움카페 갈등조정연구회, "층간소음이 결국....," 2010.3.22,
http://cafe.daum.net/mediators/Nm2z/53)

이 두 가지의 층간소음갈등은 원인이 같으나 대처해 나가는 과정에서는 매우 다르게 전개되어 대조를 보이고 있다. 첫 번째 사건은 오랫동안 층간소음으로 윗층과 다투어 왔는데 완전 해결되지도 않고 어느 집도 이사를 가지 않고 늘 핵폭탄을 안고 살다가 결국 화를 참지 못하고 극단적인 살인으로 종결되는 비극적인 이야기이다. 반면 두 번째 사례는 건축구조가 부실하고 아이들이 생각 못하고 뛰어놀면 아래층이 소음으로 불편을 겪게 되는 피할 수 없는 상황이라 양보나 이해 없이 극단적인 주장과 싸움을 하면 첫 번째 사례 같은 결과를 가져올 수도 있다. 그러나 윗층 주인이 이웃간 배려와 이해가 필요하다는 자세로 사과와 필요시 전화나 문자로 연락하면 주의하겠다는 대화를 함으로써 문제를 풀어나갔다.

층간소음은 법적으로 따지기 매우 어려운 사항이라 자율적으로 해결하는 편이 바람직한데 이 해결의 기본에는 서로 상대방의 불편과 상황에 대한 이해가 전제되지 않으면 매우 해결이 어렵다. 이러한 기본자세에서 위층도 조심하려고 노력해야 하고 아래층도 어느 정도는 좀 참아줄 줄 아는 아량을 가져야 할 것이다. 그리고 서로 자주 대화하고 불편 사항은 없는지 물어보는 것도 갈등을 예방하는 좋은 방법이 된다.

사례 5-4-3 용산철거민사건

2009년 1월 20일 서울특별시 용산구 한강로 2가에 위치한 건물 옥상에서 점거농성을 벌이던 세입자와 전국철거민연합회(이하 전철연) 회원들, 경찰, 용역 직원들 간의 충돌이 벌어지는 가운데 발생한 화재로 인해 다수의 사상자가 발생하였다. 이 사건으로 철거민 5명과 경찰특공대 1명이 사망하고 23명이 크고 작은 부상을 입었다.

문제의 발단은 용산 4구역이 재개발로 결정되면서 주민에 대한 보상차이에서 시작되었다. 구역내 건물주나 땅주인들은 보상을 원하는 만큼 받았지만 세입자와 무허가 상인들은 보상을 너무 적게 받았다면서 시위를 시작했다. 시위가 며칠간 계속되면서 새총, 화염병, 가스통 등 불법시위용품이 등장했다. 그러다가 경찰이 시위를 해산시키기 위해 경찰특공대를 투입했다. 크레인에 컨테이너박스를 연결하고 경찰특공대가 그 물건을 타고 옥상으로 진입하는 과정에서 시위대와 경찰간에 충돌이 있었다. 이 와중에 시위대가 시위에 쓰려고 쌓아둔 시너통 70여개에 불이 옮겨 붙으면서 순식간에 폭발이 일어났다.

시위자측 주장은 화염병을 던졌는데 경찰이 물대포를 쏘면서 화염병이

물대포를 맞고 시너통 위로 떨어져서 화재가 발생했다고 주장하고 있는 반면 경찰측은 진압을 하려고 하자 망루 4층에 있던 시위자들이 화염병을 던져서 시너통 위로 떨어져서 화재가 발생했다고 말하고 있다.

이 시위현장에 있던 28명 중 21명이 외지인, 즉 전철연 소속이었고 7명만이 현지인이었다. 전철연은 94년부터 철거민의 권익보호를 위해 활동한 단체였고 이번 시위를 주도한 것으로 알려졌다.

법원에서는 끝내 용산참사의 책임을 철거민들에게 물어 '실형'을 선고했다. 2010년 11월 11일 대법원(주심판사 양승태)은 용산참사 당시 경찰관을 숨지게 한 혐의(특수공무집행방해치사상 등)로 기소된 용산철거대책위원장 이충연 씨 등 철거민 농성자 9명에 대해 원심을 확정하고 유죄판결을 내렸다.

재판부는 판결문에서 "상고의 핵심 요지는 화재 원인과 공무집행방해죄 성립 여부"라며 "1, 2심의 조사 증거를 봤을 때 화인을 피고인이 던진 화염병이라고 본 원심의 판단이 수긍된다"고 판시했다. 또한 "진압 시기나 방법이 가장 적절하고 유효한지의 아쉬움은 있지만, 경찰의 공무집행을 위법한 것으로 볼 수 없다는 원심의 판단은 정당하다"며 경찰진압이 위법했다는 피고인들의 주장은 받아들여지지 않았다.

이 같은 판결에 대해 '용산참사 진상규명 및 재개발 제도개선 위원회'는 "경찰에게 살인면허를 허락한 판결"이라며 즉각 반발하며 성명을 내고 "다른 발화점을 증명하는 동영상이나 유독 발화시점만 누락된 경찰의 녹화영상에 대해서는 무시한 채 정황적 이유만을 가지고 화염병에 의한 발화라는 항소심 판결을 인정하며 진실을 외면했다"고 비판했다.

한편 용산참사 사건으로 특수공무집행방해치사 등 혐의로 기소된 이씨 등과 변호인단은 재판에서 검찰 수사기록의 공개를 신청했으나 검찰은 1만여 쪽의 기록 중 3,000여 쪽 분량은 공개를 거부했다. 그러나 항소심 재판부는 직권으로 수사기록의 열람·등사를 허용했다. 검찰은 재판부 기피 신청을 내기도 했다.

서울중앙지법 민사항소2부(부장 장재윤)는 2011년 5월 24일 용산참사

사건으로 기소돼 실형을 선고 받은 이충연씨 등 4명이 "검찰의 수사기록 공개 거부로 정신적 고통을 받았다"며 국가를 상대로 낸 손해배상 청구소송에서 1심과 같이 "1인당 300만원씩 지급하라"며 원고 일부승소 판결을 하였다.

2011년 11월 20일 서울 용산국제업무지구 개발사업 시행자인 용산역세권개발㈜이 보상문제를 주민의 대표기구와 합의를 거치는 '시민 참여형'으로 추진하겠다고 밝혔다. 이는 재개발이나 재건축시 용산 참사와 같은 사태를 막기 위해 강제 수용이나 철거를 하지 않고 개발자와 주민, 행정기관 등이 함께 참여해 보상을 결정하는 제도이다. 미국과 일본에서 선보였던 '시민참여형' 보상제도는 앞으로 용산 역세권 개발에 처음으로 적용된다.

(출처: 2년 이상 사건을 보도한 많은 언론 매체의 내용을 종합적으로 발췌함)

이 사례는 2009년 초에 재개발구역내 철거민의 시위현장에서 발생한 재개발업자와 철거민 간의 갈등사건이다. 세입자와 무허가 상인들은 보상을 너무 적게 받았다면서 시위를 시작했을 때는 재개발업자와의 갈등이었지만 시위가 지속되고 과격해지면서 경찰투입과 진압이 있었고 시너통의 폭발로 화재가 나서 경찰관 한 명이 사망하면서 시위대와 경찰과의 갈등으로 전환되었다.

분쟁의 본질은 용산철거민 참사사건은 재개발지역에서 이주할 세입자의 이주보상금액에 대한 당사자간 이견인데 이를 해결하기 위한 방식이 세입자는 전철연과 연대하여 시설을 점유하고 철거를 반대하는 불법시위를 하고 정부는 경찰력을 동원하여 물리적으로 강제 해산하려고 하는 극단적인 형태로 나타나서 사태를 악화시켰다.

법적 보상금만 지급하고 세입자의 고충과 관심을 외면하는 개발업자의 자세와 개발정책과 업자의 권리를 존중하지 않고 물리적으로 저지하려는 세입자의 자세가 충돌하면 해결이 어렵다. 당사간 협상이나 대화를 하지 않고 물리적 저지와 경찰을 동원한 강제 진압에 의존한 무력해결이 서로 만족할 해결을 가능하게 할 리가 없다.

이주보상문제가 법적으로 규정되어 있다 해도 현실적으로 맞지 않는 부분이 있다거나 철거민들이 지나치게 반발을 하면 재고해보고 추가 협상을 할 수도 있었는데 재개발업자의 경직된 자세와 공권력의 강압적 진압이 문제를 더 어렵게 한 측면이 있다. 흔히 부동산에 대한 보상비에 대해서는 해당 주민이 더 받아내기 위해 시위를 하는 경향이 있긴 하지만 극단적으로 저항할 정도이면 좀더 신중하게 대처했음이 필요했을 것이다. 새로운 제도인 '시민참여형'보상제도는 기본적으로 대화와 협의를 전제한 것이므로 효과적으로 정착될 수 있기를 기대해 본다.

사례 5-4-4 쌍용자동차해고사건

쌍용차는 2008년 국내외 시장상황 악화로 직격탄을 맞으며 벼랑에 몰렸다. 쌍용차의 연간 설비능력은 약 15만~16만대 수준이었으나 2008년 생산 대수가 8만1447대로 연간 설비능력의 절반 정도에 그쳤고 자연히 판매 수도 급감했다.

이에 따라 2009년 1월 중국 상하이자동차가 기업회생절차(법정관리) 신청을 내면서 쌍용차사태는 시작됐다. 상하이자동차는 쌍용차를 인수한 지 4년여 만에 경영에서 손을 뗐다.

법정관리 체제로 들어간 쌍용차는 법원에 의해 회생절차를 밟는다. 4월 8일 법정관리인은 2,646명의 대규모 인력감축안을 포함한 경영정상화 방안을 발표했다. 이에 반발한 노조가 고용유지를 위한 방안으로 근로형태를 주야간 5시간씩, 3조2교대 형태로 운영하고 주간연속 2교대제를 도입하자고 제안했으나 양자는 합의점을 찾지 못했다. 노조는 4월 24일부터 부분파업에 돌입했는데 5월 8일 쌍용차가 경기지방노동청에 2,405명의 해고계획 신고서를 제출함에 따라 5월 21일 평택·창원 공장에서 무기한 점거총파업으로 전환했다. 사측은 파업을 불법으로 규정하고 5월 31일 쌍용차 평택공장 직장폐쇄라는 초강수를 뒀다.

[그림 5-5-2] 쌍용자동차 노사분규 2009.5

결국 6월 26일 쌍용차 사측 임직원, 용역직원 등 3천여 명이 평택공장 측면을 뚫고 진입하며 무력충돌 사태가 발생했다. 사측 직원들이 공장 본관으로 진입하는 과정에서 노조원들 간에 쇠파이프를 휘두르고 오물을 투척하며 맞섰다. 이 과정에서 10여명이 부상을 당해 병원으로 실려 갔고 본관을 뺏긴 노조원들은 옥상으로 이동해 대형 새총으로 철제 볼트를 쏘며 저항했다. 7월에 들어서도 쌍용차 노사가 의견의 접점을 찾지 못한 가운데 사태는 장기화됐다. 사측은 공장 출입금지가처분 신청을 냈고 경찰 2천여 명이 노조에 퇴거 명령을 내리고 강제해산 절차에 돌입했다. 이는 공권력 투입, 무력 진압이라는 최악의 상황으로 이어졌다.

8월 4일 결국 경찰이 쌍용차 평택공장에 대한 강제진압작전을 펼쳤다. 강경진압에 노조는 내부적으로 와해됐고, 사측의 구조조정안을 받아들여 8월 6일 자진해산했다. 쌍용자동차 노사가 8월 6일 협상을 타결해 77일간의 파업사태에 종지부를 찍었다. 노사는 6월 8일자로 정리해고 된 이들 중 8월 2일 기준의 농성 참여자 48%를 무급휴직과 영업직 전환을 통해 고용 보장하기로 했다. 쌍용차는 일주일 후 완성차 생산을 재개했으며, 9월 15일 법원에 회생계획안을 제출했다. 회생계획안은 해외전환사채 보유자들이 반대표를 던져 두 차례나 수정 끝에 17일 극적으로 서울중앙지법 파산4부에서 강제인가하는 결정을 받게 되었다.

2년 전 당시 쌍용차 파업 사태가 종료되면서 쌍용차 직원 621명(1명 사망)이 무급휴직 또는 해고되었고 1,500여명이 희망퇴직을 했으며, 파업에 가담했다는 이유로 44명이 회사로부터 해고 또는 정직 등의 징계를 받아 회사를 떠났다. 이 해고 노동자 가운데 36.3%가 아직까지도 일자리를 찾지 못한 것으로 나타났다.[51] 이중 절반가량이 자살 등 극단적 충동을 느낀 적이 있는 것으로 조사됐다.

지난 2009년 이후 2년 4개월 동안 쌍용자동차 대량해고 사태이후 숨진 해고 노동자 또는 그 가족들은 모두 19명이다. 이들은 대량해고 과정에서 또는 파업 이후 사망했다. 사인은 대부분 자살(9명)이고 나머지는 돌연사 또는 심근경색 등이다. 이중 8명은 올해 사망(자살 5명)했다.

(출처: 2년 이상 사건을 보도한 많은 언론 매체의 내용을 종합적으로 발췌함)

이 쌍용자동차 해고사건은 2009년도 여름에 가장 핫이슈를 만들고 격렬한 투쟁과 진압 현장이 연일 톱뉴스로 보도되며 세상의 관심을 끌었던 불행한 사건이었다. 아직도 복직이 되지 않고 무급휴직자, 실업자로 어려

---

[51] 경기 평택시는 2011년 6월 1일부터 7월 13일까지 쌍용차 휴직자 해고자 희망퇴직자 징계정직자 457명을 대상으로 한 생활실태 조사에서 이같이 확인됐다고 8월 30일 밝혔다. 이 조사에서 전체 응답자의 36.3%는 "아직 일자리가 없다"고 답했다. 또 52.5%는 자살 등 극단적인 선택 충동을 느낀 적이 있으며 일부는 이 같은 충동을 자주 느꼈다고 답했다. 2011-08-30 경향신문.

운 삶을 살아야 하는 해고자가 많으며 그 사이에 근로자나 그 가족이 19명이나 사망하여 주위의 안타까움을 사고 있다.

쌍용자동차가 상하이자동차에 넘겨진 것이 불행의 시작이었으며 금융위기에서 최대한 노력하지 않고 2009년 초 법정관리신청을 하면서 험난한 길에 들어섰다. 법정관리인이 2,646명의 대규모 인력감축안을 포함한 경영정상화 방안을 발표하고 더 이상의 협상노력이 없이 해고계획 신고서를 지방노동청에 제출하고 노동조합은 총파업에 돌입하면서 달리는 기차의 충돌이라는 위험한 장면을 바라보게 된다. 노사가 서로 입장만 확인하고 더 이상의 협상이 없고 물리적으로만 해결하려고 하면 양측 모두 잃게 되는 공멸의 상황이 될 가능성이 높음을 앞에서도 많이 보아왔다.

회사를 경영하면서 경영환경이 매우 악화되어 구조조정을 해야 할 상황은 올 수가 있다. 그리고 정리해고를 해야만이 회생하고 살아남을 수도 있을 것이다. 다만 근로기준법 제23조와 제24조에 있는 바와 같이 노동조합과 성실하게 협의하고 해고를 피하려는 노력을 다 해야 한다. 그래서 근로자들이 납득이 될 수 있도록 최대한의 노력과 배려가 있다면 격렬한 저항에 부딪치지는 않을 것이다. 이러한 노력이 없이 마이웨이(my way)식으로 서로 나간다면 불행한 결과를 초래할 수가 있다. 그래서 대화, 협상, 조정, 중재 그 모든 과정은 이러한 대형 사회갈등에도 형식적인 절차로서가 아니라 실질적이고 효과적인 형태로 활용되어 사회적 비용을 줄이는 역할을 하도록 노력하여야 할 것이다.

5-4-1. 아파트나 공동체에서 이웃과 불편해서 얻는 점과 이웃을 배려해서 얻는 점은 무엇인가?

5-4-2. 재개발이나 토지수용시 토지나 건물에 대한 보상비를 많이 받아내기 위해서는 시위를 해야만 가능한가?

5-4-3. 경영상 해고가 불가피할 때 경영자로서 가장 원만한 방법은 무엇인가?

제6장 건전한 조직을 창조하는 갈등관리 리더십

6-1. 갈등관리 리더십은 어떤 역할을 하는가

어떠한 조직이든 사람들이 일을 하는 곳이면 갈등이 발생하기 마련이다. 갈등이 파괴적인 방향으로 진행하는 것은 조직으로서 불행한 일이며 건설적인, 건전한 방향으로 진행하도록 관리한다는 것은 조직으로서 발전과 성장의 기본이 될 것이다. 이렇게 조직을 이끌어가는 것은 누가 무엇을 하면 가능한 것인가? 조직구성원이 모두 효과적인 갈등을 해결하고 예방한다면 그것이 당연히 가능할 것이다. 그러나 누군가 이렇게 가기에 촉진하는 사람이 필요한데 그것은 바로 조직의 리더임에 틀림이 없다. 이는 조직의 리더는 마치 배가 어디로 가야 할지, 어떤 속도로 가야 할지 결정하는 선장과 같아서 조직이 나아가야 할 방향과 방법을 결정하는 핵심적 역할을 하기 때문이다. 그래서 효과적인 갈등관리를 통해 조직의 성과를 높이고 발전시키려면 리더의 갈등관리 능력을 배양하고 실천하는 것이 매우 중요하다.

리더의 덕목으로서 리더십 (leadership)은 "조직으로 하여금 목표 달성을 하도록 영향을 미치는 능력"을 말한다.[52] 리더의 영향력은 공식적인

---

52) Robins (2005), p.332 참조.

직함 부여에서 나올 뿐 아니라 조직내부로부터도 나올 수도 있는데 내부로부터 인정받는 리더십이 오히려 중요하다. 리더십의 이론과 설명은 매우 다양해서 어느 하나만을 정답으로 말할 수가 없다.

인간의 특성으로 리더십을 규명하려는 초기 노력은 성공하지 못했지만 최근 5가지의 특성에 의한 설명이 경험상 설득력을 얻고 있다.[53] 이 중에서 외향성, 성실성, 경험의 개방성 (상상, 호기심)의 세 가지는 최근에 리더십과 밀접한 관련성이 있는 것으로 나타났다. 행동이론에 따르면 전통적으로 생산중심형 (production-oriented)과, 사람중심형 (people-oriented) 리더십으로 구분해오다가 북유럽을 중심으로 최근에 개발중심형 (development-oriented) 리더십이 추가되고 있다. 최근에 개발된 상황이론은 리더십유형이 리더가 처해 있는 상황에 어떻게 연결되느냐에 의해 성과가 달라진다는 것이다. 상황의 예로서는 리더에 대한 구성원의 신뢰와 존중, 과업의 구조, 리더의 인사권 행사, 참여형 의사결정 등이 있을 수 있다.

갈등관리가 조직의 효율성을 높이고 리더의 덕목으로 기존 리더십 이론에서 어떤 요소들과 관련이 있는가. 우리가 앞에서 갈등의 해결과 예방에 필요한 가치관과 방법들을 갈등관리 리더십의 요소라고 한다.

갈등해결요소 = 문제해결, 협상, 조정, 중재
갈등예방요소 = 신뢰, 존중, 대화, 청취, 정보공유, 자발성

이러한 요소들을 리더가 실천해갈 수 있다면 바로 갈등관리 리더십이 된다. 행동이론에서 사람중심형 리더십과 상황이론에서 구성원의 신뢰와

---

53) Big Five Model은 외향성, 성실성, 경험의 개방성 (상상, 호기심), 유쾌함, 정서안정을 포함하고 있다. Robins (2005), p.104 참조.

존중, 참여형 의사결정 등에 갈등관리의 가치와 방법이 밀접하게 연계되어 있다. 왜냐하면 갈등관리에서 제시되고 있는 가치관은 상대방에 대한 신뢰, 존중, 자발성이며 방법은 문제해결, 의사소통, 정보공유이므로 기존의 리더십이론에 상당 부분 관련성이 있기 때문이다.

갈등관리 리더십이 조직에서 어떤 역할을 하고 어떤 영향을 주는지 알아보기 위해 실패하는 리더의 행동을 관찰하고 성공하는 리더의 가치관과 언어, 행동을 살펴봄으로써 먼저 힌트를 얻을 수가 있다.

사례 6-1-1 실패하는 리더, 이렇게 행동한다

리더십이 현재의 성과를 만들어내는 견인차이자, 기업의 미래를 좌우하는 핵심 요인이라는 것에 이의를 제기하는 사람은 없을 것이다. 성공하는 리더들은 지속적인 노력을 통해 구성원들의 강한 몰입을 이끌어 낼 수 있는 행동들을 주로 하지만, 실패하는 리더들은 부하 직원들의 과도한 스트레스를 유발하고 사기 저하를 가져올 수 있는 행동들을 주로 보인다.

실패하는 리더의 6가지 행동 특성

1. 실행력이 부족하다

실행력이 부족한 리더는 주로 어떤 행동을 보일까? 그들은 기본적으로 잘못된 결정을 내리는 것을 두려워한다. 이로 인해 너무 많은 변수를 고려하다 보니 제때에 기회를 포착하지 못하거나, 의사결정이 지체되는 경우가 많다. 또한 자신이 옳다고 생각하더라도 상대방이 강하게 나오면 자신의 주장을 쉽게 굽히거나, 한번 내린 결정에 대해 번복하는 경우가 잦다. 과감하고 단호한 결정이 요구되는 상황임에도, 리더가 자신감 없이 우유부단하거나 온정주의적인 태도를 보인다면, 조직이 커다란 위기에 봉착하게 될 수 있다.

2. 변화에 둔감하다

변화에 둔감한 리더들은 미래에 무엇을 성취할 것인가를 고민하기보다는 지금까지 자신이 성취해 놓은 것을 지키려고 하는 경향이 강하다. 그들은 경직된 사고로 인해 내외부 고객들의 요구를 무시하거나, 현 조직의 상황을 고려하지 않고 과거의 성공 경험을 그대로 적용하려는 행동을 하는 경우가 많다. 또한 대부분 실패에 대한 두려움으로 새로운 시도보다 현상유지에 중점을 두거나, 회사의 규정과 규율에 얽매여 변화를 추진해 나가지 못하는, 이른바 '위험회피형' 행동을 보이기도 한다.

3. 시키는 대로나 해!

인재들이 열정적인 의욕으로 업무에 몰입할 수 있도록 동기부여하는 것이 리더의 핵심 역할로 부각되면서, '시키는 대로나 해라' 식의 권위적인 행동은 리더들이 가장 경계해야 할 행동이 되고 있다. 리더의 독선적이고 권위적인 행동은 구성원들의 동기부여나 업무 몰입도를 저하시키고, 결과적으로 인재들을 떠나게 만드는 주요 요인이 되기 때문이다.

4. 등잔 밑이 어둡다

실패하는 리더의 또 다른 행동 특징은 핵심적인 결정만 자신이 직접 하고 다른 세세한 것들은 무시하는 경우가 많다는 것이다. 이럴 경우, 이른바 가까운 곳에서 일어난 일을 잘 모르는 '등잔 밑이 어두운 리더'가 될 수 있다. 형식적인 현장 방문으로 현장의 요구 사항이나 의견을 파악하지 못하거나, 신뢰하는 측근의 보고만으로 제한된 정보에 의존해서 의사결정을 하는 경우가 가장 흔하면서도 치명적인 실수라고 할 수 있다.

5. 칭찬에 인색하고 책임은 엄격하게

좋은 인재가 오래 머물지 않고 떠나는 조직을 분석해 보면, 칭찬은 인색하면서 과실에 대한 질책은 엄격한 필벌 중심의 사고를 가진 리더가 많다고 한다. 예를 들어, 업무상 난관에 부딪혔을 때 해결 방향을 제시해 주기보다 질타와 책임 추궁만을 하는 경우나, 책임감과 열의를 가지고 열심히 일하는 모습을 인정하는데 인색한 경우가 바로 그 예가 될 수 있다.

6. 인재를 키우는 일에 무관심하다

실력과 애정으로 인재를 육성하려는 리더가 없는 조직에서 구성원들이 신바람 나게 업무에 몰입할 리가 없다. 몇 년 전 리서치 전문 기관인 Hey Group의 설문 조사에 의하면, 자아 성장이나 자신이 하고 싶은 일을 할 수 있는 기회 등이 일하고 싶은 회사의 첫 번째 조건인 것으로 나타났다. 자신의 능력과 성과를 제대로 인정받고 자신의 재능을 마음껏 발휘할 수 있는 조직 여건이 갖추어져 있어야, 구성원들이 회사를 떠나지 않고 스스로 몰입해서 일을 하게 될 가능성이 높다는 것이다.

(출처: 정영철, "실패하는 리더, 이렇게 행동한다," LG주간경제, 793호 (2004.08.13)에서 발췌함)

이 발췌된 글은 어떤 리더가 실패하기 쉬운지에 대한 아이디어를 제공해주고 있다. 첫째 요소에서 결정을 내리지 못하고 우유부단하며 내린 결정을 번복하는 '실행력이 부족하다'는 조직구성원들에게 신뢰를 주지 못한다. 둘째 요소로서 '변화에 둔감한' 리더는 경직된 사고로 인해 내외부 고객들의 요구를 무시하고 있어서 의사소통이 안 되고 적극적 듣기를 못하고 있다. 셋째, '시키는 대로나 해'는 쌍방 의사소통이 아니고 독선적, 권위적 일방 지시이므로 갈등관리의 정반대 방법이 된다. 넷째, '등잔 밑이 어둡다'는 성실한 대화와 정보의 공유가 되지 않는 행동으로 이 또한 갈등관리의 특성과는 거리가 멀다. 다섯째, '칭찬에 인색하고 책임은 엄격하게'는 의사소통에 의해 문제해결을 외면하고 책임만 추궁하는 리더십이므로 갈등관리적 방법이 아니다. 마지막으로 여섯째, '인재를 키우는 일에 무관심하다'는 인재를 양성하지 않고 자신의 재능을 마음껏 발휘할 수 있는 조직 여건을 만들어주지 못하고 있어서 갈등예방의 자발성 요소를 충족시키지 못하고 있는 잘못을 보이고 있다. 따라서 실패하는 리더의 6가지 행동 특성 중 어느 하나 갈등관리의 가치관이나 방법에 부합하거나 관련성이 없는 것이 없다. 우리가 이 앞 절들에서 제시한 갈등해결과 예방의 방법들을 효과적으로 실천하는 리더는 최소한 여기서 열거한 6 가지의 행동 특성을 보여주지는 않을 것이다.

성공하는 리더들은 어떤 특성을 가지고 있을까? 많은 주장들이 있지만 많이 알려져 있는 스티븐 코비의 "성공하는 리더들의 7가지 습관"을 한번 살펴보기로 한다. 코비 박사는 200년 미국역사를 연구하면서 성공한 사람들의 공통점을 발견하게 되었고, 그것들을 일상생활의 과정을 통해 누구나 습득할 수 있는 프로세스를 개발했다고 한다. 이 과정은 개별적인 습관 자체보다는 사람이 일생동안 매일매일 효과적으로 살아가고, 신뢰를 바탕 대인관계를 맺으며 서로 동시에 이익을 얻음으로써 성과를 향상시키는 과정에 초점을 맞추고 있다. 다음에서 그 교육프로그램을 소개해보자.

사례 6-1-2 **성공하는 리더들의 7가지 습관**

1. 프로그램 안내.
(1) 성공하는 리더들의 7가지 습관은 왜 필요한가?
우리가 세상일을 통제하는 것이 아니라 원칙이 통제한다. 우리는 자신의 행동을 통제하지만, 이런 행동의 결과는 원칙이 통제한다. - 스티븐 코비
불확실한 미래에서 성공을 보장하는 것은 바로 오늘의 원칙에 충실하는 것입니다. 급격한 기술발전, 국내외 시장의 변화물결, 기업합병, 다운사이

징, 인원감축 등 급변하는 시기에 생존과 번영을 보장해주는 것은 아무 것도 없습니다. 먼저 개개인의 삶이 효과적이 되면, 그 결과 조직도 효과적이고 성공하게 되는 것입니다. 다르게 행동하며, 신뢰를 창조하고, 강력한 인간관계를 구축하여 핵심적인 성과와 목표를 달성하기 원하신다면 '성공하는 리더들의 7가지 습관'이 제시하는 원칙을 따르십시오.

※ 성공하는 리더들의 7가지 습관은 성공하는 조직을 만듭니다.
습관 1. 주도적이 되라. (Be Proactive)
위험을 감수할 용기를 길러주고, 목표달성과정에서 맞게 될 새로운 도전을 수용하게 합니다.

습관 2. 목표를 확립하고 행동하라. (Begin with the End in Mind)
비전, 사명, 목적을 공유하여 팀과 조직을 연대시키고, 프로젝트를 완성하게 합니다.

습관 3. 소중한 것부터 먼저하라. (Put First Things First)
가장 소중한 일부터 먼저 하게 하여 일생을 성공적으로 살아가게 해 줍니다.

습관 4. 상호 이익을 모색하라. (Think Win-Win)
갈등을 해결해 주고, 상호 이익을 모색하게 하여 집단의 응집력을 증대시킵니다.

습관 5. 경청한 다음에 이해시켜라. (Seek First to Understand, Then to be Understood)
문제를 근본적으로 이해하게 하여, 적절한 해결책을 찾게 합니다.
활발한 의사소통을 통해 성공적인 문제해결로 인도합니다.

습관 6. 시너지를 활용하라. (Synergize)

특성이 다양한 팀원들의 역할을 잘 활용하고 상호 보완하게 하여 더 높은 수준의 결과를 얻게 해줍니다.

습관 7. 심신을 단련하라. (Sharpen the Saw)

심신의 피로 때문에 생산성이 고갈되지 않도록 막고, 지속적으로 자기개발을 하게 합니다.

현존 최고의 자기개발 프로그램입니다

당신이 조금만 변하기를 원한다면, 당신의 행동을 바꿔라. 그러나 획기적으로 변하기를 원한다면, 당신의 패러다임을 바꿔라. - 스티븐 코비

스티븐 코비의 7가지 성공습관을 체득하고 삶과 조직에 적용하게 하는 전인교육 과정. 원칙을 중심으로, 성품에 바탕을 두고, 내면에서부터 변화하는 패러다임 전환을 실행함으로써 불확실한 미래와 복잡한 문제점들을 성공적으로 풀어갈 수 있는 워크숍입니다.

(2) 성공하는 리더들의 7가지 습관 도입고객

hp, 삼성코닝, LG전자, LG화학, 육군, 유한양행, 제일화재, 교보생명, 한국통신, 코카콜라, 삼보컴퓨터, 국민카드, 리츠칼튼호텔 등

(출처: 한국리더십센터 영남교육원, "성공하는 리더들의 7가지 습관™–7 Habits of Highly Effective Peoples™," 2004.02.24)

이 스티븐 코비의 7가지 습관 중 상당 부분이 우리의 갈등관리 덕목에 일치하거나 유사한 것을 알아낼 수 있다.

〈표 6-1-1〉 성공하는 리더들의 7가지 습관과 갈등관리의 연관성

습관 번호	습관내용	갈등관리와 연관성
습관 1	주도적이 되라	(관련성 부족)
습관 2	목표를 확립하고 행동하라	공동 비전, 목표 설정 정보공유
습관 3	소중한 것부터 먼저하라	(관련성 부족)
습관 4	상호 이익을 모색하라	갈등해결, 원원협상
습관 5	경청한 다음에 이해시켜라	의사소통, 적극적 듣기
습관 6	시너지를 활용하라	자발성, 참여
습관 7	심신을 단련하라	(관련성 부족)

위의 표에서 볼 수 있듯이 습관 1, 습관 3, 습관 7의 경우는 갈등관리의
요소와 큰 관련성이 부족한 것으로 보인다. 나머지 네 가지의 습관들은
매우 밀접하게 갈등관리의 가치관이나 방법 등 요소들과 관련성을 가지
는 것으로 볼 수 있다. 특히 습관 4와 5번은 갈등해결의 핵심 요소들이다.
습관 3과 6번은 조직관리에서 갈등을 예방하기 위해서 필요한 가치관과
방법들이다. 따라서 스티븐 코비가 제안하는 '성공하는 리더들의 7가지
습관'은 상당 부분 갈등관리의 요소들과 일맥 상통하고 있다는 것을 알
수 있다. 역으로 말하자면 우리가 제시하는 갈등관리의 리더십은 성공하
는 리더를 만들어내는 많은 습관을 포함하고 있음을 의미한다.

역사적으로 훌륭한 리더는 정치, 군사, 경영, 교육, 종교 등 많은 분야에
서 다양하게 존재하고 있다. 그래서 리더십의 스타일도 강력한 카리스마
에서부터 부드러운 카리스마에 이르기까지 스펙트럼이 넓다. 미국의 아
브라함 링컨 대통은 후자의 리더십을 보여준 위대한 리더로 기억하고 있
어서 그의 연설을 소개한다. 링컨은 남북전쟁(1861-1865년)이 발발할 때
1861년 3월 대통령에 당선되었고 전쟁이 마지막을 향할 때 1865년 3월
워싱턴 D.C.에서 다음과 같이 두 번째 취임연설을 하게 되었다.

링컨 대통령의 2차 취임사(1865년 3월)

　　국민 여러분! 대통령직 선서를 하는 이번 두 번째 자리에서 1차 취임 때보다 상세한 이야기할 필요는 없어 보입니다. 다만 지금 우리가 추구해야 할 방향만을 다소 자세하게 언급하는 것이 더 적절하고 합당해 보입니다. 지금도 우리는 국민의 주의를 집중시키고 국력을 소모케 하는 커다란 분쟁의 한가운데 있습니다. 그 분쟁의 쟁점과 국면에 관해 지난 4년 동안 끊임없이 공식적 선언을 요청해 왔습니다만 아직도 새롭게 제시할 만한 것이 별로 없습니다. 저를 비롯한 국민 여러분도 잘 알고 있듯이 국운이 달린 우리 군사력의 발전은 상당히 만족스러우며 모두에게 힘을 주고 있습니다. 미래에 대한 큰 희망을 갖고 있기에 우리는 운명에 관해서 어떠한 예측도 할 필요가 없습니다.

　　4년 전 오늘, 우리는 임박한 전쟁에 대해 무척 걱정스럽게 생각했습니다. 모두가 전쟁을 피하려 했습니다. 전쟁을 치르지 않고 합중국을 구원하려는 취임사를 바로 이 장소에서 했는데, 반란분자들이 이 도시에 들어와 협상으로 합중국을 분할하고 해체하려 했습니다. 양측 모두 전쟁을 반대했습니다. 그러나 한 쪽은 나라를 살리기보다는 전쟁을 하고자 했고, 다른 한 쪽은 나라를 멸망에 이르게 하느니 차라리 전쟁을 택했습니다. 그래서 전쟁이 벌어졌습니다.

　　우리나라 인구 8분의 1이 흑인 노예입니다만 그들은 합중국 전역에 골고루 분포된 것이 아니라 남부 지역에 집중적으로 살고 있습니다. 노예제의 존재로 인해 특수하고도 강력한 이해집단이 형성되었습니다. 어쨌든 그들의 이해관계가 전쟁의 원인이라는 사실을 모르는 사람은 없습니다. 그 이해관계의 강화와 영속, 확대가 바로 반란분자들이 전쟁으로 합중국을 분열하려는 목적이었습니다. 그러나 중앙 정부는 영토 확대를 막는 것 외에는 어떤 권리도 주장하지 못했습니다. 양측 어느 쪽도 전쟁이 그처럼 확대되고 또한 오래 지속되리라고 생각하지 못했습니다. 어느 쪽도 전쟁이 중단되면 곧 전쟁의 원인까지 사라질 것이라고 생각하지 않습니다. 양쪽은 저마다 손쉬운 승리를 기대했습니다. 그런데 결과는 근본적인 것도 아니요, 놀랄 만한 것도 아니었습니다. 양측은 똑같은 성경을 읽고 똑같은 하나님에게 기도드립니다. 그런데도 서로에게 해를 주기 위해 그 분 하나님의 도움을 요청하고 있습니다. 타인의 고통을 통해 자신의 빵을 얻으려고 공평한 하나님의 조력을 요청하는 것은 도저히 상상할 수 없는 일입니다. 우리가 하나님의 심판을 받지 않을 것이라고 생각하지 맙시다. 양측의 기도는 아직 하느님의 응답을 받지 못했습니다. 전능하신 하나님은 그 자신의 목적이 있습니다. "죄로 인해 세상에 재앙이 있을 것이니! 재앙이 있기 위해서는 죄가 있어야 하도다. 그러나 죄를 지은 사람에게 그 재앙이 올 것이니라!" 만약 미국의 노예제도가 하나님의 영역에서, 하나남의 역사하미 속에서 우리가 저지른 죄라고 한다면, 이제 하나님이 그 죄를 거둬들이려고 역사하신다고 생각한다면, 그리고 죄를 범한 사람들이 응당 치러야 할 재앙으로 하나님이 남과 북 모두에 이 끔찍한 전쟁을 주신 것이라고 생각한다면, 살아계신 하나님을 믿은 사람들이 하나님의 속성으로 굳게 생각하는 그 신성(神性)에서 조금도 벗어나는 일이 아닙니다. 우리는 이 엄청난 전쟁의 재난이 즉각 물러가기만을 맹목적으로 바라고 열렬히 기도하고 있습니다. 그러나 만약 250년에 걸친 보상받지 못한 노예들의 노역으로 축적된 우리의 모든 재물이 함몰하여 없어질 때까지, 그리고 3천년 전에 얘기했듯이 '채찍질로 뽑아낸 피 한 방울 한 방울을 칼로 뽑아낸 피 한 방울로 갚을 때까지,' 전쟁이 계속되기를 하나님이 바라신다면, '하나님의 심판은 전적으로 진실이며 정당하다'고 할 수밖에 없습니다.

　누구에게도 원한을 품지 말고 모든 사람에게 자비심을 베풀고, 하나님이 우리에게 올바름을 보도록 주신 그 정의를 굳게 믿으며 우리가 지금 맡은 이 과업을 완수합시다. 국민의 상처에 붕대를 감아주고 전쟁에 희생된 용사와 그의 미망인들, 어버이를 잃은 자녀들을 돌봐주고, 그리고 우리 자신과 모든 나라에 정의롭고 지속적인 평화를 이룩하고 그것을 길이 간직할 수 있기 위해 우리는 우리가 할 수 있는 모든 과업을 완수해야 하겠습니다.

(출처: 다이애나 맥레인 스미스 (2008), pp.274-275)

이 연설문은 비록 7분 정도의 분량이지만 세계에서 가장 위대한 연설의 하나로서 인용되고 있는 링컨의 두 번째 대통령 취임사이다. 다이애나 스미스는 링컨의 연설에 대해 다음과 같이 평가하고 있다.

"미국 남북 전쟁이 막바지에 이르던 즈음 링컨은 이 연설에서 남부와 북부의 벌어진 관계에 주목하면서 평화를 강조했다. … 링컨의 연설문에서 우리는 그를 위대하게 만들었던 감수성을 알 수 있다. 그리고 그의 삶을 통해 평범한 리더들이 감수성을 개발하는 법을 배울 수 있다."[54]

스미스는 이러한 링컨의 연설문이 리더십의 중요한 덕목으로서 변화를 가져오는 관계감수성(relational sensibility)을 잘 보여주는 것이라고 한다. 연설문에서 나타난 호기심, 겸손, 이해, 섬세함, 관대함과 용기, 인정, 희망, 새로움, 생산성을 아울러서 관계감수성이라 지칭하고 있다. 이는 갈등예방의 중요한 요소로서 감성지능(emotional intelligency)과 매우 유사한 특성을 가지고 있다. 신뢰, 이해, 정직, 창조 이런 덕목들이 바로 감성지능을 높이는데 필요한 요소들이다.

리더의 관계감수성 또는 감성지능은 조직에서 갈등을 예방하고 관리하는데 매우 중요한 역할을 한다. 모든 갈등을 예방할 필요는 없으나 오해와 악의적 갈등을 예방하는 것은 조직과 그 구성원의 건강에 핵심적 역할을 한다.[55] 결론적으로 말해서 갈등관리 리더십은 조직의 효율성과 건강에 기여하고 성공하는 리더를 만들어내는 역할을 할 것으로 보인다.

---

54) 다이애나 스미스(2009), p.272 참조.
55) McCorkle and Reese (2010), p.273 참조.

6-1-1. 실패하는 리더와 성공하는 리더가 구성원을 바라보는 가치관의 차이가 있는가?

6-1-2. 스티븐 코비의 '성공하는 리더들의 7가지 습관' 중에서 갈등관리 리더십과 직접 관련이 있는 두 가지 습관을 꼽는다면 어느 것인가?

6-1-3. 링컨 대통령의 리더십으로서 관계감수성은 어떤 역할을 했는가?

6-1-4. 갈등관리 리더십이 성공하는 리더로 만들 수 있는 이유는 무엇인가?

6-2. 갈등관리 리더십은 어떻게 개발하는가

갈등관리 리더십은 두 사람 사이에서나 한 조직에서 발생하는 갈등을 효과적으로 해결하고 역기능의 갈등을 예방할 수 있는 능력과 자질을 의미한다. 기존의 리더십 중에서 유사한 유형을 꼽는다면 생산중심형과 사람중심형 중에서는 사람중심형에 가깝고, 지시형, 참여형, 자유형 중에서는 참여형에 가깝다. 그러나 기존의 리더십은 조직관리상 필요한 모든 요소들을 포함하고 있으나 여기서 말하는 갈등관리 리더십은 갈등이 해결과 예방에 필요한 요소들에 국한하고 있다. 그래서 가족이나 친구 사이에서 그리고 조직과 사회에서 발생하는 갈등을 해결하고 미리 갈등을 예방하는 역량을 필요로 한다.

갈등관리 리더십의 역량은 크게 나누어 갈등예방역량과 갈등해결역량으로 구분하고 이들 역량은 다시 세부 역량으로 나뉘어진다.

1. 갈등예방역량
   1-1. 신뢰관계
   1-2. 존중의식
   1-3. 정보공유
   1-4. 의사소통
   1-5. 자율참여
2. 갈등해결역량
   2-1. 문제해결
   2-2. 협상
   2-3. 조정
   2-4. 중재

〈표 6-2-1〉 갈등관리 리더십 역량에 대한 설명

분류	역량	설명
갈등예방역량	신뢰관계	상대방이 자신에게 신뢰를 가질 수 있도록 하는 품성과 말과 행동
	존중의식	상대방의 인격과 의견을 존중해 주는 품성
	정보공유	남에게 공개적인 품성과 필요한 정보를 상대방과 공유하는 행동
	의사소통	상대방의 말을 적극적으로 듣고 이해하려고 노력하며 자신의 의견을 충분히 전달하는 대화능력
	자율참여	상대방으로 하여금 자발적으로 과제에 참여하도록 독려하고 동기유발하는 능력
갈등해결역량	문제해결	갈등이나 문제가 발생했을 때 문제해결기법을 사용하여 해결하는 능력
	협상	상대방과의 갈등이 발생했을 때 협상기법을 사용하여 해결하는 능력
	조정	두 사람이나 두 집단 간 갈등이 발생했을 때 제3자로서 조정기법을 사용하여 해결하는 능력
	중재	두 사람이나 두 집단 간 갈등이 발생했을 때 제3자로서 중재기법을 사용하여 해결하는 능력

이 역량 중에는 개인의 품성개발로 통해 가능한 것도 있고 전문적인 스킬을 익혀야만 달성되는 것도 있어서 교육의 대상에 따라 그리고 교육의 목표에 따라 필요한 역량과 수준은 달라져야 할 것이다. 그래서 교육대상별로 필요한 역량을 구분하여 교육 프로그램을 마련해야 할 것이다. 역량개발이 필요한 대상을 적절히 구분할 필요가 있다.

초중등학생, 초중등교사, 학부모, 일반성인, 직장사원, 직장간부, 갈등관리부서, 최고경영자, 조정중재인 등 9개의 교육그룹으로 나누어서 역량을 개발함이 적절하다. 학교에서의 학생간 갈등, 가정에서의 부모자녀간 갈등, 부부간 갈등, 친구간 갈등 등 개인 간 갈등을 해결하고 예방하기 위해 필요한 역량을 개발하는 교육프로그램을 설계할 수 있다. 그리고 조직내에서 동료간 갈등, 부서 간 갈등, 상하간 갈등, 사원과 회사간 갈등을 대응하는 자세와 수준에 따라 직장사원, 직장간부, 갈등관리부서, 최고경영자로 나누어 역량개발프로그램을 설계할 수 있다. 마지막으로 학교, 직장, 사회에서 갈등을 해결해주는 제3자로서 전문적인 기법이 필요한 조정중재인에 대해 전문적 역량개발프로그램이 필요하다.

〈표 6-2-2〉 개인 간 갈등관리 리더십 역량개발프로그램

분류	역량	초중등학생	초중등교사	학부모	일반성인
갈등예방역량	신뢰관계	○	○	○	○
	존중의식	○	○	○	○
	정보공유		○		
	의사소통	○	○	○	○
	자율참여				
갈등해결역량	문제해결	○	○	○	○
	협상		○		○
	조정				
	중재				

〈표 6-2-3〉 조직내 갈등관리 리더십 역량개발프로그램

분류	역량	직장사원	직장간부	갈등관리부서	최고경영자
갈등예방역량	신뢰관계	○	○	○	○
	존중의식	○	○	○	○
	정보공유	○	○	○	○
	의사소통	○	○	○	○
	자율참여	○	○	○	○
갈등해결역량	문제해결	○	○	○	○
	협상	○	○	○	○
	조정		○	○	○
	중재			○	

갈등이 발생했을 때 제3자로서 중간자 입장에서 해결해주고 조정해주는 사람은 사회적으로 인정된 아주 전문적인 조정인이나 중재인도 있지만 조직 내에서나 학교 내에서, 또는 사회에서 중간적 해결을 해주는 조정인도 필요할 것이기 때문에 여기서는 사내조정인 또는 또래조정인(peer mediator)을 대상으로 역량개발이 필요함을 강조한다. 조직내부 조정인은 앞의 갈등예방역량과 갈등해결역량의 모두를 상당 수준 훈련받는 것이 필요하다. 외부의 전문 조정인이나 중재인은 별도로 고도의 전문화된 교육을 받아 자격을 인정받는 사람이어야 한다.

사례 6-2-1 내가 본 미국 FMCS 조정관들

미국에는 갈등과 분쟁을 해결하고 조정하는 많은 기관들이 있고 그곳에 종사하는 많은 조정인과 중재인이 있다. 민간중재기구로서 80년간이나 활동해온 미국중재협회(American Arbitration Association: AAA)는 상거래, 건설, 노동, 서비스 등 거의 모든 분야에서 발생하는 갈등에 대해 유료로 중재서비스를 제공하고 있다. 약 1만명의 중재인이 전세계적으로 전문가로 등록되어 활동하고 있다. 공공노사조정기구로서 60여년 동안 활동해온 연방조정알선청(Federal Mediation and Conciliation Service: FMCS)은 노동분야에서 발생하는 쟁의와 고충에 대해 알선, 조정, 중재서비스를 무료로 제동하고 있다. 이 기관에 종사하는 조정관(mediator)은 연방 고위공무원으로서 기업에서 발생하는 노동쟁의를 조정해주고 갈등을 예방해주는 핵심적인 역할을 해주고 있다. 초기에는 200명이 활동을 하다가 지금은 170명 정도가 활동하고 있는데 미국 전역에 골고루 분포되어 있으면서 각 지역에서 분쟁이 발생하는 기업들을 담당하여 항상 갈등의 예방과 해결에 노력을 하고 있다.

내가 보고 경험한 미국 FMCS 조정관들! 세계 최고의 갈등관리 역량과 리더십을 가지고 있는 조정관들을 13년 동안 교류하며 느낀 점을 표현하고자 한다. 물론 그들은 조정을 직접 담당하고 있기 때문에 그 역량이 매우 높을 것이라는 기대는 당연한 것인지도 모르지만 그 조직전체의 운영방식과 서로의 상호관계, 업무처리방식 등에 있어서 스스로 그 리더십을 실천하고 모범을 보이고 있어서 배울 바가 많다.

이 경험과 교류의 중심에 있는 조정관은 한국계 미국인인 잰 선우(Jan Sunoo) 조정관이다. 한국이름은 선우정민이며 미국 LA에서 태어난 이민 3세이다. 1999년 55년만에 처음으로 고국 한국을 방문하여 협상조정교육을 시작으로 매년 한국의 기관들과 교류하고 교육을 해왔다. 가장 인상적인 부분은 FMCS 내부 조정관들 간의 정보의 공유와 협의, 협력이다. 예를 들어 A라는 조정관이 B라는 외부고객과의 업무상 대화하고 협의해온 이메일 등 모든 정보를 새로이 C라는 조정관이 관련이 되어 있거나 알고자 할 때 공개하며 협조해 준다. 서로 정보의 공유를 통해서 신뢰를 쌓아가는 관계를 가지는 것이다.

다음은 협의이다. 조정관 A가 C고객과 어떤 업무를 하고자 할 때 본부에게 협의를 하는 것은 물론이거니와 본부의 청장, 부청장이라도 조정관에게 지시나 부탁을 할 때 의논하고 협의를 구하여 자발적으로 일을 할 수 있도록 하는 상호 존중의 문화를 가지고 있다. 또한 문제가 발생하면 그 상황을 알려주고 이를 해결하기 위해 가장 좋은 방법이 무엇이 있는지 함께 찾아보고 합의해서 일을 추진하게 된다. 어떤 일을 함에 있어서 그 일이 다른 조정관에게 영향을 미치거나 관련성이 있는 경우에는 반드시 사전에 협의해서 의견을 물어보는 자세를 견지하고 있기 때문에 갈등을 발생시키지 않는 조직문화를 보이고 있다.

또한 조정관들은 상대방에 대해 배려하고 양보하고 협력하는 관계를 가지고 있다. 국회 K의원이 며칠 후에 뉴욕을 방문하는데 FMCS를 가고 싶다는 요청을 받고는 선우조정관에게 말을 전하니 워싱턴 디시에 있는 본사에 긴급 요청해서 뉴저지주의 사무소를 방문할 수 있도록 긴급히 협력되어

K의원이 잘 방문할 수 있었던 적이 있다.

　또 노동위원회 세 조사관들이 미국 FMCS를 몇 주일 방문하고자 요청했을 때 상세히 일정을 짜고 불편함이 없이 성실하게 안내하고 도와주며 무사히 일정을 마칠 수 있도록 배려해 준 적도 있다. 시애틀에 이들 방문단이 도착하면 시애틀사무소의 오글스비 (Oglesby)라는 조정관이 안내하고 인터뷰하기로 되어 있었는데 공교롭게도 갑자기 알라스카 분쟁조정사건이 생겨 도울 수가 없게 되었다. 다른 조정관들도 일정들이 바쁜 상태가 되자 워싱턴주와 오레곤주를 총괄하는 지역본부장인 베스 (Beth) 본부장이 직접 차를 몰고 아침마다 방문단 호텔로 와서 방문단을 모시고는 방문지를 다니며 안내하고 설명해주는 수고를 아끼지 않았다. 베스는 지역을 담당하는 최고 상급자임에도 부하의 업무를 대신 해주고 방문객을 모셔다니는 업무를 기꺼이 해준 일들이 인상적이었다.

　필라델피아 사무실의 스캇 (Scott)이라는 조정관이 한국에 주둔하고 있는 미군부대를 방문하여 교육을 시킬 일이 있었는데 내가 FMCS 본부에 방문요청을 하자 스캇이 한국방문시 협의해 보라는 위임을 받아서 같이 만난 적이 있다. 저녁미팅에서 보여준 매너와 상대방에 대한 배려와 존중이 각별했으며 방문단에 대한 성실한 일정을 만들어주며 적극적으로 협력을 해주었다. 그는 미국으로 돌아가서도 미국에 방문할 타 기관에게 협조를 구하고 일정을 완성하여 방문단이 무사히 일정을 마칠 수 있도록 배려해 주었다.

　FMCS 조정관들은 스스로 분쟁현장을 찾아가 조정해주는 임무를 맡고 있고 갈등이 악화되지 않도록 예방해주는 역할도 하므로 당연히 갈등관리 역량이 최고에 달할 것임은 예상할 수 있지만 그들을 오래 동안 옆에서 지켜보고 교류하면서 느낀 점은 앞에서 표현되었듯이 자신의 조직에서, 외부고객과의 업무교류에서, 개인적 생활에서 신뢰, 존중, 정보공유, 협의, 의사소통, 문제해결 등의 역량이 유감없이 발휘되고 있다는 것이었다. 그들은 물론 현장에서 회사와 노동조합간, 회사와 근로자간, 근로자와 근로자간, 정부부처간에 발생하는 분쟁을 해결하기 위해 협상, 조정, 중재의 기법을 활용하는 베트랑들이다.

(출처: 필자의 경험에 기초한 수필)

이 이야기는 갈등관리 리더십 역량을 가진 사람들의 모습이 어떤 것인지 조직의 효율성에 미치는 효과, 다른 외부 관계자에게 어떤 이미지를 주는지 엿볼 수 있는 사례이다. 앞에서 우리가 열거했던 갈등관리 리더십 역량들을 가지게 되면 어떤 모습이 될지, 어떤 조직이 될지 상상하는데 도움이 된다.

자신의 갈등관리 리더십 역량이 어느 정도 되는지 간단한 설문을 통해 알아봄으로써 갈등관리 리더십 개발의 필요성과 방향을 찾는데 도움을 얻을 수가 있다. 갈등관리 리더십 역량들 중에서 전문적 영역인 협상, 조정, 중재는 제외하고 나머지 요소들을 4가지 정도로 압축하여 상호신뢰, 의사소통, 의사결정, 문제해결로 분류한다. 상호신뢰는 역량 중에서 신뢰관계, 정보공유를 포함하고, 의사소통은 의사소통, 존중의식을 포함하고, 의사결정은 자율참여, 존중의식을 포함하며, 문제해결은 문제해결을 포함하게 된다. 다음의 갈등관리 자가진단은 아주 단순화된 진단모델이므로 교육을 위한 정확한 진단은 추가적인 진단과 상담이 필요할 수 있다.

사례 6-2-2 **갈등관리 리더십 자가진단**

1. 자가진단 설문지
다음 문항에 대해 자신의 경우가 가장 가까운 응답을 체크해 보자.
① 매우 부정 ② 약간 부정 ③ 보통 ④ 약간 긍정 ⑤ 매우 긍정

1) 나는 상대방의 존재와 역할을 인정한다. ① ② ③ ④ ⑤

2) 나는 상대방의 말과 행동을 믿는다. ① ② ③ ④ ⑤

3) 나는 상대방이 어떤 관심을 가지는지 파악하려고 노력한다.
   ① ② ③ ④ ⑤

4) 나는 상대방을 정기적, 비정기적 공식회의에서 만나고 있다.
   ① ② ③ ④ ⑤

5) 나는 상대방을 사무실이나 음식점에서 비공식으로 만나고 있다.
   ① ② ③ ④ ⑤

6) 나는 상대방과의 공동목표를 만들어보려고 노력한다.
   ① ② ③ ④ ⑤

7) 나는 상대방을 파트너로 생각하고 있다. ① ② ③ ④ ⑤

8) 나는 중요한 정보를 상대방과 공유하고 있다. ① ② ③ ④ ⑤

9) 나는 상대방이 말할 때 충분히 들어주는 편이다. ① ② ③ ④ ⑤

10) 나는 상대방과 대화를 하면서 상대방을 이해하려고 노력한다.
    ① ② ③ ④ ⑤

11) 나는 상호공동문제는 상대방과 협의해서 결정하는 편이다.
    ① ② ③ ④ ⑤

12) 나는 내 조직문제는 조직구성원의 의견을 수렴해서 결정하는 편이
    다. ① ② ③ ④ ⑤

13) 나는 구성원들이 많은 의견을 제안하도록 장려한다.
    ① ② ③ ④ ⑤

14) 나는 당사자간 갈등이 발생하면 대화로서 적극 해결하려 한다.
    ① ② ③ ④ ⑤

15) 나는 조직내 고충이 법적공방으로 가기 전에 적극 해결하려 한다.
    ① ② ③ ④ ⑤

16) 나는 여러 가지 의견을 잘 평가해서 가장 좋은 의견을 채택하고 있
    다. ① ② ③ ④ ⑤

17) 나는 다수가 지지하면 최선이 아닌 차선이라도 선택하겠다.

① ② ③ ④ ⑤

18) 나는 갈등당사자가 원하는 바를 잘 파악하여 조율하고자 한다.

① ② ③ ④ ⑤

19) 나는 갈등을 해결할 여러 가지 좋은 의견을 모색해 본다.

① ② ③ ④ ⑤

20) 나는 당사자들이 모두 만족하는 방법으로 갈등을 해결하려 한다.

① ② ③ ④ ⑤

* 상대방이란 조직에서 갈등당사자로서 내가 상대할 상대편 당사자를 말한다.

2. 자가진단 방법

• 자가진단 점수 산출
- 상호신뢰, 의사소통, 의사결정, 문제해결의 4요소의 요소별 점수와 평균을 산출

　① =1점, ② =2점, ③ =3점, ④ =4점, ⑤ =5점
- 총계 점수와 평균을 산출

	1번	2번	3번	4번	5번	점수	평균
상호신뢰	1)	2)	3)	6)	7)		
의사소통	4)	5)	8)	9)	10)		
의사결정	11)	12)	13)	16)	17)		
문제해결	14)	15)	18)	19)	20)		
총계							

- 요소별 진단
- 상호신뢰, 의사소통, 의사결정, 문제해결의 각 요소의 평균 점수가 4점 이상이면 그 요소의 수준이 충분하다는 것을 의미하고 3점 미만이면 부족하다는 것을 의미함
- 평균점수가 가장 높은 요소와 평균점수가 가장 낮은 요소를 식별해서 어느 요소가 상대적으로 부족한지 평가해봄
- 전체 총 평균점수가 어느 정도인지 확인하고 갈등관리 리더십 수준을 평가해봄

- 진단 사례

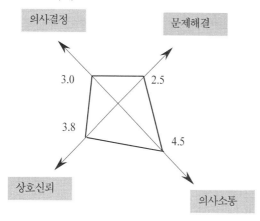

- 진단 사례 해석
- 상호신뢰 3.8, 의사소통 4.5, 의사결정 3.0, 문제해결 2.5
- 총평균 3.45
- 본 사례는 갈등관리 리더십 점수가 3.45로서 리더십이 높지도 낮지도 않은 중간정도의 지수를 보유하고 있음
- 요소별로 보면 의사소통은 상당히 잘되고 있는 편이고 상호신뢰는 양호한 편이지만 의사결정은 중간수준에 불과하고 문제해결은 아주 미

흡한 것으로 볼 수 있음

- 따라서 갈등관리 리더십을 함양하기 위해서는 특히 문제해결과 의사결정의 지식과 스킬을 함양할 교육기회를 가지는 것이 필요함

[생각해볼 점]

6-2-1. 갈등관리 리더십 역량 중 갈등예방역량은 갈등해결역량에는 관련성이 있는가 아니면 독립적이고 배타적인 역량인가?

6-2-2. 우리 사회의 갈등이 만연하고 그 해결과 예방이 어려움을 볼 때 장기적으로 갈등관리 리더십 역량을 개발해야 할 중요한 계층은 어느 계층인가?

6-2-3. 갈등관리 리더십의 교육을 받은 효과가 있는지 측정하려면 어떤 방법이 있는가?

6-3. 갈등관리체계는 어떻게 만드는가

우리 사회의 각 조직이 갈등을 잘 관리하여 건전한 조직이 되려면 구성원이 갈등관리 리더십을 잘 개발하여 그 역량을 갖추는 것이 중요할 뿐 아니라 갈등과 분쟁을 해결하고 예방하는 조직체계가 필요하다. 대구와 광주에서 왕따와 폭력에 시달리던 중학생들이 자살한 사건도 갈등을 감지하고 해결하는 체계나 프로그램이 확실히 있었다면 방지할 수 있었을 것이다. 기업에서도 동료간, 상하간, 부서 간, 근로자와 회사간 갈등이 발생할 때 이에 대한 적절한 해결책을 제공하는 체계가 있다면 효과적인 조직내 갈등을 해결하고 예방할 수 있을 것이다.

먼저 학교에서는 어떤 조직이나 기구가 폭력예방활동하고 있는가. 학교현장에서 폭력을 예방하고 대처하기 위해 마련된 기구는 '학교폭력대책자치위원회' (자치위)와 '학교폭력 전담기구' (전담기구) 등 두 개다. 자치위는 교사와 학부모, 지역 내 인사 5~10명으로 구성돼 있고 전담기구는 전문 상담교사와 보건교사, 책임교사 등으로 구성되는 학내 기구다.

실제 학교에서 폭력이 발생했을 때 이의 처리 절차에 대한 명확한 규정은 없다. 현행법상 담임교사와 생활지도부는 학교폭력을 신고할 의무만 있다. 그러나 관행상 1차적으로는 담임교사가 담당하고, 여기서 해결이 되지 않으면 생활지도부에 넘어간다. 사안에 따라서는 자치위가 열리기도 하지만 자치위 개최가 학교 평판에 악영향을 준다고 인식해 부담을 느끼는 학교장들은 담임교사들에게 교사 차원에서 해결하도록 압력을 행사하기 때문에 별 실효성이 없다.

자치위는 또 조사가 끝난 사안을 심의하는 기구여서 학교폭력 발생 초기에 신속하게 대처할 수 없다는 한계가 있다. 교육과학기술부는 경미한 사안까지 자치위에 보고하라는 지침을 내리고 있지만 '경미한 사안'에 대한 기준도, 기준을 내리는 주체도 모호하다.

한편 법률에는 규정돼 있는데도 교육현장에서는 유명무실한 상태인 전담기구를 활성화하는 방법을 적극 모색해야 한다. 전담기구를 담당하는 책임교사를 두고, 해당 학생의 담임교사를 필수적으로 참석시켜 전담기구가 적극적인 역할을 하도록 한다. 이러한 전담기구가 갈등관리와 심리상담의 전문기법을 훈련하여 활용하면 폭력예방에 도움이 될 것이다.

외국에서는 학교폭력을 예방하는 조직이나 제도를 어떻게 하고 있는지 한번 살펴보기로 하자.

사례 6-3-1 미국의 청소년 긍정적 선택훈련

Olweus가 개발한 괴롭힘 및 피해자 개입프로그램, 청소년들의 공격성 감소와 피해자화(victimization)의 방지를 목적으로 개발된 청소년 긍정적 선택훈련(Positive Adolescents Choices Training: PACT), 조기교육 등은 체계적 평가를 통하여 특히 좋은 성과를 거두고 있는 것으로 확인된 학교폭력예방 프로그램의 예이다

학교 폭력의 예방에 효과적인 개입 프로그램의 공통된 특성으로는 1)학생, 교사, 학부모를 대상으로 학교에서의 폭력에 대한 인식과 책임감을 향상시키고 이에 대한 명확한 지침이 마련되어 있으며, 2) 학교폭력이 발생하기 전, 발생하는 과정, 그리고 발생후의 조치에 대한 명확한 지침이 학생, 학부모들에게 전달되며, 3) 학교 교사, 학생, 학부모가 함께 참여하도록 하고 있고, 4) 개입프로그램이 학교의 일상적 흐름 및 학교의 목표에 적합하게 구성되어 있으며, 5) 교실 밖에서의 활동에 대한 지도감독 및 모니터링의 강화방안이 포함되어 있다는 점을 들 수 있다.

(출처: 송정부교수 사회복지카페, 학교폭력문제와 사회복지대책, 2006.3.20)

영국의 학교폭력대책자치위원회

　학교폭력 문제가 사회적 문제로 부각되자 영국에서는 1999년 9월부터 모든 단위 학교가 학교폭력 근절에 대한 일차적 책임을 지고 구체적인 학교폭력 대책을 수립하도록 하고 있다. 단위 학교에서 학교폭력 관련 대책을 수립하고 실행하는 일련의 일은 우리나라처럼 '학교폭력대책자치위원회'를 중심으로 이루어진다. 이 자치위원회에는 교사와 교직원, 외부 전문가나 학부모, 학생 대표가 참가하며 자치위원회에서 결정된 사항은 모두 전교생과 학부모에게 전달된다. 영국은 단위 학교에 교육과정 운영 등 많은 재량권을 부여하고 있기 때문에 학교폭력 대책에 있어서도 단위 학교가 처한 특성, 예를 들어 학생의 인종, 학부모의 사회경제적 수준, 지역사회 특징 등에 따라 다양한 학교폭력 대책을 수립하도록 하고 있다.

(출처: 김미란, "[영국]학교폭력 대응 지원 체제," 교육정책네트워크 정보센터, 2007.03.15)

노르웨이의 매니페스토

　학교폭력 근절을 위한 매니페스토(Manifesto against Bullying)는 2002-2004년간 처음 시행되었는데 시행된 지 6개월 만에 노르웨이 교육법은 '학교폭력'에 관한 내용을 포함하도록 수정되었다. 수정된 법 조항 9a는 초·중·고등학교에 다니는 모든 학생들은(정신적, 신체적) 건강, 복지, 학습을 돕는 좋은 물리적, 심리적, 사회적 환경을 가질 권리가 있음을 명시하였다. 이 조항은 학생들이 학교폭력, 괴롭힘, 인종차별 등 좋지 못한 환경에 놓이지 않도록 교사와 학교가 법적으로 책임을 질 것을 강조한다. 특히 교육법 9a의 3항에서는 학교 교직원들은 학생이 괴롭힘 행동이나 차별, 폭력과 같이 공격적인 언어나 행동에 노출되어 있다는 사실을 인지한 경우, 가능한 빨리 해당 문제를 조사하여 학교 관리자에게 알리도록 의무화하였다.

학교폭력 근절을 위한 매니페스토는 학교폭력 무관용(zero tolerance) 정책을 핵심모토로 삼고 있다. 학교폭력 무관용을 실현하기 위해서 노르웨이 수상, 초·중등학교 학부모 위원회(FUG), 노르웨이 지방자치단체 연합(KS), 아동을 위한 옴부즈맨(BO), 교직원연합회(UDF) 등이 매니페스토 운동에 서명하였다. 무관용 정책이란 학교, 유치원과 청소년 여가활동 단체는 어떠한 형태의 학교폭력도 허용해서는 안 된다는 것이다. 이는 학교폭력의 문제를 학령기 아동의 '학교' 삶에 국한시키던 기존 관점을 넘어서 취학이전 연령의 아동을 포함할 뿐 아니라 폭력 발생장소를 학교 밖 환경까지 확대, 적용하는 것이다.

매니페스토의 주체는 중앙정부, 시민단체, 학부모단체, 지방자치단체, 학교와 유치원, 청소년 여가활동 단체 등으로 구성된다. 이들은 각자 고유한 역할과 책무를 다할 뿐 아니라 필요한 경우 상호 연계를 통해 공동의 사업과 활동을 추진한다. 매니페스토 주체는 학교폭력을 근절하기 위해서 직접적으로 특정 조치를 취하기보다는 지방자치단체나 지역수준의 학교가 독자적인 학교폭력 예방 및 근절을 위한 활동계획을 세우고 수행할 수 있도록 지원하고 격려하는 데 중점을 둔다. 특히 매니페스토 주체가 마련하는 재정적 지원은 일선 학교와 지역 사회의 학교폭력 발생을 줄이는 데 실질적으로 기여한다.

(출처: 박종효, "학교폭력 근절을 위한 매니페스토(Manifesto against Bullying)," 교육정책네트워크 정보센터, 2007.03.15)

사례 6-3-4 **일본의 학교폭력 대처방안**

1) 알기 쉬운 수업, 즐거운 학교의 실현과 심성교육의 충실
① 교육과정기준의 개선
기초, 기본이 되는 교육내용에 대하여 여유를 갖고, 알기 쉬운 수업을 하여 학생들이 성취감을 느끼도록 하여 즐거운 학교를 실현하고 있다.

② 심성교육의 충실

소학교 저학년부터 생명의 중요성과 선악의 판단, 기본생활습관 등의 지도를 철저히 하고, 체험활동이나 봉사활동 등을 포함한 도덕교육의 충실을 도모하고 있다.

③ 풍부한 체험활동사업의 추진

체험활동추진지역 및 추진교[47개 지역에 각 20개교], 지역간교류추진교[47개 지역에 각 2개교], 장기숙박체험추진교[47개 지역에 각 2개교]를 지정함과 동시에 이를 시범적으로 운영하여, 생명의 중요성을 배우는데 효과적인 체험활동에 대하여 조사연구를 실시하고 있다.

2) 교원의 자질능력의 향상

생활지도상의 과제에 대응하기 위한 지도자 양성을 목적으로 한 연수를 실시하고 있다. 즉, 학생지도상의 문제점 등에 대하여 필요한 지식을 습득시킴과 동시에 수강자에 따라 본연수를 마친 후, 연수 강사로서 활동이나 학교에의 지도, 조언을 행할 수 있도록 하는 연수를 행하고 있다.

3) 교육상담체제의 충실

① 상담교사의 배치

학생, 교사, 보호자 등이 상담교사에게 상시 상담할 수 있는 체제를 정비하고 있다.

② 학생과 학부모 상담원의 배치

소학교 단계에 있어서 등교거부나 문제행동 등의 미연의 방지, 조기발견을 위하여 학생 상담원[상급생이 하급생을 상담해 주는 제도]과 학부모 상담원을 배치함과 동시에[1,410개교], 학생지도체제의 충실과 관계기관과의 연계를 추진하는 학생지도추진협력원을 배치하고 있다[550개교].

4) 학교, 가정, 지역, 관계기관과의 연계

① 문제 행동 방지를 위한 지역에 있어서 행동연계추진사업

문제행동 등을 일으키는 개별 학생들에게 중점을 두어 정확한 대응을 하기 위하여 학교, 교육위원회, 관계기관으로부터 협력팀을 구성하여 지역에 있어서 지원시스템[47개 지역에 각 4개소]을 만들고, 등교거부 학생에

대응하기 위하여 학교내외의 지원의 장[場]과 기능을 살리기 위한 조사연구를 행하고 있다[47개 지역에 각 2개소].

② 학생지도종합연계추진사업

학생지도종합연계추진지역을 지정하여 학교, 가정, 지역주민, 기업, 민간단체, 관계기관이 일체가 되어 각 지역의 학생지도의 문제점 등에 대하여 종합적인 협력을 추진하고 있다[47개 지역에서 실시].

5) 등교거부에의 대응

① School Support Network[SSN] 정비사업

등교거부 아동의 조기발견 및 대응을 시작으로 하여 보다 심층적인 지원을 하기 위해 교원이나 교육지원센터(적응지도교실)지도원의 연수, 가정에의 지도방문 등 등교거부 대책에 관한 중심적인 기능(School Support Center)을 충실히 하여 학교, 가정, 관계기관이 연계한 지역지원체제를 정비하고 있다[500개 지역].

② 등교거부에 대응한 NPO 등의 활용에 대한 실천연구사업의 추진

등교거부 학생들에 대하여 다양한 지원을 실시하기 위하여 실적이 있는 NPO, 민간시설, 공적시설에 대하여 효과적인 학습과정, 활동프로그램 등의 연구를 위탁하고 있다.

(출처: 이진석, "[일본] 학교폭력, 이지메, 등교거부의 현황과 대처 방안," 교육정책네트워크 정보센터, 2006.04.06)

외국에서 시행되고 있는 학교폭력 대처방안들은 크게 4 가지로 나누어진다. 학생, 교사, 학부모가 참여하는 자치위원회, 전문 상담교사나 옴부즈맨, 학교, 가정, 지역, 관계기관의 행동연계추진, 학생, 교사, 학부를 대상으로 하는 심성교육 및 자질향상 등의 4 가지 방법들이 일부 또는 전부가 각 나라에서 시행되고 있다. 우리나라는 자치회에 많이 의존하고 다른 방법들을 별로 활용하지 않고 있어서 이에 대한 충분한 검토가 있어야 할 것이다. 앞에서 지적했듯이 최소한 전문 상담교사와 다양한 교육을

실시할 필요가 있다.

갈등관리의 체계가 매우 긴요한 곳은 학교 뿐 아니라 기업, 기관, 단체 등 조직이라 할 수 있다. 우리나라에서는 갈등관리의 법적제도인 고충처리제도가 법적으로 강제되고 있어서 대부분 사업장에서 실시되고 있다.[56] 2009년 말 현재 고충처리위원 설치율은 94.4%에 달하고 있으나 고충처리제도의 설치율이 60-70% 정도로 다소 낮게 나오며 이들 사업장 중 1/3정도가 고충처리제도를 활용하고 있어서 법적 규제에도 불구하고 고충처리 활용도가 저조함을 알 수 있다.[57] 회사내의 갈등관리프로그램은 대부분 사업장에서 실시되지 않고 있으며 인터뷰 업체 11곳 중에서 두곳이 체계적이지는 않으나 부분적으로 실시하고 있다. 나머지 9개 기업은 갈등관리프로그램을 공식적으로 시행하지 않아 없다고 답변했지만 갈등이 발생했을 때는 임의적 방법으로 해결하고 있다.[58]

미국에서는 오래동안 작업장 갈등을 관리하는 제도가 발달되어 왔다. [그림 6-3-1]에서 보듯이 초기에는 법적으로 근로자의 고충을 처리하는 권리기반 고충처리형이었으나 이해관계를 조정하여 고충을 해결하는 이익기반 고충처리형으로 발전하게 되었다.[59] 이에 따라 고충을 해결하는 방법도 고충중재에서 점차 고충조정으로 중심이 이동되었다. 최근에는 작업장에서 발생하는 모든 갈등과 분쟁의 예방과 해결을 총체적으로 관리하는 체계가 도입되고 있다. 법률적 갈등이나 이해관계 갈등이나 동료갈등, 상하갈등, 부서갈등 등 모든 갈등을 해결하고 예방하는 체계를 운영

---

56) 「근로자참여 및 협력증진에 관한 법률」에 따라 근로자 30인 이상 사업장에서 고충처리위원을 두어 고충을 처리하도록 하고 처리가 곤란한 사항은 노사협의회에 부의하여 노사협의회의 의결로 해결하도록 하고 있다.
57) 최근까지 노사협의회와 고충처리제도의 실태에 대한 문헌조사는 원창희(2011a)을 참고할 수 있다.
58) 원창희(2011b) 참조
59) 원창희(2011b) 참조

하는바 이를 통합적 갈등관리체계(Integrated Conflict Management System: ICMS)로 지칭하고 있다.

갈등관리체계를 실제로 효과적으로 잘 운영하고 있는 사례로서 Brown & Root의 갈등해결프로그램을 한번 보기로 하자.

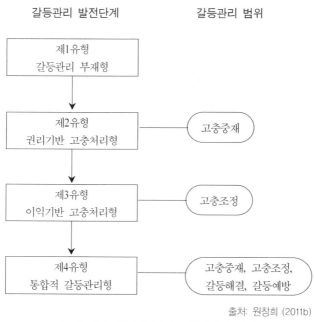

출처: 원창희 (2011b)

〔그림 6-3-1〕 갈등관리 발전단계와 범위

사례 6-3-5 **Brown & Root의 갈등해결프로그램**

ICMS의 한 사례로서 미국 대기업 무노조 건설업체인 Brown & Root는 1993년 6월에 갈등해결프로그램(Dispute Resolution Program, DRP)을 시작하였는데 가장 기본적인 원리는 공정성(fairness)과 보복금지(freedom from retaliation)이다. DRP는 총 4단계로 구성되어 있는데 1단계로는 이익기반옵션(interest-based option)으로서 감독관의 방문개방정책(open-door policy), 인사부서나 노사관계부서와의 상담, 익명의 근로자 핫라인(employee hotline)이 제공되고 2단계에서는 해결되지 않은 문제는 분쟁해결회의를 주선하는 DRP행정관에게 전달되어 내부조정(in-house mediation), 비공식조정(informal mediation), 중재 중 하나로 안내되며 3-4 단계는 외부의 조정과 중재이다. 1-2단계는 기업내부옵션으로 아주 쉽고 다양하게 갈등과 문제를 제기하고 해결방법을 모색할 수 있도록 어떤 작업장 문제에 대한 청취, 조회, 옵션토론, 비공식 사실조사, 왕복외교, 조정 등 다양한 옵션이 제공되고 있으며 3-4단계는 기업외부옵션이며 회사는 2,500불까지 법률자문비용을 지원하고 있다.

(출처: Rowe(1997), Ⅵ장 참조.)

갈등관리체계는 사례에서도 알 수 있듯이 내부적 갈등관리체계와 외부적 갈등관리체계로 나뉘어진다. 내부적 갈등관리체계는 근로자의 갈등을 해결하는 권한을 가지는 장치로서 방문개방, 옴부즈맨, 직통전화, 관리적 조정, 동료조정, 동료심문, 임원패널 등이 있다.[60] 한편 외부적 갈등관리체계는 갈등해결 권한을 근로자로부터 외부 중립인으로 이전시키는 장치로서 전국 또는 지역 ADR 기관의 조정·중재패널에서 적절한 조정·중재인을 선택하여 갈등해결을 맡기는 제도이다. 여기에는 조정, 임의중재, 진상조사, 강제중재 등이 있다.

---

[60] 내부 및 외부 갈등관리체계에 대한 구체적인 요소들은 Lipsky, Seeber and Fincher, 전게서, pp.168-182에서 참고할 수 있고 원창희(2011b)에 그 내용이 요약되어 있다.

<표 6-3-1> 갈등관리 프로그램과 기법

갈등관리 프로그램		담당자	갈등관리 기법
사내 프로 그램	방문개방	감독자	문제해결
	옴부즈맨	중립적 관리자	컨설팅 비공개 조정 사실관계조사
	직통전화	직통전화 조정자	문제해결
	관리적 조정	일선 관리자	조정
	동료조정	동료	조정
	동료심문	동료	사실관계조사 결정
	임원패널	임원	청구심사
사외 프로 그램	조정	조정인	조정
	임의중재	중재인	심문 결정
	사실관계조사	사실관계조사자	사실관계조사
	강제중재	중재인	중재

출처: Lipsky, Seeber and Fincher, 전게서, pp.155-190에서 발췌하여 수록한 원창희 (2011b) 참조.

우리나라와 미국의 갈등관리체계를 비교할 때 상당한 차이가 있음을 알 수 있다. 미국의 통합적인 많은 프로그램을 모두 활용하는 것은 현실적으로 어려움이 많고 그럴 필요도 없을 것이나 중요한 몇 가지 제도는 적극 도입할 필요가 있다.

첫째, 갈등관리체계를 개발하고 집행하고 관리하는 중앙총괄 갈등관리부서나 기능이 필요하다. 이 갈등관리부서는 갈등이 발생하는 부서 내나 부서 간의 기능을 조정하고 변화하는 환경에 잘 부응하는지 조사하고 관리해야 한다.

둘째, 회사 내 독립적이고 중립적인 옴부즈맨, 조정인, 중재인 등의 전문가가 반드시 필요하다. 이들 ADR 전문가들을 내부적으로 양성하거나 외부로부터 채용하거나 위탁해야 한다. 이들은 근로자와 경영자 어느 한 편을 대표해서는 안 되며 그들의 역할을 존중해주어야 한다. 회사는 이들과 대화하고 상담하는 근로자의 비밀을 보장해 주어야 한다.

셋째, 갈등예방관리로서 부서 간, 상하간, 개인 간 커뮤니케이션프로그램을 실시하고 회사 내 각 계층별로 갈등관리체계와 관련한 교육이 필요하다. 모든 계층의 임직원들에게 갈등의 예방과 갈등관리체계 활용 교육을 실시함으로써 효과적인 제도 정착이 달성될 것이다

[생각해볼 점]

6-3-1. 우리나라에서 학교폭력대책자치위원회가 다른 나라의 유사한 기구와 비교해서 효과적이지 못한 이유는 무엇인가?

6-3-2. 우리나라 기업에서 실시되고 있는 법적인 갈등관리제도는 무엇인가?

6-3-3. 조직 내에서 발생하는 갈등을 효과적으로 해결하고 싶을 때 어떤 제도가 적절할 것인가?

　우리가 사회를 이루어 살면서 상호간에 욕구의 충돌로 대립상태에 놓이게 되어 개인 간, 집단 간 갈등이 불가피하게 발생한다는 것을 쉽게 관찰할 수 있다. 갈등은 서로에게 스트레스를 당연히 주고 있지만 때때로 금전적 손실, 물질적 피해, 신체의 상해 등 물질적 비용의 부담을 주기도 한다. 더구나 많은 사람에게 영향을 주면서 발생하는 사회적 갈등은 그 파급효과와 비용이 막대하다는 것을 알 수 있다. 따라서 개인적으로나 사회적으로나 갈등의 효과적인 해결은 정신적, 물질적 손실을 줄이거나 방지하는데 반드시 필요하다. 또한 갈등의 해결과 예방은 문화적으로 성숙한 사회를 만들어나가는데 중요한 역할을 하므로 사회발전의 바로메터라고 할 수 있다.

　지난해 대구와 광주에서 중학생이 학교폭력과 왕따에 시달리다가 목숨을 끊은 끔찍한 사건들이 발생하여 온 국민에게 큰 충격을 주었다. 학교폭력의 예방과 대처를 위해 학교와 학부모가 관심과 노력을 기울이고 있고 정치권과 교육과학부에서도 대책마련에 부심하고 있으나 그 효과성에 대해서는 회의적인 시각이 많다. 원래 폭력은 참을 수 없는 스트레스에 대한 반응의 시도로서 인간의 자연스러운 행동이다. 학교폭력은 청소년들을 지나치게 입시경쟁으로 몰아넣어 심한 스트레스를 유발시키고 이를 예방하거나 해소할 적절한 대책과 노력에는 등한시함으로써 발생하게 되는 근본적인 원인이 있다. 따라서 학교에서 발생하는 피상적인 현상에 소극적으로 대처하기보다 근본적인 원인 규명과 대책마련 그리고 폭력의 사전적, 사후적 해결방안 모색에 관심을 가지도록 이 책은 제안하고 있다.

갈등이 발생하는 데에는 인간의 생존욕구의 충돌이라는 근본적인 원천이 존재하고 있음을 알게 된다. 정치, 사회, 경제의 모든 분야에서 경쟁적이고 이기적인 욕구의 충돌이 쉽게 발생하지만 이를 해결할 방법과 제도가 미숙하여 개인적, 사회적, 국가적 부담이 막대하다는 점이다. 이러한 문제의식에서 이 책은 생활에서 나타나는 갈등을 효과적으로 해결하고 예방하는 방법을 제시하여 스스로 갈등관리의 역량과 리더십을 함양할 수 있도록 도움을 주고자 한다. 여기서 습득된 갈등관리의 역량은 앞으로 발생하게 될 유사한 갈등을 효과적으로 대처할 수 있도록 기여할 것으로 기대된다. 또한 상대방의 의견을 존중하고 대화를 통해 의견의 차이를 조율하여 갈등을 예방하는 관행과 문화는 우리나라가 건전한 사회로 발전하고 진정한 선진국으로 도약하도록 촉매작용을 할 것이다.

갈등은 우리의 것이고 우리 생활 속에서 나타나는 이야기이므로 이 책은 그 속에서 해법을 찾아서 제시함으로써 유익한 실용지식을 제공하려고 노력하였다. 그래서 상담내용, 인터넷 검색, 뉴스보도, 텔레비전 드라마, 법원판례. 주위 경험담 등 일상생활에서 나타나는 많은 실제사례를 소개하고 이를 해결하는 방법을 모색하는 실천적 접근방법을 제시하였다. 다만 모든 갈등해결과 예방의 해법을 제시할 때는 기존의 이론과 모델에 부합한다는 것을 보여주기 위해 절의 중간이나 마지막 부분에서 이를 정리하여 체계화된 지식을 얻을 수 있도록 구성하였다. 보다 쉬운 이해에 도움을 주고자 그림이나 표를 사용하여 시각적 효과를 활용하였고 학습의 이해도를 확인하거나 좀더 깊은 생각을 촉진하기 위해 각 절의 말미에 생각해볼 점을 제공하였는바 유익한 학습자료로 활용되기를 기대한다.

이 책을 통해서 우리가 얻을 수 있는 지혜를 정리해서 활용할 수 있는 몇 가지 시사점을 제시하면 다음과 같다.

첫째, 상대방의 의견을 존중하는 자세를 가져야 한다. 모든 갈등이 발생하는 근저에 인간의 욕구가 깔려 있는데 그것이 표출되는 의견을 존중해주는 자세야 말로 갈등을 해결하는데 필요한 핵심요소일 뿐 아니라 갈등을 예방하고 건전한 사회를 만들어가는 요체이다.

둘째, 상대방과 대화할 수 있는 기회를 가져야 한다. 대화를 하지 않는 곳에는 정보가 안 통하고, 오해가 발생할 가능성이 높고, 긴장감이 높아지고, 갈등이 태동하기 시작하며, 마음이 멀어지게 된다. 여기 새롭게 제안하는 문구가 있다. "Out of communication, out of mind!(대화가 없으면 마음이 멀어진다!)"[1] 반대로 대화를 하게 되면 새로운 정보도 알고 오해도 풀리고 긴장도 완화되고 갈등이 예방되고 마음이 가까워진다.

셋째, 상대방이 주장하는 바가 아니라 속마음의 관심을 충족시키는 해법을 찾아야 한다. 전통적인 갈등해결방법에서는 서로 이기려고 자신의 주장을 관철시키려고 노력하다가 중간점의 타협을 하는 것이 최상의 해결이지만 통합적 갈등해결방법에서는 상대방이 주장하는 바의 진정한 관심을 찾아내어 이를 충족시키면서 자신의 관심도 충족함으로써 서로 윈윈(win-win)하는 결과를 도모한다. 갈등에 처해 있는 당사자가 모두 만족하는 결과를 만들어내는 해법이야말로 서로 존중하는 건전한 사회를 구현하는 지혜이다.

넷째, 조직의 리더가 되려면 갈등관리 리더십을 가져야 한다. 갈등관리 리더십은 앞의 의견존경, 대화기회, 윈윈해법 등을 포함한 갈등관리 역량을 갖춘 리더십이다. 실패하는 리더와 성공하는 리더의 조건을 비교해볼 때 실패하는 리더의 조건에는 갈등관리 리더십이 해당하는 것은 하나도 없는 반면 성공하는 리더의 습관 중 상당부분은 갈등관리 리더십에 해당

---

1) 이 문구는 원래 "Out of sight, out of mind!(눈에서 멀어지면 마음도 멀어진다!)"라는 격언을 응용하여 필자가 창안해낸 것이다.

하고 있다. 따라서 갈등관리를 잘하는 리더는 사업에서도 성공할 가능성이 높다. 또한 우리나라를 이끌어갈 각 조직의 리더들이 갈등관리 역량을 가짐으로써 건전한 조직문화를 창조해낸다면 선진사회건설에도 기여할 것이다.

이 책은 갈등을 해결하고 예방하는 많은 방법들을 제시하고 그 역량개발의 필요성을 강조하고 있다. 앞으로 우리가 해야 할 일은 갈등관리의 조사연구업무도 필요하지만 보다 더 역점을 두어야할 일은 어떻게 사회의 각 분야별로 갈등관리 교육서비스를 제공할 수 있느냐이다. 먼저 중고등학교에서의 갈등관리교육을 정규과정의 일부내용으로 들어가거나 특활교육으로 실시되는 방법 등이 적극 검토될 필요가 있다. 또한 대학교양과정과 교사양성과정에서도 갈등관리교육을 포함함으로써 사회인과 교사가 되기 전에 소양을 함양하는 것이 적절해 보인다. 그 외에 경영자, 직장인, 사업가, 주부 등을 위한 성인 갈등관리교육을 효과적으로 실시할 수 있는 교육프로그램과 기회가 있어야 할 것이다. 갈등관리는 교육과 실천을 통해서 완성된다는 것을 명심해야 한다.

2012년 2월
원창희 씀

■ 참고문헌

김능우 (2001), "중세 아랍시에 나타난 "십자군과 이슬람세계와의 충돌"에 관한 연구 : 1차 십자군 원정부터 쌀라오 알딘 시대 말까지" 『한국중동 학회논총』 (한국중동학회 , 2001) pp.159-203.
김정빈 (2003), 『리더의 아침을 여는 책』, 동쪽나라.
김태권 (2005a), 『십자군이야기1 돌아온 악몽』, 길찾기 2005.
_____ (2005b), 『십자군이야기2 돌아온 악몽』, 길찾기 2005.
다이애나 맥레인 스미스 (2009), 『기업을 죽이고 살리는 리더 간의 갈등관리』, 모니터 그룹 옮김, 에이콘.
로저 피셔, 윌리엄 유리, 브루스 패튼 (2006), 『YES를 이끌어내는 협상법』, 박영환 번역, 도서출판 장락.
박준·김용기·이동원·김신빈 (2009), "한국의 사회적 갈등과 경제적 비용," 『CEO Information』 2009.6.24 (제710호), 삼성경제연구소.
원창희 (2005), 『노동분쟁의 조정: 이론과 실제』, 법문사.
_____ (2009a), "고용분쟁해결의 ADR식 접근방법," 『산업관계연구』, 제19 권 제1호, pp.87-109.
_____ (2009b), 『사례로 배우는 대안적 분쟁해결: 협상, 조정, 중재』, 이지북 스.
_____ (2011a), "고충처리의 ADR식 해결방법," 『산업관계연구』, 제21권 제1호, pp.95-114.
_____ (2011b), "한국형 통합갈등관리체계," 『산업관계연구』, 제21권 제4 호, pp.79-104.
이종수 (2009), 『행정학사전』, 대영문화사
장동운 (2009), 『갈등관리와 협상기술』, 무역경영사,
장수용 (2007), "갈등 원인과 해소방법 조사 결과," 우수벤치마킹보고서, 2007.1. 삼성경제연구소.
정영철 (2004), "실패하는 리더, 이렇게 행동한다," LG주간경제, 793호 (2004.08.13).
한국학중앙연구원 (2007), 『한국민족문화대백과』.

Bagsaw, M. (2000), "Emotional Intelligence: Training people to be affective so they can be effective," *Industrial and Commercial Training*, 32(2), pp.61-65.

Bauer, Talya and Berrin Erdogan (2010), *Organizational Behavior*, Version 1.1, Flat World Knowledge, Inc.

Beer, Jennifer E. and Eileen Stief (1997), The Mediator's Handbook, 3rd ed., Gabriola Island, BC, Canada: Friends Conflict Resolution Programs.

Brahm, Eric (2003), "Conflict Stages," in Guy Burgess and Heidi Burgess (Eds.), *Beyond Intractability*, Conflict Research Consortium, University of Colorado, Boulder, September 2003.

Brandon, Mieke and Leigh Robertson (2007), *Conflict and Dispute Resolution: A Guide for Practice*, South Melbourne, Australia: Oxford University Press.

Carlton's Training Solutions (2011), "Communication Cornerstones: Building Trust," DVD, Accessed in November, 2011.
Website=http://www.carltonstraining.com/index.php/Program/Title/Communication-Cornerstones-Building-Trust/Item/1372

Cherniss, C. and M. Adler (2000), *Promoting Emotional Intelligence in Organizations*, Alexandria, VA: American Society for Training and Development Publications.

Denenberg, Richard V. and Mark Braverman (1999), *The Vilonce Prone Workplace: A New Approach to Dealing with Hostile, Threatening, and Uncivil Behavior*, Ithaca, New York: Cornell University Press.

Deutsch, M. (2000), "Cooperation and Competition," in M. Deutsch & P.T. Coleman (Eds.), *The Handbook of Conflict Resolution: Theory and Practice*, San Francisco, CA: Jossey-Bass, pp.21-40.

Duane, Michael J. (1993), *The Grievance Process in Labor- Management Cooperation*, Westpoint, Conneticut: Quorum Books.

Eilerman, Dale (2006), "Conflict: Cost and Opportunity," <http://www.mediate.com/articles/eilermanD1.cfm>, accessed 11 January 2012.

Fisher, Roger, William Ury, & Bruce Patton (1991), *Getting to Yes: Negotiating Agreement Without Giving in*, 2nd ed., Harvard Negotiating Project, Penguin Book.

FMCS, "Module 3. Group Dynamics," *Facilitation Program*.

Ford and Barnes-Slater (2006), "Measuring Conflict: Both The Hidden Costs and the Benefits of Conflict Management Interventions,"<http://www.mediate.com/articles/fordSlater.cfm>, accessed 11 January 2012.

Frey, Martin A. (2003), *Alternative Methods of Dispute Resolution*, Canada: Delmar Learning.

Kneeland, Steven (1999), *Effective Problem Solving*, Oxford, UK: How to Books.

Kotelnikov, Vadim (2011), Building Trust: Behavioral Attributes, Ten3 Business e-Coach, Accessed in November, 2011. Website=http://www.1000ventures.com/business_guide/crosscuttings/relationships_trust.html

Kovac, Kimberlee K. (2005), "Mediation," in Michael L. Moffitt and Robert C. Bordone (Eds.), *The Handbook of Dispute Resolution*, San Francisco, CA: Jossey-Bass, pp.304-17.

Lewicki, R.J. and C. Wiethoff (2000), "Trust, Trust Development, and Trust Repair," In M. Deutsch and P.T. Coleman (Eds.), *The Handbook of Conflict Resolution: Theory and Practice*, San Francisco, CA: Jossey-Bass, pp.86-107.

Lipsky, David B., Ronald L. Seeber and Richard D. Fincher (2003), *Emerging Systems for Managing Workplace Conflict: Lessons from American Corporations for Managers and Dispute Resolution Professionals*, San Francisco, CA: Jossey-Bass.

McCorkle, Suzanne and Melanie J. Reese (2010), *Personal Conflict Management: Theory and Practice*, Boston, MA: Allyn & Bacon.

Moore, Christopher W. (2003), *The Mediation Process: Practical Strategies for Resolving Conflict*, 3rd ed., San Francisco, CA: Jossey-Bass.

Patterson, Susan and Grant Seabolt (2001), *Essentials of Alternative Dispute Resolution*, 2nd Edition, Dallas, Texas: Pearson Publications.

Patton, Bruce (2005), "Negotiation," in Michael L. Moffitt and Robert C. Bordone (Eds.), *The Handbook of Dispute Resolution*, San Francisco, CA: Jossey-Bass, pp.279-303.

Rahim, M. A., & Bonoma, T. V. (1979), "Managing Organizational Conflict: A model for diagnosis and intervention", *Psychological Reports*, 44, pp.1323-1344.

Robbins, Stephen P. (2005), *Organizational Behavior*, 11th ed., Upper Saddle River, New Jersey: Pearson Prentice Hall.

Robbins, Stephen P. and Timothy A. Judge (2010), *Essentials of Organizational Behavior*, 10th ed., Upper Saddle River, New Jersey: Pearson Prentice Hall.

Rowe, Mary (1997), "Dispute Resolution in the Non-union Environment: An Evolution toward Integrated Systems for Conflict Management?" in Workplace Dispute Resolution, ed. Sandra E. Gleason, East Lansing: Michigan State University Press, pp.79-106.

Sarah Rudolph Cole and Kristen M. Blankley (2005), "Arbitration", in Michael L. Moffitt and Robert C. Bordone (Eds.), *The Handbook of Dispute Resolution*, San Francisco, CA: Jossey-Bass, pp.318-335.

Slaikeu, K. A. and R. H. Hasson (1998), *Controlling the Costs of Conflict*, San Francisco, California: Jossey-Bass Publishers.

Thomas, Kenneth W. and Ralph H. Kilmann (1974), *Thomas-Kilmann Conflict Mode Intrument*, Consulting Psychologists Press, Inc.

Weiss, David S. (1996), *Beyond the Walls of Conflict: Mutual Gains Negotiating for Unions and Management*, Chicago, Ill: Irwin.

Wikipedia, Maslow's Hierarchy of Needs.

■ 찾아보기

〈1-1〉

1-1-1. 서울시, 인천시, 환경부

1-1-2. 서울시, 인천시, 환경부, 인천시민

1-1-3. 서울시 = 매립면허권을 2017년부터 30년간 연장

인천시 = 매립기간 자동연장 반대, 환경개선 및 지역개발 지원금 1조5천억
원 지원시 연장가능

1-1-4. 서울시 = 매립면허권 만료후 2017년부터 안정적 매립

인천시 = 쓰레기 매립으로 발생하는 환경피해와 지역발전 저해에 대한 인천
시민 불만을 반영

〈1-2〉

1-2-1. 맞다. (개인적 갈등은 인간내부에서 욕구나 충동이 좌절되거나 방해받아서
충족되지 못할 때 발생하므로 심리적 현상을 수반한다.)

1-2-2. 타당하지 않다. (타인의 방해를 무시하고 계속 목표를 추구하더라도 이미
방해 그 자체에서 갈등요소를 내포하고 있다.)

1-2-3. 타당하지 않다. (비록 조직화되지 않았다고 하더라도 사람의 집단이 추구
하는 목표나 방식이 다른 집단에 의해 방해되거나 충돌될 때 갈등이 발생하
고 있으므로 집단 간 갈등이며 흔히 세대갈등으로 표현된다.)

〈1-3〉

1-3-1. 인간의 욕구

1-3-2. 생리적 욕구, 안전욕구, 소속 및 애정욕구, 존경욕구, 자아실현욕구

1-3-3. ③

1-3-4. ①

1-3-5. ③

〈2-1〉

2-1-1. 아니다. 대부분의 갈등은 발생했다가 일정한 시간이 경과하면 소멸하지만 어떤 경우에는 소멸하지 않고 계속 지속되기도 한다. 예를 들어 고부 간에 생긴 갈등이나 종교 간에 발생한 갈등은 소멸하지 않은 채 오랫동안 지속되는 것을 목격하게 된다.

2-1-2. 일반적으로 갈등의 해소기간이 짧을수록 바람직하다. 그러나 당사자들이 모두 다 만족하는 경우를 전제한 것이고 그렇지 않을 경우에는 갈등해소기간이 조금 길더라도 당사자의 만족이 더 중요할 수 있다.

2-1-3. 중립적인 제3자의 활용-스스로 해결이 어려울 경우 조정인, 중재인 등 중립적인 제3자의 도움을 받으면 효과적으로 갈등경로를 바꿀 수가 있다. 또한 갈등해결에 핵심 열쇠를 가지고 있는 사람이나 후원자 등의 도움을 받는 것도 경로변경의 요소가 된다.

〈2-2〉

2-2-1. 상대방의 피해를 입히면서 자신의 이익을 취하려는 갈등처리 의도는 상대방에게도 전해져 상대방 역시 경쟁적으로 이익쟁탈의 투쟁에 나서게 된다. 설사 상대방이 처음에 선의의 방법을 생각했다가도 자신의 이익보호를 위해서는 최소한 방어적이라도 경쟁에서 지지 않으려고 할 것이다. 그 결과는 외형적으로는 승자와 패자가 나올 수 있고 갈등해결과정에서 물질적, 정신적 비용이 크다면 승자도 이익이 없을 수 있다. 더구나 지나친 투쟁의 결과 모두가 패가 되는 공멸의 상태에 이를 수도 있음을 사례에서 보게 된다.

2-2-2. 당연하다. 쟁점이 집단 간 갈등에 비해 개인 간 갈등이 크고 심각하면 개인 간 갈등의 결과가 클 수 있고 갈등당사자의 사회적 지위가 높고 영향력이 큰 사람이면 개인 간 갈등이라도 그 파급효과가 매우 클 수 있다.

2-2-3. 아니다. Rahim and Bonoma의 갈등의 성과 모형은 갈등이 너무 많거나 갈등이 너무 없어도 조직성과가 낮은 것으로 제시하고 있다. 일정한 정도의 업무적 갈등이 조직에서 주어지는 것이 조직 효율성을 높일 수 있다.

<2-3>

2-3-1. 청구권의 거절. 갈등은 양 당사자가 동일한 목표를 추구하면서 투쟁상태에 있지만 구체적으로 청구권을 행사하지 않은 데 반해 분쟁은 상대방에게 청구권을 행사했는데 거절당하면서 발생하는 것이다.

2-3-2. 사법적으로 볼 때 민사소송, 가사소송, 행정소송이 시작될 때 분쟁으로 전환되는 것으로 보인다. 다만 각 분야별로 분쟁조정위원회에 조정을 신청하여 절차를 밟을 때부터 분쟁이 시작되는 것으로 보아야 할 것이다. 따라서 분쟁조정이든 행정처분이든 소송 전단계로서 시작되었다면 이때를 분쟁시점으로 봐야 할 것이다.

2-3-3. 가사사건 중 나류 및 다류 가사소송사건과 마류 가사비송사건 (가정법원에 소를 제기하거나 심판을 청구하려는 사람은 먼저 조정을 신청해야 함), 노동사건 중 부당해고사건 (노동위원회에 구제신청을 내고 판정을 받음), 특허분쟁사건 (특허심판원에서 심판을 받은 다음 특허법원에 소송제기) 등

<3-1>

3-1-1. 갈등 자체가 선이라고 하기는 어렵다. 그러나 상대방의 행복과 발전을 위해 갈등과 경쟁구조를 만들어낸다면 선이라고 말할 수도 있다. 예를 들어 무능하다고 비관하고 좌절해 있는 친구에게 의욕을 불어넣기 위해 육상의 재질이 있는 것을 알고 달리기로 내기를 걸어 이겨보도록 자극을 주는 것은 선의의 갈등이라고 볼 수 있다. 일반적으로 페어플레이의 스포츠경기는 선의의 갈등으로 간주된다.

3-1-2. Deutsch의 이론에 의하면 한 사람의 목표달성이 다른 사람의 목표달성실패로 나타나는 것과 같이 목표달성이 서로 배타적이거나 목표달성을 위해 취하는 행동이 효과적이지 못하고 서투르다면 이 때의 갈등은 파괴적이라고 한다. 따라서 목표의 배타성이나 목표달성 행동의 소모성이 있는지 판단의 기준으로 두어야 할 것이다.

3-1-3. 보통 당사자들이 서로 존중하고 좋아하면서도 경쟁을 해야하는 상황이 발생하면 이러한 파괴와 건설적 갈등이 혼합되어 있는 상황이라고 볼 수 있다. 목표가 서로 배타적이긴 하지만 목표달성의 행동이 공정하고 합리적이어서

그 결과는 최선의 공정 경쟁의 승자를 결정하는 것이다.

〈3-2〉

3-2-1. 부부의 갈등이 심해지면 제일 먼저 이혼이 나타날 수 있으며 그 다음은 자녀들의 탈선, 나아가 자녀들의 자살까지로 확대될 수 있다. 자살시도의 동기로서 가장 많이 응답한 것은 가족갈등이다.

3-2-2. 사소하게 개인 간에 발생한 갈등은 쉽게 해결되므로 회사가 개입할 필요가 없지만 갈등이 해결되지 않고 조직효율성을 떨어뜨리는 경우에는 효과적인 갈등해결을 지원하는 것이 필요하다.

3-2-3. 우리나라는 오랜 유교문화가 사회질서의 근간을 이루고 있어서 상하관계와 우선순위가 있어 복종의 미덕이 있고 자유로운 토론이 발달되지 못할 뿐 아니라 학교교육 또한 성적과 입시에 대한 경쟁심만 자극하는 현실이라 갈등이 발생할 때 서로 이기려고 투쟁하고 법적 다툼으로 해결하려는 경향이 많아 기구와 방법이 잘 발달하지 못했다. 많은 위원회가 존재하고 있지만 적극적 조정의 역할이나 최종 강제중재의 역할도 별로 하지 못하고 결국 소송으로 해결하거나 여론에 편승하거나 정치적으로 해결되는 경향이 있다.

〈3-3〉

3-3-1. 갈등 반응은 시간의 경과에 따라 달라질 수 있다. 보통 심리학적으로는 갈등이 발생했을 때 사람은 피하려는 심리가 작용하고 피할 수 없을 때 경쟁적으로나 수용적으로 반응할 수 있고 경쟁적으로 계속되다가 나중에는 타협적으로 변할 수가 있다.

3-3-2. 분배적 협상과 통합적 협상을 혼합적으로 사용할 수 있다. 처음엔 입장에 기초한 분배적 협상을 하다가 타결되지 않으면 통합적으로 협상을 전환할 수 있다. 또 어떤 쟁점은 분배적 방법으로 하고 어떤 쟁점은 통합적으로 협상할 수도 있다. 다만 혼합해서 하는 접근방법이 흔하지는 않다.

3-3-3. 대안적 분쟁해결이 출현한 배경에는 소송에 의한 법적해결이 많은 비용부담을 요구하고 있고 최종판결까지 장기간이 소요되고 있어 보다 저렴하고 간편한 방법으로서 대안적 분쟁해결이 발달하게 되었다. 또한 법원 판결이

공개적임에 비해 조정이나 중재는 비공개로 진행되기 때문에 사적으로 해결하고 싶은 경우에 적절하게 선호되는 방법이다.

〈3-4〉

3-4-1. 갈등을 평가하는 것이다. 갈등의 특성이 어떤 것인지에 따라 자율적으로 해결할 것인지 제3자에 의해 해결할 것인지 결정해야 하고 그 중 구체적으로 어떤 방법을 선택할 것인지 결정해야 하기 때문이다.

3-4-2. 가능하면 간단하고 자율적으로 해결할 수 있는 방법을 사용해보고 그래도 해결되지 않으면 제3자에 의해 조정이나 중재를 받아보도록 하고 그것도 안될 경우 최종 법원재판을 받아보는 것이 필요하다. 시간이 촉박하고 속히 최종결정을 받아보고자 한다면 중재나 재판을 받는 것이 적절할 수 있다.

3-4-3. 필요하다. 당사자가 서로 격한 상태에 있을 때와 같이 갈등이 매우 정서적인 경우에 구체적으로 해결하려고 시도하기보다 침묵하고 참는 것이 정서적으로 안정되기를 기다려 해결할 수 있는 보다 적절한 방법이 될 수도 있다.

〈3-5〉

3-5-1. 아니다 적용할 수 있다. 예를 들어 두 사람이 양립할 수 없는 두 가지 방안을 서로 고집하고 있을 때 그 방안들을 비용효과분석으로 나온 결과를 수용하는 형태로 협상할 수도 있다.

3-5-2. 갈등 당사자들이 서로 만족하는 합의를 이끌어내는 것이다. 물론 중재나 재판의 경우는 그렇지 않으나 문제해결, 협상, 조정 등의 방법에서는 당사자들의 상호 만족을 이끌어 내기 위해 스킬을 발휘해야 한다.

3-5-3. 갈등해결 기초스킬은 문제해결, 협상, 조정에 매우 필요한 기술이나 비용효과분석과 중재에는 별로 필요하지 않다.

〈4-1〉

4-1-1. 숨겨진 비용은 분쟁 중에 있는 당사자들을 관리하거나 팀 갈등을 관리하는 데에 투입한 시간을 말한다. 이는 스트레스 때문에 발생하는 결근, 전직, 고

충처리, 소송처리 등을 관리하는데 발생하는 관리비용이다.

4-1-2. 이는 갈등의 과정 중에서 발생한 비용은 아니며 갈등의 결과에서 나타나는 손실이므로 엄격한 의미에서는 갈등의 비용으로는 볼 수 없다. 그러나 광의로 해석하면 갈등의 비용에 포함되어야 하고 갈등의 예방이 필요한가 라는 질문에 대한 답으로서 비용산출에 넣어야 할 것이다.

4-1-3. 갈등이 당사자 둘만이 존재하는 곳에서 발생한다면 그 비용과 결과도 둘에게만 적용되지만 그들이 대개 사회속에서 존재하기 때문에 갈등은 사회적 비용을 유발한다. 따라서 갈등이 외부효과로서 사회에 물질적, 제도적, 문화적 장해를 일으키는 한 갈등의 예방은 사회적으로 바람직한 것이다.

〈4-2〉

4-2-1. 가치관, 의사소통, 정보공유. 갈등의 사례에 따라 공통된 특성이 다를 수가 있지만 현재의 네 가지 사례에서 살펴보면 이 세 가지의 특성이 공통으로 관찰된다.

4-2-2. 의사소통, 대화, 또는 커뮤니케이션이다. 대화를 통해 갈등을 사전에 예방할 수 있는 방법과 장치를 모색할 수 있다.

4-2-3. 갈등이 예방되면 당연히 그에 따른 비용이나 고통, 스트레스를 차단할 수 있기 때문에 행복지수를 높일 수 있다. 그런데 오래 동안 동일하게 지속되다 보면 당연한 생각이 들어 스스로 행복하다고 느끼지 못할 수도 있다. 이 때는 주위의 다른 갈등사례를 봄으로써 다시 행복을 일깨워줄 수가 있다.

〈4-3〉

4-3-1. 신뢰와 존중. 개인 간 갈등에서 상대방을 존중하고 신뢰하고 있다면 갈등이 발생하지 않을 것이며 집단 간 갈등에서도 상대편을 존중하고 신뢰를 쌓아 왔다면 갈등이 발생하지 않도록 노력할 뿐 아니라 발생해도 쉽게 협의해서 해결할 수 있다.

4-3-2. 적극적 듣기. 이것은 상대방으로 하여금 충분히 자신의 의견을 말하도록 기회를 주고 심정을 이해하려고 노력하기 때문에 상대방이 스스로 존중 받고 있고 자부심을 느끼도록 하고 긍정적 느낌을 가지며 감성지능도 높아짐

으로써 갈등을 예방하는 효과를 가진다.

4-3-3. 존중, 만족, 자발성 등. 조직의 구성원들이 조직에 충성심을 가지기 위해서
는 스스로 존중을 받고 있다는 느낌을 가져야 하며 물질적, 정신적 보상을
받아 만족을 느껴야 한다. 또한 조직의 발전이 자기 발전이 될 수 있다는
일체감에서 자발성을 갖도록 한다면 조직에 대한 충성심이 나타날 것이다.

4-3-4. 감성지능이 높은 사람은 감성관리를 잘하고 다른 사람의 감성을 잘 살피게
되고 관계를 잘 유지할 줄 알기 때문에 갈등을 보다 더 잘 예방할 수가 있다.
감성은 신뢰, 존중, 대화, 청취, 화목의 상당부분은 충족될 수 있는 기본 심성
을 내포하고 있다.

〈5-1〉

5-1-1. 서로 상대방의 관심과 감성을 이해하지 않고 자기 관심에만 매몰되기 때문
이다. 흔히 아이들은 부모로부터 사랑을 받고 자라났기 때문에 부모의 입장
에서 생각할 기회가 별로 없고 자신의 관심과 감정에 매몰되기 쉽다. 한편
부모는 아이의 장래를 늘 걱정하므로 건강, 성적, 입시에 대한 관심에 집중
하고 가정의 경제적 여유에 제약을 받으므로 아이의 관심에 소홀할 수 있다.
따라서 부모와 자식이 각자 자신의 관심에만 빠져 있으면 갈등이 일어날
가능성이 높다.

5-1-2. 신뢰를 회복할 수 있는 정보의 공유가 우선되어야 하고 상호간 대화와 협
의가 중요하다. 신뢰가 상실되면 다시 복구가 매우 힘들고 시간이 많이 소요
된다. 그럼에도 신뢰회복이 가장 중요한 관건인데 시간이 걸리더라도 정보
를 공개하고 의논함으로써 형제들에 대한 우애가 깊다는 진정성을 보여주
는 것이 필요하다. 맏이가 자기욕심에만 빠져 있으면 절대로 갈등을 해결할
수 없을 것이다.

5-1-3. 시댁과 친정으로부터 독립하거나 거리를 두기로 하고 부부중심의 독립적
인 생활을 하도록 서로 약속하고 실천하는 것이 최우선이다. 시댁과 친정은
각각 자신의 아들과 딸에 대한 이해는 높으나 며느리나 사위에 대한 이해는
높지 않기 때문에 자칫 자식의 부부에게 개입이 심하면 자기편의 자식의
입장에서 바라보는 경향이 있어 상대 자식에 대한 기대, 요구가 충족되지

못함에서 오는 갈등이 발생하기 쉽다. 따라서 시댁과 친정과의 갈등을 풀기 위해 노력을 많이 해야 하지만 너무 어려운 상태라면 부부가 자신만의 독립적인 관계개선을 위한 노력을 해야 할 필요가 있다.

〈5-2〉

5-2-1. 아니다. 폭력은 참을 수 없는 스트레스에 대한 반응의 한 형태로서 나타나는 행동이므로 정상적인 사람이 자연스럽게 취할 수 있는 행동이다. 누구든 한계 상황에 다다르면 극단적인 행동을 취할 수 있는데 폭력은 그 행동 중 하나가 된다.

5-2-2. 구성원들의 스트레스가 어느 정도인지 파악하고 관리해줄 필요가 있으며 스트레스로부터 폭력발생의 징후가 보이면 조기에 발견하여 관리하고 폭력예방프로그램을 운영할 필요가 있다.

5-2-3. 피해자와 대화하여 고민을 들어주고 필요시 당사자들 간에 동료조정기법을 사용하여 자율적으로 해결할 수 있는 방법을 모색한다. 또한 자율적으로 해결하기 어렵거나 심각할 경우 부모나 학교에 알려야 한다.

〈5-3〉

5-3-1. 고용상 근로자간 차별이 발생했을 때 시정하는 차별시정제도는 시간제근로자보호법, 남녀고용평등법, 고용상 연령차별 금지법 등에서 규정되어 있다. 차별을 받은 근로자가 해당 지역노동위원회에 차별시정을 신청하여 판정을 받아볼 수 있다. 중앙노동위원회에 재심절차가 있으며 이에 불복하면 다시 서울행정법원에 행정소송을 제기할 수 있다. 피해자가 지방법원에 바로 제소할 수 있지만 비용상 그렇게 하기보다 노동위원회 차별시정절차를 활용하는 것이 유익하다.

5-3-2. 부하가 용기내어 직접 상사를 찾아가 대화를 하고 고충사항을 말하여 해결하는 것이 바람직하나 매우 어려운 방법이므로 같은 부서 내에 다른 직원들과 협의하여 해결방법을 모색하는 것이 효과적일 수 있다. 해결자로서 스스로 나서기보다 다른 동료들이 동조하여 조정자역할을 해줄 수 있도록 노력하는 것이 좋은 방법이다.

5-3-3. 단기적으로는 해당 부서 간 갈등을 중간에서 해결해줄 가장 적절한 사람을 지명하여 조정해보는 것이 필요하다. 또한 장기적으로는 기획부서나 다른 부서의 장을 부서갈등조정자로 임명하여 그 기능을 하도록 제도화 하고 상위수준의 공동 비전이나 목표를 설정하고 협력적으로 달성하도록 미션을 주면 부서 간 좀 더 협력적으로 업무를 추진하게 될 것이다.

⟨5-4⟩

5-4-1. 이웃과 불편해지면 스트레스가 증가하고 혹 분쟁에 휘말리면 이를 해결할 비용과 시간이 들 수도 있다. 이웃을 배려하면 자신의 마음이 편해지고 화목한 공동체 분위기를 만들어 갈등을 줄일 수 있다. 모두가 그럴 경우 좋은 아파트로 소문나 집값이 상승하면 재산가치가 올라갈 수도 있다.

5-4-2. 흔히 보상비를 높이기 위해 시위를 하고 떼를 쓰는 경우를 보게 된다. 우리나라 온정문화에서 이러한 방법이 상당히 통하는 것은 사실이다. 그러나 충분한 대화와 협상을 시도한다면 시위의 방법이 아니라도 동일한 효과를 낼 수도 있다. 예를 들어 관련 법적 검토와 사회적 관심 환기, 보상비 올리는 조건으로 협조할 수 있는 것들의 협상 등 물리적인 시위가 아니라도 가능한 방법은 찾을 수 있을 것이다.

5-4-3. 해고는 누구나 이를 당하는 사람에겐 엄청난 충격이 될 수 있다. 전직이나 다른 생계수단이 있는 사람을 제외하면 매우 막막하고 심리적으로 불안해지는 조치이다. 그래서 경영자는 우선 대상자들의 마음부터 헤아려서 근로자의 대표와 충분히 그리고 성실히 이 문제를 의논하는 것이 우선이다. 근로자 대표의 동의를 받아서 시행할 경우 동일한 효과라도 이를 받아들이는 자세는 정반대가 될 수 있다. 또한 전직훈련, 전직지원, 재고용약속, 가족지원 등 근로자의 생계와 심정을 배려해주는 방법을 모색한다면 원만하게 경영상 해고를 해결할 수 있을 것으로 보인다.

⟨6-1⟩

6-1-1. 실패하는 리더는 무시, 무관심, 무소통의 가치관으로 대하고 있지만 성공하는 리더는 구성원에게 존중, 관심, 소통의 가치관으로 대하고 있다. 한마

디로 실패하는 리더는 자기중심형이고 성공하는 리더는 관계중심형이다.

6-1-2. '습관 4. 상호 이익을 모색하라'와 '습관 5. 경청한 다음에 이해시켜라'이다. 습관 4는 조직에서 갈등을 해결해 주고, 구성원의 상호 이익을 모색하게 하여 집단의 응집력을 증대시키기 때문에 갈등관리 리더십의 갈등해결 방법 그 자체이다. 습관 5는 성공적인 문제해결을 위해 활발한 의사소통으로서 경청 또는 적극적 듣기와 설득을 제안하고 있어서 이 또한 갈등관리 리더십의 의사소통 부분이다.

6-1-3. 남북전쟁에 지쳐 있으면서 승리로 빨리 끝내고 싶어하는 국민들은 대통령에게 남부군에 대한 보복과 승리라는 말을 듣고 싶어 했다. 그러나 링컨 대통령은 성경을 많이 인용하면서 노예제의 부당성, 전쟁에 대한 상호 책임성을 지적하고 자비와 평화를 호소하는 관계감수성은 많은 국민들에게 감동을 주며 북군의 승리로 전쟁을 종료하는데 큰 역할을 하였다.

6-1-4. "뭉치면 살고 흩어지면 죽는다 (United we stand, divided we fall)." 이는 1754년 미국의 벤자민 플랭크린이 만든 유명한 포스트로서 프렌치-인디언 전쟁 때 미국인들의 단결을 호소한 문장이다. 갈등관리 리더십은 조직이 분열하지 않고 협력하고 효율적으로 작동할 수 있도록 기여하므로 결국 리더로서 성공할 수 있게 한다.

〈6-2〉

6-2-1. 갈등해결역량은 협상, 조정, 중재 등 고도의 스킬을 요구하고 있는 반면 갈등예방역량은 방치해둘 경우 갈등이 예상되는 상호관계에서 그 예상 갈등을 예방하기 위해 필요한 역량이다. 그런데 갈등예방역량은 동시에 갈등해결역량이 발휘되도록 하는 기초적인 역량으로도 요구되고 있어서 독립적이거나 배타적이라고 할 수 없다.

6-2-2. 유아와 청소년 계층이다. 예를 들어 갈등해결에서 안 좋은 모습으로서 떼를 쓰는 것은 아주 어린아이 때 울고 떼를 쓰면 부모가 들어주고 문제가 해결되는 사회문화와 경험을 가지고 있다. 지금의 청소년 학교교육이 학점경쟁과 입시경쟁으로 치닫고 있는 상황이므로 친구와 동료와의 좋은 관계, 평등의식을 소홀하기 때문에 성인이 되었을 때도 합리적으로 갈등을 해결

할 자세와 역량이 없는 것으로 보인다. 따라서 장기적으로 볼 때 어린 아이들부터 기초적인 갈등관리 역량을 개발해주는 것이 대단히 중요하다.

6-2-3. 교육을 받기 전에 갈등관리 리더십의 자가진단을 평가하고 교육을 받고난 다음 동일한 자가진단을 평가하여 비교해서 교육의 효과성을 측정할 수 있다. 더 기회가 된다면 실제 현실에서 적용을 한 다음 일정기간 후에 동일한 자가진단을 평가하여 교육전후의 평가와 비교분석함으로써 현실적인 교육 효과성을 측정할 수 있다.

〈6-3〉

6-3-1. 우리나라에서 학교는 내부에서 발생하는 폭력이 학교 이미지에 큰 손상을 주는 것으로 보고 가능하면 은폐하거나 외부로 알려지지 못하도록 하려는 경향이 있기 때문이다. 또한 형식적으로 자치회를 운영한다거나 운영위원 구성이나 운영방법 상의 문제가 내포되어 있기도 하다.

6-3-2. 고충처리제도이다. 「근로자참여 및 협력증진에 관한 법률」에 따라 근로자 30인 이상 사업장에서 고충처리위원을 두어 고충을 처리하도록 하고 처리가 곤란한 사항은 노사협의회에 부의하여 노사협의회의 의결로 해결하도록 하고 있다. 그러나 실제 고충처리제도를 활용하는 경우는 그다지 많은 편이 아니라서 활성화되어 있지 못하다.

6-3-3. 내부의 중립적인 옴부즈맨이나 조정인이다. 이는 우리나라 기업도 학교와 비슷하게 내부 갈등이 외부로 알려지는 것을 꺼려하기 때문에 갈등을 해결하더라도 내부에서 하기를 원하기 때문이고 효과적인 해결은 전문적인 지식과 스킬을 가진 옴부즈맨이나 조정인을 필요로 하기 때문이다.